Eugen E. Hüsler

Hüslers Klettersteigführer NORDALPEN

Alle Klettersteige vom Bodensee bis Salzburg

BRUCKMANN

Superferrata: der Klettersteig Tajakante

Inhalt

Brücke am Mindel-heimer

Romantische Kulisse am Freiungen-Höhenweg

An der Wankspitze

Immer wichtig: die Ausrüstung!

Am Südwand-Klettersteig des Persailhorns

An der Nagelfluhkette (Allgäu)

In den Lechtaler Alpen

Rückblick und Aussichten

1879 wurde der erste Klettersteig in den Tiroler Alpen eröffnet, der Weg von der Wiener Neustädter Hütte durch den »Stopselzieher« auf die Zugspitze, Bayerns höchsten Gipfel. Den Terminus »Via ferrata« oder eben »Klettersteig« gab es damals noch nicht. Gesicherte Wege waren ein Mittel zum Zweck. Sie machten hohe, schroffe Berge für ein größeres Publikum zugänglich, was damals ganz im Sinne der (erschließenden) Alpenvereine war.
Längst ist Klettersteiggehen zu einer eigenständigen alpinistischen Disziplin geworden, was auch die Ausrüster bemerkt haben. Touristenorte werben gerne mit ihnen, Seilbahnbetreiber profitieren vom besseren Sommergeschäft und manche Hütte auch.
1969 (daran werden sich manche erinnern) betrat der erste Mensch den Mond. Just an diesem Tag kraxelte ich an einem Drahtseil auf die Südliche Fanisspitze in den Dolomiten. Mein erster Klettersteig – ungewollt. Seither, ich gebe es zu, hat mich diese besondere Art des Bergsteigens nicht mehr losgelassen, auch zu einem aufmerksamen (und keineswegs unkritischen) Beobachter der Szene, ihrer Entwicklungen werden lassen. Vieles hat sich verändert, dem ersten Boom folgte eine Stagnation, seit zehn Jahren breitet sich das eiserne Virus aber fast unaufhaltsam aus: Rund 1000 gesicherte Steige dürfte es zwischen Wien und Nizza mittlerweile geben, allein über 100 zwischen dem Bodensee und Salzburg, zwischen Ammergauer und Stubaier Alpen. Nicht alle begeistern, den Trend hin zum »Seilgarten«, zur akrobatischen Übung in Sichtweite des Parkplatzes kann man kritisch beurteilen. Als »alter« Bergsteiger sehe ich halt auch die Klettersteige vor allem als Wege in die Natur, in die Berge. In diesem Sinne viel Spaß zwischen Tal und Gipfel, am sichernden Seil, das mittlerweile für so viele zur »magic line« geworden ist. Achtung: Klettersteiggehen kann süchtig machen – aber es ist gesund!
Last not least: ein herzliches Danke meinem Freund Bernhard Barlage, der so manche Tour für mich gegangen ist und auch einige Bilder zu diesem Führer beigesteuert hat.

Macht einfach Spaß! Action am Arlberger Klettersteig

Dietramszell, im Sommer 2007 *Eugen E. Hüsler*

Ideal für Einsteiger: die kurze gesicherte Route am Ettaler Manndl

Wichtig: die richtige Ausrüstung

Auf den Vie ferrate, den »Eisenwegen«, benötigt man weder Schneidbrenner noch Drahtzange, aber auf jeden Fall die richtige Ausrüstung. Das ist einerseits mehr, als Bergwanderer in ihrem Rucksack haben, aber erheblich weniger, als ein Kletterer zum Einstieg schleppt. Geht man auf eine große Tour alpinen Zuschnitts, ist der Ballast natürlich ungleich größer als bei einem talnahen Sportklettersteig, etwa dem »Schiestl« im mittleren Ötztal. Da wird dann der Biwaksack verstaut, werden Grödel aufgepackt, sind Tourenstöcke dabei.

Auch das Outfit hängt weitgehend von der Jahreszeit und dem gewählten Tourenziel ab. Klar, dass im Hochsommer das Beinkleid eher kurz ausfällt, die Trinkflasche dafür umso größer sein darf.

Helm auf! Ganz wichtig auf Klettersteigen: die schützende Kopfbedeckung, für alle Fälle. Bei Gratrouten darf man ja durchaus einmal auf das gute Stück verzichten, doch in Rinnen und Schluchten (möglicher »Beschuss« durch freundliche Bergkameraden), unter Felswänden und auf Bändern gibt man sich doch lieber bedeckt, weiß jede/r den Helm zu schätzen. Zumal die neuesten Modelle bloß noch ein paar hundert Gramm schwer sind und eine gute Belüftung aufweisen.

Die Selbstsicherung

Klettersteig-Sets Sicherheit vermittelt dem »Akrobat schöön« am Drahtseil nicht das Netz, sondern seine Ausrüstung. Sie besteht neben dem Helm (siehe links) aus einem Klettergurt (Sitzgurt, Sitz- und Brustgut oder Kombigurt) und dem Klettersteig-Set: zwei je etwa einen Meter lange Seil- oder Bandstücke, eine Sturzbremse und zwei Schnappkarabiner mit großer Öffnung. Diese Sets werden von zahlreichen Herstellern angeboten, in unterschiedlicher Ausführung. Üblich (und unbedingt vorzuziehen) ist heute die Y-Form, die doppelte Sicherheit bietet, weil beide Karabiner eingehängt werden. Mit dem Klettergurt verbunden werden die Sets ganz einfach per Ankerstich – das lästige Einknoten entfällt. Überhaupt haben Knoten mittlerweile ausgedient; alle Verbindungsstellen sind vernäht, einzelne Hersteller verzichten ganz auf Seilstücke, verwenden nur Bänder.

Karabiner Moderne Klettersteigkarabiner besitzen eine automatische Verschlusssicherung, z. B. das Modell »Attac« von Salewa, sie sind auch gegen Querbelastung (Bruchrisiko) gesichert.

Partnersicherung Auf extrem schwierigen Klettersteigen, die lediglich mit einem durchlaufendenDrahtseil ausgestattet sind, bietet die zusätzliche Partnersicherung optimale Sicherheit. Ein Sturz kann hier trotz moderner Ausrüstung zumindest zu bösen Verletzungen führen. Allerdings muss bei konventioneller Partnersicherung ein wesentlich höherer Zeitaufwand (Stand, Nachkommen, Vorsteigen) einkalkuliert werden. Manche große Route ist so in einem Tag kaum mehr zu schaffen.

Tipp

Bei schwierigen Klettersteigen empfiehlt sich die Mitnahme einer kurzen Bandschlinge mit Karabiner. Die Schlinge wird mittels Ankerstich eingebunden, der Karabiner im Bedarfsfall an der Verankerung eingeklinkt. So kann man an sehr anstrengenden Passagen, wenn die Kraft nachlässt, gefahrlos eine Verschnaufpause einlegen.

Gefahren

Wenn das Leben gefährlich ist (wie der Volksmund behauptet), dann ist es das Herumturnen im Gebirge sowieso. Das wussten die Bergbauern (sofern sie noch nicht Hoteliers geworden sind) schon immer, und deshalb begegneten sie dem Berg mit großem Respekt, unnötige Risiken meidend. Der moderne Mensch dagegen, der

Natur in seinem Alltag entfremdet, an PC und Handy gefesselt, meist auch sitzend unterwegs (im Auto, mit der Bahn), sucht das Abenteuer, den spannend-entspannenden Kontrast zu seiner Arbeitswelt. So begibt er sich wissentlich auf ein unbekanntes Terrain – in Gefahr halt. Und die kommt in den Bergen meistens von oben: Regen, Schnee, Gewitter, Steinschlag.

Steinschlag Er steht in der Liste möglicher Unfallursachen an erster Stelle, wie Statistiken belegen. Schuld daran sind leider auch rücksichtslose »Bergkameraden«, die leichtsinnig Steine lostreten. Steilrinnen und Geröllschluchten sollte man nach Möglichkeit nur betreten, wenn niemand darin unterwegs ist.

Wetter Immer wieder ist zu beobachten, wie sträflich die Wetterentwicklung von Bergsteigern unterschätzt wird. Wer einmal ein richtiges Unwetter im Hochgebirge erlebt hat oder bei einem massiven Temperatursturz mit einsetzendem Schneefall über eine Via ferrata abgestiegen ist, wird in Zukunft entschieden vorsichtiger sein. Deshalb: vorher Infos über die Wetteraussichten einholen! Ein strahlend schöner früher Morgen bietet keinerlei Gewähr, dass es den ganzen Tag über sonnig bleibt, dass weder Gewitter noch Regen drohen. Als Vorboten einer Wetterverschlechterung gelten Morgenrot, fallender Luftdruck (lässt sich am Höhenmesser ablesen), bestimmte Wolkenbilder (z. B. Schäfchenwolken nach längerem Schönwetter, Föhnfische und von Westen aufziehende Federwolken). Bilden sich bereits am Vormittag Haufenwolken, die rasch zu mächtigen Türmen anwachsen, sind Schauer, Blitz und Donner zu erwarten. Das sollte jeden Klettersteigler besonders interessieren, ist sein liebstes Sportgerät doch ein gigantischer Blitzableiter.

Hält garantiert

Besonders gefährdet ist man auf »eisernen« Überschreitungen, bei denen auch der Abstieg über eine Via ferrata geht. Da hilft bei Gewittergefahr bloß: rechtzeitig umkehren. Wird man dennoch vom Unwetter erwischt, heißt die Devise: weg von Eisenleitern und Drahtseilen (aber natürlich nur, wenn das ohne Absturzgefahr geht)! Zu meiden sind herausragende Geländepunkte wie Gipfel,

Grate oder isoliert stehende Bäume. Auch Felsnischen bieten keinen echten Schutz (Entladungsbrücke).

Bin nicht schwindelfrei ... Der Blick in bodenlose Tiefe, er gehört auf Klettersteigen natürlich dazu, macht ja ihren besonderen Reiz aus: sicher am Abgrund, das kleine Abenteuer, wohliges Kribbeln im Bauch. Doch die Vorstellung, hoch über dem (sicheren) Boden auf ein paar Eisenklammern zu stehen, sich ans Drahtseil zu klammern, kann auch ganz andere Reaktionen auslösen: Bin ich schwindelfrei?

Es gibt organisch bedingte Störungen des Gleichgewichtssinns, doch viel häufiger ist ein Schwindelgefühl, dessen Wurzeln psychischer Natur sind: Angst. Und die kann man (manchmal) bezwingen, mit viel Geduld und beharrlichem Training. Allmähliche Gewöhnung an die Höhe (bzw. die Tiefe), verbunden mit der langsam wachsenden Gewissheit: ich schaff' es!

Selbstüberschätzung Bergsteigen lernt man nicht von heute auf morgen, und das gilt auch fürs Klettersteiggehen. Es ist ein verhängnisvoller Irrtum, zu glauben, das sichernde Eisen wäre eine Versicherung gegen menschliche Unzulänglichkeit; im Gegenteil, manchmal verleitet es zu gefährlichen Fehleinschätzungen. Deshalb der Rat: klein anfangen, allmählich steigern, nicht zu viel Ehrgeiz entwickeln. Und auf keinen Fall vergessen: Der Spaß an der Sache ist wichtiger als das (vielleicht zu hoch gesteckte) Ziel.

Leicht zu merken – 10 Regeln für Klettersteigler

➔ Vor der Tour: Infos über Wetteraussichten einholen; bei Gewitterneigung möglichst früh starten, besser die Tour verschieben.

➔ Tourenplanung dem eigenen Können (bzw. dem des schwächsten Teilnehmers einer Gruppe) anpassen. Im Frühling nicht gleich mit sehr schwierigen Vie ferrate beginnen!

→ Rucksack sorgfältig packen: nichts vergessen?

→ Ausrüstung nicht nur mitnehmen, sondern auch benützen. Der Helm im Rucksack nützt recht wenig …

→ An der Via ferrata nach Möglichkeit klettern; das Drahtseil dient ja in erster Linie der Sicherung. Wo das nicht mehr möglich ist, darauf achten, dass ein Seilabschnitt jeweils nur von einer Person benützt wird.

→ Vorsichtig gehen, Steinschlag vermeiden. In Rinnen und Schluchten nach Möglichkeit erst einsteigen, wenn das Gelände über einem »frei« ist, also keine anderen Bergsteiger unterwegs sind.

→ Stets auf das Wetter achten. Bei Gewittern weg von Graten und Eisenteilen – wer geht schon gerne an einem riesigen Blitzableiter entlang spazieren?

→ Bei einem Wettersturz umdrehen! Selbst nur mäßig schwierige Klettersteige verwandeln sich bei Regen oder Schneefall, bei einem Temperatursturz (Vereisung) rasch in gefährliche Fallen.

→ Kein blindes Vertrauen in Drahtseile, Haken und Verankerungen; sie können beschädigt sein. Drahtseile nicht unnötig auf Zug belasten.

→ Defekte Sicherungen in der Hütte oder im Talort (Tourismusbüro, Polizei) melden!

Objektiv – subjektiv: die Schwierigkeit mit den Schwierigkeiten

Es ist fast wie in der Schule: Noten müssen her, Bewertungen, ein System halt, das den Klettersteigler informiert, ihm Vergleichsmöglichkeiten eröffnet: leicht, mittel, schwierig.

Das hört sich ganz einfach an, ist in Wirklichkeit aber einigermaßen kompliziert (siehe Schule). Nur ein Beispiel: Was hat der »Jubiläumsgrat« mit dem »Reinhard-Schiestl-Klettersteig« gemeinsam? Die Eisenteile, richtig. Aber das ist – abgesehen von der steinernen »Unterlage« – auch schon alles; bei Ersterem handelt es sich um eine hochalpine Unternehmung, während am »Schiestl-Steig« vor allem absolute Immunität gegen schwindelnde Tiefe und ein kräftiger Armzug verlangt werden.

Angst vor der Tiefe. Wer kennt es nicht, das leichte Kribbeln, das einen an extrem ausgesetzten Passagen befällt, bei manchen panische Reaktionen auslöst, während andere es als emotionales Highlight empfinden. Alles subjektiv, sagt der Verstand – doch das Gefühl?

Klettersteigler sind in der Regel Hobbybergsteiger, keine Profis oder Kletterer. Ihr alpines Rüstzeug variiert mindestens so stark wie die Qualität des Frühstückskaffees auf Berghütten: miserabel bis sehr gut. Manche, die sich am Drahtseil und auf der Leiter völlig sicher fühlen, bekommen in ungesichertem Schrofengelände, an einem eisenfreien Grat ihre Probleme – und umgekehrt.

Trotzdem, eine Skala muss her. Eine »Via ferrata« ist als Kletterroute mit fest installierten Sicherungen und künstlichen Haltepunkten zu definieren. Entsprechend hängt ihre Bewertung vor allem von zwei Faktoren ab: dem Schwierigkeitsgrad der naturbelassenen Route (nach der Alpenskala) und der Art bzw. dem Umfang der angebrachten Eisenteile (Drahtseile, Haken, Leitern usw.). Mit zwei Ziffern ließe sie sich verhältnismäßig leicht klassifizieren, z. B. V/D (eine Route im V. Grad mit Drahtseilsicherungen) oder III/DL (ein »Dreier«, ausgerüstet mit Drahtseilen und Leitern).

Auch Kindern machen Klettersteige Spaß – unter kompetenter Anleitung

Zu kompliziert? Also doch: leicht bis extrem schwierig.

Sehr beliebt, viel begangen: der Mindelheimer Klettersteig

Eine Vier-Klassen-Gesellschaft

Den sehr unterschiedlichen Anforderungen auf gesicherten Routen entsprechen vier Kategorien: **Gesicherte Steige,** klassische **Klettersteige, Alpine Steige** und **Sportklettersteige**. Sie sind in diesem Führer durch die Farbe der Kreissymbole bei jeder Tour gekennzeichnet.

Gesicherte Steige Wege oder Steige, die in der Regel nur kürzere gesicherte Passagen aufweisen, z. B. Normalwege auf Gipfel, Gratrouten oder Übergänge von Hütte zu Hütte. Bergerfahrung ist entschieden wichtiger als kräftige Arme.

Klettersteige Die klassische Via ferrata, meistens eine mehr oder weniger aufwändig »aufgerüstete« Kletterroute, oft verbunden mit einem langen Anstieg.

Alpine Routen Mit den gesicherten Routen vergleichbar, nur kommt hier anspruchsvolleres ungesichertes Gelände dazu. Die alpine Route weist leichtere Kletterstellen auf (bis II), sie kann auch übers Eis (Gletscherausrüstung) und/oder in heikles Schrofengelände führen. Routen für Bergsteiger mit entsprechender Erfahrung.

Sportklettersteige Meistens in Talnähe angelegte Routen, bei denen es mehr um Sport und Spektakel als um den Berg geht: senkrechte Wandstellen, maximal exponierte Querungen, neuestens auch mit Gags wie Seilbrücken.

Die neue Hüsler-Schwierigkeitsskala

K 1 (leicht) Selbstverständlich handelt es sich auch hier nicht um einen simplen Wanderweg, der Steig ist in der Regel aber trassiert, die Sicherungen sind in Relation zum Gelände komfortabel. Durchwegs große natürliche Tritte; wo sie fehlen, werden sie durch Leitern, Stege, Eisenbügel und Haken ersetzt. Nur kürzere exponierte (und dann bestens gesicherte) Passagen. Für geübte Bergsteiger ist noch keine Selbstsicherung erforderlich.

K 2 (mittel) Man bewegt sich abschnittweise bereits im Steilfels; die Routen sind aber recht aufwändig gesichert. Senkrechte Passagen mit Eisenbügeln und/oder Leitern, Drahtseilsicherungen auch in weniger schwierigem Gelände. Selbstsicherung auch für routiniertere Bergsteiger empfehlenswert.

K 3 (ziemlich schwierig) In dieser Kategorie sind viele Klettersteige angesiedelt; es handelt sich um Routen, die teilweise bereits in anspruchsvollem Gelände verlaufen, aber in Relation dazu eher üppig gesichert sind.

K 4 (schwierig) Das Gelände wird steiler, schwieriger; oft finden sich nur mehr kleine Tritte und Griffe, die Sicherungen sind sparsamer gesetzt. Auch an exponierten Stellen hilft oft bloß ein Drahtseil; künstliche Haltepunkte (Haken, Eisenbügel) nur an den schwierigsten Stellen.

K 5 (sehr schwierig) Klettersteige im extremen Felsgelände! Senkrechte bis leicht überhängende Passagen, vielfach bloß mit Fixseilen versehen. Nur für sehr erfahrene Klettersteiggeher mit gut trainiertem Bizeps!

K 6 (extrem schwierig) In diese Kategorie fallen nur ganz wenige »Gänsehautrouten«; etwas für die Extremen unter den Ferratisti.

Piktogramme von unterschiedlicher Farbe erleichtern den Überblick

Schwierigkeit	Gesicherte Steige	Klettersteige	Alpine Steige	Sportklettersteige
K 1	○	○	○	○
K 2	◔	◔	◔	◔
K 3	◑	◑	◑	◑
K 4	◕	◕	◕	◕
K 5/K6		●		●

Einstieg in die Vertikale: am Klettersteig Greitspitz

Bregenzerwald, Lechquellengebirge, Verwall, Rätikon, Silvretta

Bis vor wenigen Jahren war Vorarlberg noch so etwas wie ein weißer Fleck auf der Alpenkarte der Klettersteigler. Das ändert sich mehr und mehr. So sind jüngst die ersten richtig alpinen Klettersteige entstanden, gleich zwei an einem berühmten Kletter- und Aussichtsgipfel, der Sulzfluh (2817 m). Beide bieten spektakuläre Eindrücke: der nordseitige führt sogar ins Bergesinnere, der südseitige beeindruckt durch seine verwegene Routenführung.
An schroffen Felsen und prächtigen Bergen fehlt es zwischen Bodensee und Montafon keineswegs; auch schöne (ältere) gesicherte Steige entdeckt man da, etwa an den Drei Schwestern, am Panüeler Kopf oder an der Zimba. Eher etwas für unerschrockene »Eisenfresser« sind dagegen die Trainingsrouten am Kapf, bei Bludenz sowie unter dem Lüner Stausee. Ein stabiles Nervenkostüm verlangt auch die steile Ferrata in der Paznauer Nachbarschaft (Greitspitz), während der Karhorn-Klettersteig bei Warth für Einsteiger bestens geeignet ist.

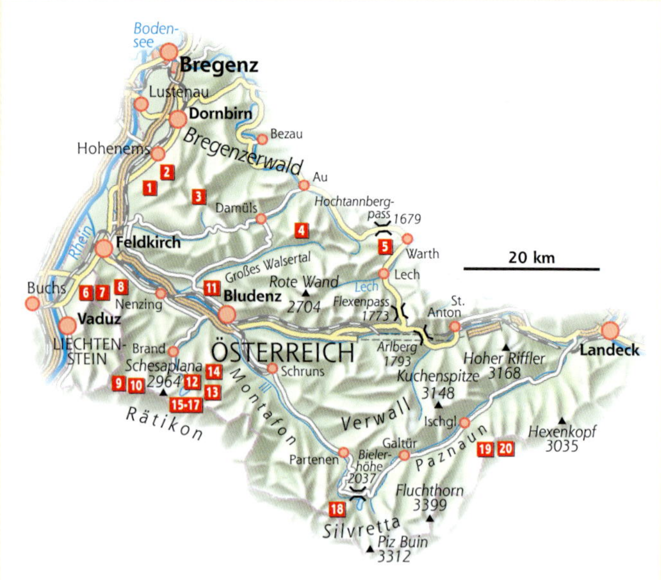

Auf einen Blick

1	Via Örfla	K 4, 2 ½ Std.
2	Via Kapf/Via Kessi	K 5/K 5–6, 1 ½ Std.
3	Hoher Freschen	K 1, 6 ¾ Std.
4	Zitterklapfen, AV-Steig	K 2, 8 ½ Std.
5	Karhorn-Klettersteig	K 2, 3 ¾ Std.
6	Fürstensteig und	K 1
7	Drei-Schwestern-Steig	K 1, 6 Std.
8	Hohe Köpfe	K 1, 8 Std.
9	Straußsteig und	K 1
10	Liechtensteiner Höhenweg	K 1, 8 ½ Std.
11	Franz-Tarmann-Steig	K 4–5, 1 Std.
12	Alpin-Life-Übungsklettersteig	K 3–4/K 5/K 6 +, 1–2 Std.
13	Saulajochsteig	K 1, 4 ½ Std,
14	Rund um die Zimba	K 2, 10 ¼ Std.
15	Klettersteig Blodigrinne	K 3, 10 ½ Std.
16	Klettersteig Gauablickhöhle	K 3, 10 Std.
17	Sulzfluh-Klettersteig	K 4, 7 Std.
18	Ernst-Scheib-Steig	K 2, 5 ¾ Std.
19	Klettersteige Greitspitz	K 5, 1 ½ Std.
20	Klettersteig Flimspitz	K 2, 2 Std.

1 Via Örfla

Meschach, 754 m
Rauschende Wasser

K 4

2 ½ Std.

280 m

Routencharakter: Gurgelnde Wasser, schroffe Felsmauern und üppiges Grün ergeben mit etwas Eisen ein packendes Naturerlebnis – und das nur einen Katzensprung vom urbanisierten Rheintal: Was für ein Kontrast! Allerdings ist die Route nur gefahrlos zu begehen, wenn der Emmebach wenig Wasser führt. Anspruchsvollste Passage am Ausstieg (Wandstufe, Stelle II). Der erdigen Stellen wegen nicht bei Nässe gehen!
Ausgangspunkt: Schwimmbad von Götzis (Parkplatz)
Gehzeit: 2.45 Std. für die ganze Runde
Markierung: Zustieg bezeichnet – dann mehr oder weniger am Wasser entlang
Landkarte: Österreichische Karte 1:50 000 bzw. 1:25 000, Blatt 111 »Dornbirn«
Highlights: Die wildromantische Kulisse macht den eigentlichen Reiz der Route aus; der Klettersteig ist hier buchstäblich Mittel zum Zweck, macht ein Durchkommen überhaupt erst möglich.
Einkehr: In Meschach
Fototipps: Naturgemäß ist es in der Klamm meistens recht düster – also Blitzgerät für Action-Fotos mitnehmen, ein Stativ für die Landschaft.

Tipp

Drei auf einen Schlag
Nach dem kleinen Schlucht-Abenteuer bietet sich natürlich eine Begehung der beiden kurzen, aber sehr knackigen Sportklettersteige an der Gipfelmauer des Kapf an: runter (aber wie!) und wieder hinauf ⇨ Tour 2.

➔ Anfahrt Götzis (448 m) erreicht man über die österreichische Rheintalautobahn oder per Bahn. Durch den Ort Richtung Götznerberg bis zum Schwimmbad (Parkmöglichkeit, Halt des Ortsbusses).

↗ Zustieg Ein Fahrweg führt in die malerische, von bewaldeten Steilhängen gesäumte Schlucht. Die Kulisse gewinnt allmählich an Dramatik, dafür wird der Weg immer weniger. Mal am Wasser, dann wieder in die Hänge ausweichend, erreicht man schließlich den Einstieg, *45 Min.*

↑ Via Örfla Nun weiter mit Sicherungen in der Schlucht aufwärts, auf Felspassagen (origineller Durchschlupf) folgen immer wieder erdige Stellen. Schließlich leitet die Route über eine steile Wandstufe (Drahtseil, Bügel) zum Ausstieg an der orografisch linken Talflanke, *1 Std.*

Ausstiegswand der »Via Örfla«

↘ Rückweg Auf solider Brücke über den Bach und hinauf zu den Häusern von *Meschach* (754 m). Kurz auf der Straße abwärts, dann links (Wegzeiger) zurück in die Schlucht und auf dem Hinweg zum Schwimmbad, *1 Std.*

Via Kapf – Via Kessi

2

Kapf, 1153 m
Ruckzuck!

K 5
K 5–6

1 ½ Std.

100 m

Routencharakter: Knackige Sportklettersteige, sehr luftig, aber gut gesichert. Dabei ist zu beachten, dass eine der beiden Ferrate im Abstieg begangen werden muss. Insgesamt sind starker Bizeps und solides Nervenkostüm verlangt. Keinesfalls für Anfänger! Durchlaufende Drahtseile, dazu Eisenstifte. Nur bei trockenem Wetter ratsam (erdige Passagen, Gras), bei Nässe extrem unangenehm.
Ausgangspunkt: Parkplatz an der Straße zum Gh. Spallenhof (ca. 1025 m)
Gehzeit: Ganze Runde 1.30 bis 2 Std.
Markierung: Zustieg rot-weiß-rot, dann immer den Eisenteilen nach
Landkarte: Österreichische Karte 1:50 000 oder 1:25 000, Blatt 111 »Dornbirn«
Highlights: Knackige Passagen in leicht überhängendem, festem Fels, Tiefblicke ins Rheintal
Einkehr: Gh. Spallenhof (1042 m), 5 Min. vom Parkplatz (Zufahrt)
Fototipps: Action an den Klettersteigstrecken. Achtung: Sonne erst nachmittags

Zwurms (745 m) und Kapf (1153 m) – getrennt durch die wilde Örflaschlucht (⇨ Tour 1) – sind die Hausberge von Götzis, beide mit viel Wald, aber auch ein paar Felsen. Und über die führen am *Kapf* zwei kurze, sehr knackige Klettersteige. Die Via Kapf besteht schon seit längerem, die noch etwas anspruchsvollere Via Kessi wurde nach endlosen Querelen mit einem Waldbesitzer, der den Zustieg sperren lassen wollte, angelegt. So steigt man jetzt über einen Klettersteig ab zum Wandfuß, über den anderen wieder auf zum Kapf: eine originell-eigenwillige Routenführung, halt aus der Not geboren. Ganz zufrieden scheint der »Waldherr« allerdings immer noch nicht zu sein, wie man den diversen Verbotsschildern, die an Bäumen hängen, entnehmen kann …

➔ **Anfahrt** Von Götzis (448 m) auf teilweise schmaler Asphaltstraße über Götznerberg nach Meschach, an der Gabelung links und zum Parkplatz unterhalb des Gh. Spallenhof (ca. 1025 m).

➚ **Zugang** Vom Parkplatz auf dem Fahrweg kurz links, dann auf rot-weiß-rot markiertem Weglein immer in Gratnähe rechts aufwärts zum Ausstieg der Via Kessi und noch ein Stück weiter zu jenem der Via Kapf knapp vor dem Gipfelrücken (ca. 1140 m, Tafel).

↑ **Via Kapf** Zwischen den Bäumen kurz zum ersten Drahtseil, dann folgt gleich die Schlüsselstelle: eine leicht überhän-

2

gende Verschneidung, durch die man (mit viel Krafteinsatz) abklettert. Anschließend leichter, aber immer noch steil (Routenbuch) abwärts, zuletzt sehr schwierig (Kraft!) zum Wandfuß, *30–45 Min.*

↑ Via Kessi Sehr rasant bereits der Auftakt, eine plattige, etwas überhängende Felsstufe; leicht jenseits der Vertikalen auch eine kurze Passage weiter oben. Vorbei am Kessiloch und an einer originellen »Zapfstelle«, dann nochmals steil hinauf zu einer Rampe, die rechts zum Ausstieg führt, *45 Min.*

↘ Abstieg Auf dem Anstiegsweg hinunter zum Parkplatz.

Extrem luftige Passage an der »Via Kapf«

Hoher Freschen, Gratsteige

3

Hoher Freschen, 2004 m
Ein Aussichtsberg mit Geschichte

K 1

6 ¾ Std.

1060 m

Routencharakter: Eher gemütliche Kamm- und Gipfelwanderung; Vorsicht ist allerdings bei Nässe geboten! Nichts für Eisenfreaks, aber eine lohnende, auch sehr beliebte Runde über einen der schönsten Aussichtsberge des Bregenzerwaldes mit einigen gesicherten Passagen am Valüra- und am Binnelgrat.
Ausgangspunkt: Ebnit (1088 m), kleines Walserdorf über der Dornbirner Ache
Gehzeiten: Aufstieg 4 Std., Abstieg 2.45 Std.; gesamt 6.45 Std.
Markierung: Durchwegs ordentlich bezeichnete Wege; Schilder an den Verzweigungen.
Landkarte: Österreichische Karte 1:50 000 oder 1:25 000, Blatt 111 »Dornbirn«
Highlights: Aussicht von Graten und vom Gipfel; die von der Erosion gezeichneten, gewaltigen Schieferflanken des Hohen Freschen.
Stützpunkt: Freschenhaus (1840 m), knapp 30 Min. südlich unter dem Gipfel, 🕒 Mitte Juni bis Mitte Oktober, Tel.: 0663/965 12 49
Fototipps: Übernachten im Freschenhaus und so Sonnenuntergang und -aufgang mit der Kamera erleben.

Erster Zweitausender östlich der breiten Rheintalfurche ist der *Hohe Freschen*, höchster Punkt eines mächtigen Bergstocks mit langen Graten. Der Berg gilt als hervorragender Aussichtspunkt, ist zudem bekannt für seine artenreiche Flora.

➔ **Anfahrt** Von Dornbirn (437 m) auf teilweise schmaler Straße nach Ebnit (1088 m), auch Buslinie.

➚ **Zustieg** Unterhalb des Hangdörfchens Ebnit (1088 m) über den tief eingeschnittenen Brugerbach und auf markiertem Weg hinein in das nach Süden ansteigende Ebniter Tal, wo man auf eine Straße stößt. Von der Achrainalpe (1178 m) halblinks und an einem licht bewaldeten Rücken hinauf zur Binnelalpe (1724 m), *3 Std.*

↑ **Binnelgrat** Das an einigen Stellen mit Drahtseilen gesicherte Steiglein folgt dem teilweise recht schmalen Grat, weicht dabei gelegentlich in die Westflanke aus, bis zum Gipfel des Hohen Freschen *1 Std.*

➘ **Valüragrat** Kurz zurück am Binnelgrat, dann scharf links heikel durch die abschüssige Nordflanke des Valüragrats zum Kamm. An ihm auf etwas ausgesetztem Steig abwärts zum Ansatzpunkt des Grates (1653 m) und zu einer Verzweigung. Hier rechts (Tafel) hinunter zur Valorsalpe (1302 m) und weiter bergab ins Ebniter Tal. Auf dem Hinweg zurück nach Ebnit, zuletzt mit 100 Höhenmetern Gegenanstieg ins Dorf, *2.45 Std.*

4 Zitterklapfen, AV-Steig

Zitterklapfen, 2403 m
Spannender Weg zum schönsten Gipfel des Großen Walsertals

K 2

8 ½ Std.

1700 m

Routencharakter: Ausgeprägt alpine Tour. Weiter Anmarsch durch das Tal des Dürrenbachs, teilweise Almstraßen. Im Zustieg zum Klettersteig und am Grat Stellen I, II. Auf jeden Fall alpine Erfahrung unerlässlich; im Frühsommer in den nordseitigen Karen Schneereste (Steigeisen/Grödel). Vom Gipfel großes Panorama bis weit ins Bündnerland. Selbstsicherung für weniger Geübte.
Ausgangspunkt: Schoppernau (852 m) im Bregenzerwald
Gehzeiten: Zustieg 3.30 Std., Klettersteig und Grat 1.45 Std., Abstieg 3.15 Std.; gesamt 8.30 Std.
Markierung: Gut markierte Wege, rot-weiß (Bergwege), zum Klettersteig hin und am Grat blau-weiß; Hinweistafeln an den Verzweigungen.
Landkarte: Österreichische Karte 1:25 000 oder 1:50 000, Blatt 112 »Bezau«
Highlights: Klettersteig, Grat und Aussicht vom Gipfel
Einkehr: In der Bergkristallhütte auf Bodenvorsäß (1215 m)
Fototipps: Schöne Landschaftsmotive im Tal des Dürrenbachs, Action am Klettersteig (evtl. mit Blitz, weil nordseitig und deshalb fast immer im Schatten) und am Grat; Fernsicht.

Bei der Fahrt durch den Walgau in das Große Walsertal ist es ein Gipfel, der alle Blicke auf sich zieht: der *Zitterklapfen*, eine schön gebaute, felsige Pyramide. Oben am Faschinajoch (1486 m) ist man dem Berg dann schon recht nahe – und auch wieder nicht. Denn der einzige markierte (und gesicherte) Anstieg hat seinen Ausgangspunkt im Tal der Bregenzerache, bei Schoppernau. So nähert man sich dem Berg, der sich zunächst noch hinter seinen felsigen Vorbauten versteckt, aus den grünen Talniederungen. Erst im Bereich der Tobelalpe kommen seine Nordwand und der lang gestreckte Ostgrat ins Blickfeld, und spätestens da wird unmissverständlich klar, dass dieser Gipfel ohne Kletterei nicht zu haben ist. Die wird durch eine kleine Via ferrata vorgezeichnet, auch entschärft; am Grat wartet dann noch eine ungesicherte, kurze IIer-Stelle, ehe man beim Kreuz das große Panorama genießen kann, am besten gleich an einem Föhntag.

➔ Anfahrt Schoppernau (852 m) ist ein Ferienort im Bregenzerwald, Anfahrt von Dornbirn oder von Bludenz übers Faschinajoch (1486 m). Gute Busverbindungen; Parkmöglichkeit im Ort oder bei Gräsalp.

➚ Zustieg Den Wegzeigern folgend durch den Weiler Gräsalp (840 m), dann zur Mündung des Dürrenbachtals und auf solider

4

Brücke übers Wasser. Nun nicht gleich links, sondern kurz geradeaus (Holzablageplatz; Tafel) in den Wald und auf breitem Weg in Kehren bergan. Noch vor *Bodenvorsäß* (1215 m) stößt man auf eine breite Sandstraße, der man – hinter der Almsiedlung etwas an Höhe verlierend – taleinwärts bis zur Annalper Aualpe (1364 m) folgt. Hier links und auf einem von der Erosion stark gezeichneten Weg über einen verstrauchten Hang aufwärts gegen die Tobelalpe (1626 m). Knapp vor der Alm weist ein Schild nach rechts: »Zitterklapfen«. Auf schmalem Weglein zum Bach und schräg über einen Felsriegel auf die Neuguntenalpe. Unter den Gräshörnern im Zickzack in die steinige Wiesenmulde am Fuß der breiten Felsflucht, *3.30 Std.*

Ausstieg auf den lang gestreckten Gipfelgrat des Zitterklapfens

↑ **AV-Steig** Der sehr gut markierte Weg weicht dem ersten Steilaufschwung aus, führt dann von rechts auf die felsige Rampe, die man weglos, auch ungesichert übersteigt (I). Sie mündet auf ein mächtiges Kar. Im Zickzack auf guter Spur bergan, einen zweiten Felsriegel links umgehend und nochmals im Schutt (im Frühsommer Schnee) zum Fuß der eigentlichen Nordwand. Etwas delikat der Einstieg: ein schmales, abdrängendes Band, das auf eine abgespaltete Felsschuppe leitet. Aus ihr auf ein Geröllband und zu den ersten Sicherungen. Sie leiten, das stark gegliederte Gelände geschickt nutzend, steil und teilweise auch recht ausgesetzt (gut 100 Höhenmeter), in eine *Scharte* im Ostgrat des Zitterklapfen. Nun ungesichert direkt am Kamm mit einer kurzen IIer-Stelle (gute Tritte und Griffe) noch gut 500 Meter weit zum großen Kreuz, *1.45 Std.*

↘ **Abstieg** Auf dem Anstiegsweg. Am Wandausstieg auf die Felsrippe Sicherungshaken (evtl. lange Bandschleife mitnehmen).

5 Karhorn-Klettersteig

Karhorn, 2416 m
Idealroute für Einsteiger

K 2

3 ¾ Std.

560 m

Routencharakter: Nur wenig schwieriger, landschaftlich sehr reizvoller Klettersteig, für Einsteiger bestens geeignet. Weniger Freude als Route und Kulisse macht das teilweise nicht sehr zuverlässige Gestein.
Ausgangspunkt: Bergstation des Steffisalpe-Sessellifts (1860 m); Infos über Betriebszeiten Tel.: 05583/36 01
Gehzeiten: Aufstieg 2 Std., Abstieg 1.45 Std.; gesamt 3.45 Std.
Markierung: Rot-weiß Zu- und Abstieg, blau-weiß am Klettersteig; an den Verzweigungen Wegzeiger.
Landkarte: Österreichische Karte 1:25 000 bzw. 1:50 000, Blätter 113 »Mittelberg« und 143 »St. Anton am Arlberg«
Highlights: Mehrere hübsche Passagen am Grat, Aussicht vom Gipfel
Stützpunkt: Unterwegs keiner
Fototipps: Action am Gratsteig, Panoramaausschnitte vom Gipfel

Das *Karhorn* gehört gewiss nicht zu den großen Gipfeln der berühmten (Winter-)Sportregion um Warth, Lech und Zürs. Dank seiner freien Lage über der Wasserscheide von Hochtannberg (Lechtal – Bregenzerwald) bietet es aber eine stimmungsvolle Rundschau über viele Erhebungen des Bregenzerwaldes, der Allgäuer und Lechtaler Alpen, darüber hinaus bis zum Alpenhauptkamm. Und seit ein paar Jahren hat der felsig-schroffe Zahn seinen Klettersteig, eine zwar eher bescheidene, aber durchaus reizvolle Anlage, bestens geeignet auch für Anfänger. Damit die nicht zu sehr außer Atem kommen, verkürzen Drahtseile auch noch den Zustieg auf angenehme Weise – jene des Steffisalpelifts.

➔ **Anfahrt** Warth (1495 m) erreicht man auf guten Straßen aus dem Lechtal, aus dem Bregenzerwald und von der Arlbergstrecke über den Flexenpass (1773 m). Westlich von Warth, an der Straße zum Hochtannbergpass, liegt die Talstation des Steffisalpe-Sessellifts.

➚ **Zustieg** Von der Bergstation (1875 m) auf markiertem Weg hinauf in das schattige Kar nördlich unter dem Karhorn, an der Verzweigung links und zuerst flach, dann ansteigend in die *Warther Scharte* (ca. 2180 m), *1 Std.*

Anregende Kletterei am Karhorn-Ostgrat

↑ **Karhorn-Klettersteig** Gleich jenseits der Warther Scharte gut gesichert über die Einstiegswand, dann am Grat entlang. Ein markanter Turm wird südseitig umgangen; es folgt noch ein Steilaufschwung, dann geht's über weniger steiles Gelände – nur noch teilweise mit Sicherungen – zum Gipfelkreuz, *1 Std.*

↘ **Abstieg** Kurz zurück zur Abzweigung des Normalwegs und südseitig über die felsige Flanke (einige Sicherungen) hinunter zum Felsfuß. An der Weggabelung hält man sich links und folgt dem Steig, der mit herrlicher Aussicht und einer zuletzt ruppigen Gegensteigung in die Warther Scharte führt. Jenseits des Sattels auf dem Anstiegsweg zurück zur Liftstation, *1.45 Std.*

Gipfelsammler unternehmen noch den kleinen Abstecher zum Warther Horn (2256 m), knapp 15 Min. vom Warther Sattel. Packender Tiefblick auf Warth.

Tipp

Widderstein, 2533 m
Felsen gibt's auch nördlich über dem Hochtannbergpass, allerdings keine Ferrata. Da steht der Widderstein, und neben dem schaut das Karhorn recht mickrig aus. Dieser frei stehende Koloss ist denn auch ein beliebtes Gipfelziel, 2 Std., markierter Anstieg mit einigen ganz leichten Kletterstellen (I).

6 Fürstensteig
7 Drei-Schwestern-Steig

Kuhgrat, 2123 m
Ein »fürstlicher« Weg

K 1

6 Std.

800 m/
1500 m

Routencharakter: Genussvolle und aussichtsreiche Längsüberschreitung der Drei Schwestern, mehr Wanderung als richtiger Klettersteig. Beim Fürstensteig handelt es sich um einen komfortabel ausgebauten Felsenweg, bei dem etwas anspruchsvolleren Drei-Schwestern-Steig um eine leichte gesicherte Route. Klettersteigausrüstung nicht erforderlich; am Fürstensteig latente Steinschlaggefahr (Helm).
Ausgangspunkt: Gaflei (1483 m), 12 km von Vaduz; Busverbindung
Endpunkt: Planken (786 m) oberhalb von Nendeln; Busverbindung mit Vaduz
Gehzeiten: Aufstieg zum Kuhgrat 2.15 Std., Übergang zum Sarojasattel 2 Std., Abstieg nach Planken 1.45 Std.; gesamt 6 Std.
Markierung: Viel begangene, bestens markierte Wege
Landkarte: Wanderkarte Fürstentum Liechtenstein (1:50 000); Landeskarte der Schweiz 1:25 000, Blätter 1135 »Buchs« und 1136 Drei Schwestern
Highlights: Felspassagen, vor allem am Drei-Schwestern-Steig, Schauwandern am Grat
Stützpunkt: Gafadurahütte (1428 m), ⌚ Pfingsten bis Mitte Oktober, Tel.: 00423/373 42
Fototipps: Die Überschreitung bietet jede Menge schönster Motive. Zu beachten ist allerdings, dass der Fürstensteig erst ab dem späten Vormittag in der Sonne liegt. Faszinierend die Tiefblicke in die breite, urbanisierte Sohle des Rheintals, sehr schön der Alpstein.

Das Fürstentum Liechtenstein, so könnte man bei einer Fahrt durchs Rheintal leicht glauben, ist höher als breit, so mächtig ragt das Massiv der *Drei Schwestern* über Vaduz und seinem herrschaftlichen Schloss in den Himmel. Hinter seinen dicken Mauern residiert der Fürst, und der regiert nach wie vor sein »Ländle«, weshalb es nur passend erscheint, dass ein »Fürstenweg« auch die schönste Wanderroute in Liechtenstein ist. Der bereits vor 100 Jahren unter Fürst Johann II. angelegte Weg hat seinen Ausgangspunkt in Gaflei; er steigt durch die zerklüfteten Abstürze des Gipsberges hinauf zu dem lang gestreckten, hohen Kamm und führt über den Kuhgrat zu den *Drei Schwestern*. Die sollen – so behauptet wenigstens die Sage – zur Strafe dafür, dass sie, statt den Gottesdienst zu

Leichte Felspassage am Fürstensteig

6
7

besuchen, lieber oben am Berg zum Beerenklauben gingen, gleich in die Felsgestalten verwandelt worden sein.

So etwas droht den Bergwanderern von heute kaum, auch wenn sie sonntags unterwegs sind; beim Abstieg von den Schwestern sollte man aber dennoch etwas vorsichtig sein, verläuft der Weg doch durch felsiges Gelände, und da kann ein Fehltritt böse Folgen haben.

Rheintal und Alpstein vom Fürstensteig

Insgesamt ist die Überschreitung des Drei-Schwestern-Massivs aber als leicht einzustufen, alle Felspassagen sind gesichert bzw. entschärft. Wichtig ist schönes Wetter, am besten ein Föhntag, der allen Dunst aus dem Rheintal herausbläst und die Gipfel frei (und manche Köpfe schwer) macht. Da wird die Tour erst zum ganz großen Schauerlebnis, hinab und hinaus in die Ferne geht der Blick, Hunderte von Bergen stehen im weiten Rund; ganz nahe, gleich über dem Rheintal, die Kreuzberge mit ihren senkrecht gestellten Kalkschichten, und der Hohe Kasten (1794 m). Mit dem hat es seine ganz besondere Bewandtnis: Für einen Knirps aus Zürich war er der erste Gipfel seines Lebens, Papa wusste den Weg, und eine große Portion Ovomaltine sorgte für die notwendige Power ...

↑ **Fürstensteig** Von *Gaflei* (1483 m) folgt man zunächst dem in Kehren ansteigenden Fahrweg, verlässt ihn aber bald nach links (Tafel). Das Gelände wird allmählich steiler, und hinter einem bewaldeten Eck (Ausblick!) beginnt die diagonale Querung der bröseligen Felsen des Gipsberges. Der Fürstensteig führt in mäßig steilem Anstieg, fast überall meterbreit, durch die romantische Kulisse. Geländer und Drahtseile sichern nach unten, die Gefahr kommt hier allerdings eher von oben: Steinschlag!

Schließlich mündet der Fürstensteig auf den Kamm des Drei-Schwestern-Massivs (1858 m); nach kurzem Zwischenabstieg geht's wieder bergan, mit Aussicht über den *Gafleispitz* (2000 m) zum großen Panorama am Kuhgrat, *2.15 Std.*

6
7

↗ Drei-Schwestern-Steig Als logische Fortsetzung des Fürstensteigs führt er, an einigen Stellen gesichert, am Kamm zunächst hinüber zum *Garsellikopf* (2105 m), dann weiter zum felsigen Gipfel der *Großen Schwester* (2052 m). Der anschließende Abstieg verdient dann auf jeden Fall das Prädikat »hochromantisch«; der Steig schlängelt sich durch das Felslabyrinth der »sisters« hinab. Zwei Leitern helfen über senkrechte Abbrüche; durch ein Felsenfenster wird man schließlich ins Wandergelände entlassen. Im Zickzack geht's durch lichten Wald hinunter zum *Sarojasattel* (1628 m), *2 Std.*

↘ Abstieg Eine gute Viertelstunde westlich unterhalb der grünen Senke steht die *Gafadurahütte* (1428 m) des Liechtensteiner Alpenvereins. Weiter auf der Straße oder auf einem markierten, steilen Weglein ihre weiten Schleifen abkürzend, hinab nach Planken (786 m), *1.45 Std.*

Am Weg zu den Hohen Köpfen; am Horizont das »Matterhorn des Montafons«, die Zimba

Hohe Köpfe, gesicherter Steig

8

Hohe Köpfe, ca. 2045 m
Wildromantisch – und fast eisenfrei

K 1
8 Std.
1300 m

Routencharakter: Große Rundtour mit wenig Eisen – etwas für ausdauernde Naturfreunde mit einem Faible für einsame Bergreviere
Ausgangspunkt: Gurtis (904 m), Terrassendorf oberhalb von Frastanz
Gehzeiten: Gurtis – Gurtisspitze 2.30 Std., Gurtisspitze – Hohe Köpfe 2.30 Std., Abstieg 3 Std.; gesamt 8 Std.
Markierung: Gut bezeichnete Wege
Landkarte: Österreichische Karte 1:50 000 oder 1:25 000, Blatt 141 »Feldkirch«
Highlights: Felsszenerie an den Hohen Köpfen – fast wie in den Dolomiten
Einkehr: Bazoraalpe (1406 m), Sommerwirtschaft
Fototipps: Action auf den Bändern unter den Hohen Köpfen, Aussicht vom Gipfel

Ob es sich bei den »Hohen« Köpfen um ein paar unerhebliche Zacken über dem Saminatal oder ein respektables, gar hohes Tourenziel handelt, ist vor allem eine Frage der Perspektive. Aus dem Walgau zeigt der schartige Grat durchaus Format, vom Hauptkamm des Rätikons aus betrachtet wirkt er ziemlich unbedeutend. Ein Klettersteigberg sind die Hohen Köpfe nicht, dazu hängt in den Felsen zu wenig Drahtseil, und ein Modeberg wird er nie werden – zu weit sind die Wege. Das hat aber auch seine Vorteile, vor allem für den Naturfreund, der hier keinen Massenauftrieb befürchten muss, und die eingangs gestellte Frage erübrigt sich nach einem mindestens achtstündigen Auf und Ab über steile Grashänge, über schmale Grate und abschüssige Felsbänder, auf gerade fußbreiten Pfaden und breiten Güterwegen. Da müht man sich schwitzend durchs Latschendickicht, laviert am Drahtseil über der Tiefe, sind riesige Geröllströme zu queren – genug für einen ganzen ausgefüllten Bergtag: lange, anstrengend, aber auch sehr erlebnisreich. Und es soll ja Bergsteiger geben, die so etwas mögen – auch ohne viel Eisen.

➔ **Anfahrt** Von Frastanz (509 m) im Walgau (Strecke Feldkirch–Bludenz) auf ordentlicher Straße hinauf nach Gurtis (904 m), 6 km. Parkmöglichkeit im Ort, Bus ab Frastanz (Bahnhof).

➚ **Gurtisspitze** Vom Kirchplatz in *Gurtis* (904 m) auf der Hauptstraße kurz bergan zum Gasthaus Gurtisspitze und geradeaus weiter zu den letzten Häusern. Das schmale Weglein führt über Wiesen kräftig bergan zu einem quer verlaufenden Fahrweg, den man kreuzt. Oberhalb der Ferienhaussiedlung Bazora mündet er in

8

eine Forstpiste. Man verlässt sie gleich wieder nach links und folgt den deutlichen Markierungen, die über den Wiesenrücken hinaufleiten zum Rücken der *Bazoraalpe* (1406 m). Dahinter geht's in den Wald. Die Abzweigung zum Goppaschrofen (1781 m) bleibt rechts; das Weglein steigt im Zickzack durch den Wald an zu einer Gratsenke (ca. 1745 m) im Rücken der *Gurtisspitze* (1778 m). Linkshaltend über Schrofen zum großen Kreuz, *2.30 Std.*

Tipp

Noch ein gesichertes Steiglein – der Goppaschrofen, 1781 m
Markante Felsschulter im Seitenkamm der Hohen Köpfe über dem Saminatal. Ihre Besteigung lässt sich mit einer Überschreitung der Gurtisspitze verbinden: vom Spitzwiesle westlich abwärts, bis man auf den von der Bazoraalpe kommenden Weg stößt. Auf ihm quer über das Geröllkar oberhalb des Lecktobels, dann über einen recht »beweglichen« Steilhang hinauf zum Grat und – auf gut 20 Metern mit Drahtseilsicherung – zum Gipfelkreuz, 4 Std. von Gurtis.

↑ Hohe Köpfe Vom Gipfel zurück in die kleine Senke. Der weiß-blau-weiß bezeichnete Steig führt über eine erste bescheidene Gratkuppe zunächst zum *Spitzwiesle* (ca. 1710 m), von dem man links zur Sattelalpe absteigen kann. Der Kammweg steigt über den breiten Rücken kräftig an und folgt dann dem allmählich schmaler werdenden Grat bis zum ersten felsigen Aufschwung. Hier leitet die Spur nach links in die Steilflanke; auf teilweise schmalen und sehr exponierten Bändern quert man am sichernden Drahtseil leicht absteigend in den wilden Felskessel unter dem nördlichen der beiden großen Köpfe – die eindrucksvollste Passage des ganzen langen Weges. Anschließend geht's im Zickzack über einen Schrofenhang steil bergan zum »Überstieg« (ca. 1900 m), wo der Weg in die mit Latschen bewachsene Westflanke wechselt. In einem Linksbogen gewinnt man den kreuzgeschmückten Gipfel des nördlichen »Kopfes« (ca. 2045 m), *2.30 Std.*

↘ Abstieg Zunächst kurz abwärts in die Scharte vor dem Hauptgipfel (2066 m), dann in langer Hangtraverse, stets rechts vom Grat und allmählich an Höhe verlierend, in die *Galinascharte* (1884 m). Vor sich hat man dabei die zerklüftete Nordflanke des Galinakopfs (2198 m). Aus der Scharte leitet die markierte Spur links hinab zur *Galinaalpe* (1566 m). Bei der Weggabelung eine Viertelstunde unterhalb der Alm hält man sich links. Der Steig verläuft fast eben durch die Ostflanke der Hohen Köpfe, quert dabei zwei mächtige Geröllreißen: Naturgewalt. Über die *Sattelalpe* (1383 m) wandert man auf der Sandstraße, zuletzt ein paar Schleifen abkürzend, zurück nach Gurtis, *3 Std.*

Straußsteig 9
Liechtensteiner Höhenweg 10

Panüeler Kopf, 2859 m
Große Runde im Schatten der Schesaplana

K 1

8 ½ Std.

1550 m

Routencharakter: Ausgeprägt alpine Routen im Westen der Schesaplana (2964 m); am Straußsteig als auch am Liechtensteiner Höhenweg leichte gesicherte Passagen, besonders lohnend in Verbindung mit einer Hüttenübernachtung und einer Schesaplana-Besteigung. Ausdauer erforderlich.
Ausgangspunkt: Nenzinger Himmel (1370 m) im inneren Gamperdonatal, 16 km von Nenzing (530 m). Zufahrt nur mit Kleinbussen, Abfahrt 7 Uhr, Infos beim Taxiunternehmen Anton Gantner, Tel.: 05525/6 22 17.
Gehzeiten: Aufstieg 4.45 Std., Abstieg 3.45 Std.; gesamt 8.30 Std.
Markierung: Durchwegs ordentlich markierte AV-Steige
Landkarte: Österreichische Karte 1:25 000 bzw. 1:50 000, Blatt 141 »Feldkirch«; Schweizer Landeskarte 1:25 000, Blatt 1156 »Schesaplana«
Highlights: Aufstieg über Spusagang und Straußsteig, Firn- und Felslandschaft um den Brandner Gletscher, Felsquerung am Liechtensteiner Weg
Stützpunkt: Mannheimer Hütte (2679 m), ⌚ Juli bis September, Tel.: 0664/577 50 94
Fototipps: Bei gutem Wetter bietet die Runde eine Fülle schönster Motive, vor allem natürlich, wenn man in der Mannheimer Hütte übernachtet: Landschaft, Action, Stimmung.

Höchster und zugleich berühmtester Gipfel des Rätikons ist die *Schesaplana* (2964 m), noch ein klein bisschen näher an der 3000er-Grenze als die Zugspitze. Neben ihr führt der Panüeler Kopf fast schon ein Schattendasein, dafür ist man da oben fast immer allein mit ein paar hungrigen Bergdohlen.
Die meisten Schesaplana-Besteiger kommen vom Lünersee herauf, das dauert – moderner (Seilbahn-)Technik sei Dank! – nur drei Stunden. Alle anderen Routen sind erheblich länger, aber auch schöner und lassen sich zu Rundtouren bzw. Überschreitungen verbinden, die nicht nur packende Eindrücke der Rätikon-Landschaft, sondern dazu noch etwas »Eisen« bieten, mit oder ohne Schesaplana.
Wer gut drauf ist und einen Zehn-Stunden-Tag am Berg locker weg steckt, kann im hintersten Gamperdonatal (Nenzinger Himmel) starten und den *Panüeler Kopf* über den Spusagang und den Straußsteig anpeilen.

Die Mannheimer Hütte

Am Spusagang, links der Panüeler Kopf

Konditionsbolzen werden die Schesaplana nicht auslassen, allein schon der fantastischen Aussicht wegen, die ihre Baedeker-Sternchen allemal verdient. Da stehen die Bergketten tief gestaffelt im weiten Rund, ganz nahe der zerklüftete Kalkklotz der Drusenfluh und das »Montafoner Matterhorn«, die Zimba; 150 Kilometer fern im Südwesten Mischabel und Monte Rosa!

Als Erstbesteiger des »flachen Steins« (sessa plana) gilt Nikolin Sererhard, Pfarrer aus Seewis, und er lieferte auch gleich eine detaillierte Beschreibung seiner »Schaschaplana Bergreis« von 1742. Die Gruppe stieg aus dem Prättigau durch das Schafloch auf und nahm dann den Abstieg zum Lünersee – eine formidable Leistung!

➔ **Anfahrt** Mit dem Kleinbus von Nenzing in den Nenzinger Himmel (1370 m).

➚ **Spusagang** Vom Almdorf, die Schleifen einer Straße abkürzend, zu der Verzweigung (1866 m) unweit des idyllischen Hirschsees. In

9
10

lichtem Wald weiter bergan und im Zickzack über einen mächtigen Murkegel zum Beginn des Spusagangs. Aus dem düsteren Felswinkel links über ein breites Schuttband auf eine grüne Schulter, dann in kurzen Kehren bis knapp unter die *Oberzalimscharte* (2237 m; Schilder), *2.30 Std.*

↑ **Straußsteig** An der Weggabelung rechts und teilweise mit Sicherungen am Nordgrat des Panüeler Kopfs bergan; über eine senkrechte Felsstufe hilft eine Eisenleiter. Man passiert die Abzweigung des Leiberwegs. Ein Felsturm (2525 m) wird westseitig umgangen, über einen Geröllhang leitet die Spur dann zurück zum Grat, wo erneut Sicherungen eine steile Felsstufe entschärfen. Anschließend im Zickzack weiter bergan bis unter die Gipfelfelsen und links in eine schattige Mulde, in der sich der Schnee bis in den Hochsommer hält, die Drahtseile auch vereist sein können. Dahinter mündet der Straußsteig in die mit Geröll übersäte Ostflanke des *Panüeler Kopfs* (ca. 2770 m). Eine deutliche Spur führt zum nahen Gipfel, *2.15 Std.*

↑ **Liechtensteiner Höhenweg** Den Markierungen folgend über den Schrofenhang hinunter in die Senke, auf die der Leiberweg mündet und am Grat kurz hinauf zur *Mannheimer Hütte* (2679 m). Eine ausgetretene Spur führt über den spaltenfreien Rest des Brandner Gletschers südwestlich hinüber ins *Schafloch* (2713 m). Nun in spannender Querung auf den teilweise künstlichen Bändern (Drahtseile) des Liechtensteiner Weges durch die Südabstürze des Salaruelkopfs und anschließend in vielen Kehren an dem Geröllhang abwärts zu einer Verzweigung (2499 m; links zum Schesaplanahaus). Rechts weiter absteigend durch die Südflanke des Schafberges (Drahtseile) ins *Salarueljoch* (Chlei Furgga, 2443 m), *2 Std.*

↘ **Abstieg** Aus der Scharte nordseitig hinunter in das riesige Geröllkar von Salaruel. Am idyllischen Hirschsee vorbei und zurück zum Nenzinger Himmel, *1.45 Std.*

Tipp

Schesaplana, 2964 m
Von der Mannheimer Hütte aus ist es nicht mehr weit auf die Schesaplana; dabei empfiehlt es sich, nicht den direkten Weg zu nehmen, sondern vom Schesaplanasattel (2739 m) erst einmal auf einem teilweise gesicherten, sehr aussichtsreichen Steig in die Ostflanke des Berges zu queren. Nach kurzem Abstieg stößt man auf den vom Lünersee heraufkommenden Weg; mit ihm zum Gipfel. Abstieg über die »bewegliche« Südwestflanke zum Brandner Gletscher; gesamt etwa 2.30 Std.

11 Franz-Tarmann-Steig

Hangender Stein, ca. 630 m
Rauf und runter – am Drahtseil

K 4–5
1 Std.
100 m

Routencharakter: Kurzer, aber recht anspruchsvoller Trainings-Klettersteig vor den Toren von Bludenz; reichlich Sand auf den Felsen.
Ausgangspunkt: An der Straße von Bludenz/Nüziders nach Ludesch; Parkmöglichkeit am Fuß des Naturdenkmals (Tafel).
Gehzeit: Gesamt knapp 1 Std.
Markierung: Keine, aber trotzdem problemlos zu finden
Landkarte: Erübrigt sich
Highlights: Anhaltend exponierte Kletterei mit einigen recht kraftraubenden Stellen. Originell der Wendepunkt bei einem Baum.
Einkehr/Unterkunft: Nur im Tal
Fototipps: Action an der Route

Vorarlberg als Dorado für Klettersteigler zu bezeichnen, wäre ziemlich übertrieben; ein paar (kleine) eiserne Tupfer entdeckt man mittlerweile aber schon. Es handelt sich allerdings überwiegend um Übungssteige wie die am Kapf (⇨ Tour 2) oder im Brandner Tal (⇨ Tour 12). Bis heute wartet das »Ländle« auf seine erste richtige Via ferrata in alpiner Kulisse. Berge gibt's zwischen Bregenzerwald und Silvretta, zwischen Lechquellengebirge und Rätikon ja mehr als genug. Ein paar wenige spitzeln während der Armarbeit am Franz-Tarmann-Steig ins Bild. Er verläuft an einem Naturdenkmal, am rechten Rand des »Hangenden Steins«, der sich, gekrönt von einer eleganten Felsnadel, unmittelbar über der Straße erhebt und schon seit längerem als Klettergarten genutzt wird. Hängen wir uns also ins Drahtseil ...

Tipp

Üben, üben ...
Wer den Tarmann-Steig problemlos absolviert hat, kann sich anschließend am Übungssteig im Seetal (⇨ Tour 12) oberhalb von Brand versuchen: Steigerung garantiert!

➔ Anfahrt Von Bludenz bzw. Nüziders zum weithin sichtbaren Felsen. Wer mit der Bahn anreist, spaziert vom Bahnhof Ludesch in wenigen Minuten zum Fuß des »Hangenden Steins«.

➚ Zustieg Von der Straße über einen Bach (Brücke) und auf unmarkiertem Steiglein im Wald hinauf zum Einstieg, *5 Min.*

↑ Franz-Tarmann-Steig Im Wechsel über felsige und erdige, mit viel Grünzeug garnierte Aufschwünge steil, kurz auch fast senkrecht, zum Wendepunkt (ca. 630 m); hier anstrengend um einen Baum herum. Nun leichter durch Rinnen und über Felsstufen, immer noch durchgehend gesichert, hinab zum Einstieg. Aus.

Alpin-Life-Übungsklettersteig

12

Seetal-Ostflanke, ca. 1680 m
Steil, steiler, am steilsten!

K 3–4
K 5
K 6+

1–2 Std.

120 m

Routencharakter: Bestens gesicherte, knapp 300 m lange Trainingsrunde, aus zweimal drei zusammenhängenden Teilstücken bestehend. Dabei kann man auch »die Seite wechseln« (gesichert). Die beiden obersten Abschnitte sind echten Könnern vorbehalten, das Dach rechts nur mit Unerschrockenheit, viel Kraft und richtig eingesetzter Technik zu meistern. Anforderungen nach oben hin steigend; Abstieg jeweils über die alternative Route. Empfehlenswerte Runde: links bis zur zweiten Querverbindung, dann rechts absteigen. Höhe der gesamten Klettersteiganlage etwa 80 m. Zusätzlich Bandschlinge mit Karabiner mitnehmen!

Ausgangspunkt: Talstation der Lünerseebahn (1566 m); Bushalt, großer Parkplatz.
Gehzeit: Gesamt 1–2 Std.
Markierung: Zustieg bezeichnet
Landkarte: Erübrigt sich; wer die Österreichische Karte 141 »Feldkirch« dabei hat, kann nach richtigen Klettersteiggipfeln Ausschau halten.
Highlights: Das muss jede/r für sich entscheiden …
Einkehr/Unterkunft: Keine unterwegs
Fototipps: Wem die Hände noch nicht zittern: Actionmotive bieten die Routen genug.

Wer durch das Brandner Tal hinauffährt zur Talstation der Lünerseebahn, hat entweder einen Spaziergang am Stausee (mit Einkehr in der Douglass-Hütte) oder die Schesaplana (2964 m), den höchsten Gipfel des Rätikons, im Auge. Seit ein paar Jahren kann man hier auch das Klettersteiggehen üben – aber Vorsicht! Die Erbauer müssen eine ziemlich eigenwillige Vorstellung von »Ferratisti« haben, ist in ihren »Trainingsklettersteig« doch eine Stelle (Dach!) eingebaut, der ich auf einem richtigen Klettersteig keinesfalls begegnen möchte! Insgesamt also eher als »Fortbildung« für Ehrgeizlinge mit trainierten Muckis gedacht.

Überhängend, und wie!

➔ **Anfahrt** Von Bludenz durchs Brandner Tal zur Lünerseebahn (1566 m).

➚ **Zustieg** Vom Parkplatz auf einem Steiglein zum Wandfuß (Tafel), *10 Min.*

↑ **Alpin-Life-Trainingsklettersteig** Je nach Können über eines, zwei oder alle drei Teilstücke; leichteste Variante (auch für den Abstieg) zweimal rechts, dann links. Keinesfalls über den finalen Überhang rechts absteigen!

13 Saulajochsteig

Saulakopf, 2517 m
Höhenweg mit Gipfel-Zugabe

K 1

4 ½ Std.

870 m

Routencharakter: Leichter gesicherter Steig, im Frühsommer oft abschüssige Schneerinnen (Grödel nützlich)
Ausgangspunkt: Bergstation der Lünersee-Seilbahn (1980 m); Infos über Betriebszeiten Tel.: 05556/72 44 40
Gehzeiten: Aufstieg 2 Std., Abstieg/Rückweg 2.30 Std.; gesamt 4.30 Std. Startet man an der Talstation der Lünersee-Seilbahn, erhöht sich die Gesamtgehzeit auf 6.45 Std.
Am Anstiegsweg einige Sicherungen.
Markierung: Durchwegs gut bezeichnete Steige
Landkarte: Österreichische Karte 1:25 000 oder 1:50 000, Blatt 141 »Feldkirch«
Highlights: Aussicht vom Saulakopf
Stützpunkt: Douglasshütte (1980 m), ⌚ Ende Mai bis Mitte Oktober, Tel.: 05559/2 06
Fototipps: Der Saulajochsteig liegt vormittags im Schatten; vom Gipfel des Saulakopfs zeigt sich die Zimba besonders schön.

Die »Schöne« und ihr Trabant: Zimba (rechts) und Saulakopf

Im Gegensatz zur Alpin-Life-Trainingsferrata (⇨ Tour 12) bietet der Saulajochsteig, der eine Etage höher durch die Ostflanke des innersten Seetals verläuft, wirklich leichte Kost. Er vermittelt einen bequemen Übergang vom Lünersee (1970 m) zur Heinrich-Hueter-Hütte bzw. zur *Zimba*, ist also oft Auftakt zu einer schönen Gipfel-

tour. Wer sich das »Montafoner Matterhorn« nicht zutraut (Kletterei, II), besteigt stattdessen den *Saulakopf* (2517 m) über die Südflanke – notabene mit kurzen gesicherten Passagen.

➔ **Anfahrt** Von Bludenz über Brand (1037 m) zur Talstation der Lünersee-Seilbahn (1566 m); großer Parkplatz, Bus.

➚ **Zugang** Entweder gleich mit der Seilbahn in wenigen Minuten zum Lünersee (1970 m) oder auf markiertem Weg über den »Bösen Tritt« (Sicherungen) hinauf zur Staumauer, *1.15 Std.*

Nicht zu verfehlen!

↑ **Saulajochsteig** Von der Seilbahnstation bzw. der Douglasshütte (1980 m) über die Krone der Betonsperre; dahinter weist eine Tafel nach links (»Hueterhütte«). Das Weglein führt kurz abwärts, anschließend quer durch die felsdurchsetzte Westflanke des *Schafgafall* (2413 m). Man passiert mehrere Geröllrinnen, in denen nach schneereichen Wintern bis weit in den Sommer hinein Altschnee liegt (Drahtseilsicherungen). Packend die Tiefblicke ins Seetal und auf die Straße; am gegenüberliegenden Hang schraubt sich der alte Fußweg über den »Bösen Tritt« zum Lünersee hinauf. Zuletzt ansteigend in das lang gestreckte Saulajoch (2065 m), *45 Min.*

↑ **Saulakopf (2517 m)** Der gut markierte Gipfelsteig (großes Hinweisschild) führt zunächst in die Latschen, dann in Kehren über den karg begrünten Schutthang aufwärts gegen die Felsen (ca. 2290 m). Hier links auf Bändern und über leichte Felsstufen, zweimal mit Drahtseilsicherung, in die schrofige Südwestflanke. Weiter in Gratnähe im Zickzack aufwärts, dann am Drahtseil durch eine seichte Verschneidung, zuletzt über gestuften Fels weglos zum großen Gipfelkreuz, *1.15 Std.*

➘ **Abstieg** Natürlich kann man auf dem Saulajochsteig zurückgehen; etwas weiter, aber reizvoller ist der Weg über die Lünerkrinne (2155 m), mit etwa 100 »verlorenen« Höhenmetern, *2.30 Std.* ab Saulakopf.

14 Rund um die Zimba

Zimbajoch, 2387 m
Im Banne des »Montafoner Matterhorns«

K 2

10 ¼ Std.

2000 m

Routencharakter: Alpine Steige mit gesicherten Passagen; insgesamt eine große Runde von besonderer Schönheit. Lässt sich gut auch mit einer Überschreitung der Zimba kombinieren. Übernachtung in der Sarotla- oder in der Hueterhütte empfehlenswert. An der Neyerscharte knapp 500 m Drahtseil; in den Rinnen oft bis in den Sommer Altschnee. Abstieg ins Steintäli etwas heikel (Geröll).
Ausgangspunkt: Brand (1037 m), Ferienort im Brandner Tal
Gehzeiten: Aufstieg zur Zimbascharte 4.45 Std., Weiterweg zur Sarotlahütte 4 Std., Abstieg 1.30 Std.; gesamt 10.15 Std.
Markierung: Bezeichnete Wege
Landkarte: Österreichische Karte 1:25 000 bzw. 1:50 000 , Blatt 141 »Feldkirch«
Highlights: Immer wieder die Zimba, dieser markante Felszahn. Wer ihn einmal umwandert hat, wird ihm bestimmt aufs steinige Haupt steigen wollen (siehe Kasten).
Stützpunkte: Sarotlahütte (1611 m), 🕒 Mitte Juni bis Anfang Oktober, Tel.: 0664/965 29 95. Heinrich-Hueter-Hütte (1766 m), 🕒 Mitte Juni bis Mitte Oktober, Tel.: 05556/765 70.
Fototipps: Auf der Runde bekommt man viel Bergnatur vors Objektiv – und die Zimba von allen Seiten, in jedem Tageslicht.

Tipp

Nur für Kletterer – die Zimba (2643 m)
Westgratroute: Vom Zimbajoch auf einer Spur am Kamm bergan auf einen Grasbuckel, dann links durch eine Geröllmulde zu einem Kaminsystem (II). Es mündet im Rücken des massigen Turms, der auch direkt und etwas schwieriger über die Sohmplatte erstiegen werden kann, auf den Grat. Nun links in die Wand und über Absätze, Platten (II+) und durch Rinnen (II) steil aufwärts zum Roten Turm (II, Abseilhaken). Dahinter auf einem bequemen Band nach links, dann über gestuften Fels und durch eine seichte Rinne zur Gipfelabdachung und über sie leicht zum höchsten Punkt. Wandhöhe 260 m, ziemlich abgegriffener Fels, teilweise etwas brüchig, II+.

Wer aus dem Brandner Tal zur gastlichen Sarotlahütte hinaufsteigt, hat sie nicht nur vor sich, sondern oft auch im Kopf: die *Zimba* (2643 m), schönster Gipfel des Montafons. Und ein entsprechend beliebtes Tourenziel – allerdings nur für Kletterer. Denn außer ein paar Sicherungshaken steckt kein Eisen in den Flanken der prächtigen Felspyramide. Drahtseile und ein paar Eisenbügel entdeckt man aber an beiden Zustiegen zur *Zimbascharte* und an der neuen Route über die (nach dem Erstbesteiger der Zimba, Anton Neyer 1848, benannten) *Neyerscharte*. Beide Wege zusammen ermöglichen eine Umrundung (oder auch Überschreitung) des Gipfels, wobei man mit Vorteil in einer der beiden Hütten übernachtet.

➔ **Anfahrt** Von Bludenz auf guter Straße nach Brand (1037 m).

➚ **Zustieg** Auf dem markierten Hüttenweg talabwärts zur Mündung des Sarotlatals und in

ihm bergan, zuletzt in Kehren über einen bewaldeten Hang zur schön gelegenen Sarotlahütte (1611 m), *2.15 Std.*

Beliebtes Kletterziel: die Zimba, schönster Gipfel im Montafon

↑ Zimbajochsteig Von der Hütte zunächst südwestlich zur Mündung des Isatäli, dann zunehmend steiler in den vom Zimbajoch herabziehenden, mit viel Geröll garnierten Graben. Sicherungen (Drahtseile, Leiter) helfen über eine Felsstufe hinweg, eine Zickzackspur leitet schließlich ins Joch. Jenseits, teilweise mit Drahtseilsicherungen, über ein wenig ausgesetzte Bänder, dann in Kehren bergab zur Verzweigung (ca. 1970 m) oberhalb der *Heinrich-Hueter-Hütte* (1766 m), *3 Std.*

↑ Neyerscharte Links, der mit Steinmännchen markierten Spur folgend, auf einen grasigen Rücken. Unter der Südwand der Zimba auf schmaler Spur über abschüssige Grashänge ansteigend zu einem markanten Felsturm (ca. 2120 m). Nun mit Drahtseilsicherungen in die *Neyerscharte* (2360 m). Jenseits etwa 70 Meter an Fixseilen steil hinunter gegen das Steintäli, dann in lockerem Geröll vorsichtig weiter bergab und durch das Kar zu dem Weg, der vom Eisernen Törl herabkommt. Links auf ihm zur Sarotlahütte, *3.30 Std.*

↘ Abstieg Auf dem Hüttenweg zurück nach Brand, *1.30 Std.*

15 Klettersteig Blodigrinne

Drusenfluh, 2827 m
Schöne Route auf einen tollen Gipfel

K 3

10 ½ Std.

1850 m

Routencharakter: Ausgeprägt alpine, landschaftlich hervorragende Gipfeltour. Die Blodigrinne beschert wilde Felsszenerien, gewürzt mit senkrechten Klettersteigpassagen. An ihnen wurden gut hundert Eisenbügel verbaut, zusammen mit etwa 250 Meter Drahtseil. Dazu (am Gipfel) kommen etwa 40 Meter ungesicherter Kletterei im II. Grad.
Ausgangspunkt: Latschau (985 m) am Eingang ins Gauertal oder Bergstation der Golmer-Joch-Bahn (1890 m)
Gehzeiten: Zustieg Lindauer Hütte 2.30 Std., Lindauer Hütte – Drusenfluh 3.30 Std., Abstieg 4.30 Std.; gesamt 10.30 Std. Wählt man die Golmer-Joch-Bahn als Startpunkt für die Tour, verkürzt sich die Gehzeit um etwa 1 Std.
Markierung: Bis in den Öfatobel rot-weiß-rot markiert, dann teilweise Spur, Steinmännchen und Sicherungen.
Landkarten: Österreichische Karte 1:25 000 bzw. 1:50 000, Blätter 141 »Feldkirch« und 142 »Schruns«
Highlights: Die fantastische Kulisse des Blodigtobels, das Gipfelpanorama. Insgesamt eine Tour mit starken Eindrücken.
Stützpunkt: Lindauer Hütte (1744 m), Ende Mai bis Mitte Oktober; Tel. 0664/503 34 56
Fototipps: Gute Motive eröffnen sich in der Blodigrinne. Dabei ist allerdings die nordseitige Exposition der Route zu berücksichtigen (Schatten).

Als Bergschönheit möchte man die Drusenfluh nicht bezeichnen, wild und unnahbar, dabei breitmassig und von tiefen Schluchten durchzogen präsentiert sie sich von Norden. Hier wurde vor wenigen Jahren die Route von K. Blodig und E. Sohm, über die ihnen 1888 die zweite Besteigung der Drusenfluh gelang, gesichert.

➔ Anfahrt Von Bludenz nach Tschagguns im Montafon, dann auf guter Straße bergan nach *Latschau* (985 m) mit den Anlagen der Ill-Kraftwerke.

➚ Zustieg Von Latschau auf dem Fahrweg durchs Gauertal und, zuletzt die Straßenschleifen abkürzend, zur *Lindauer Hütte* (1744 m), 2.5 Std. (Bikerstrecke). Alternativ auf dem schönen Höhenweg vom Golmer Joch (Seilbahn, 1890 m) zum Haus, 1.5 Std. Von der Hütte auf dem rot-weiß-rot bezeichneten Weg Richtung Öfapass.

↑ Klettersteig Blodigrinne Bei einem auffallenden Steimann im Öfatobel (ca. 2080 m) geht's links zur Drusenfluh. Über steinige Wiesen und einen Geröllkegel erst weglos, dann einer dünnen Spur folgend bergan zur Mündung der *Blodigrinne*. Eine kurze seilgesicherte Passage markiert den Beginn der Ferrata, nach einem etwas mühsamen Intermezzo im Geröll folgt ein glatter und senkrechter Felsaufschwung. Eisenbügel, in kurzen Abständen ge-

Zum Massiv der Drusenfluh gehören auch die Drei Türme.

15

setzt, leiten problemlos über das Hindernis. In der Folge wechseln Geröll, Schneereste und weitere Aufschwünge (Eisenkrampen) bis in die Blodigscharte. Hier rechts und durch einen steilen, ungesicherten Riss (II) auf die Gipfelabdachung.

↘ Abstieg Über den Klettersteig bzw. den Anstiegsweg.

16 Klettersteig Gauablickhöhle

Sulzfluh, 2817 m
Durch den Berg und auf den Berg

K 3

10 Std.

1900 m

Routencharakter: Mäßig schwierige, landschaftlich sehr reizvolle Klettersteigtour auf einen der schönsten Gipfel des Rätikons. Absoluter Gag der Route ist die 350 m lange, horizontal verlaufende Gauablickhöhle (Lampe!), sehr genussvoll sind die bestens gesicherten Ferratapassagen. Und vom Gipfel gibt's ein großes Alpenpanorama, das weit in die Schweiz hinein reicht.
Wegen der Länge der Tour empfiehlt sich eine Übernachtung in der Lindauer Hütte.
Ausgangspunkt: Latschau (985 m) am Eingang ins Gauertal oder Bergstation der Golmer-Joch-Bahn (1890 m)
Gehzeiten: Zustieg 4 Std., Klettersteig 1.30 Std., Gipfel 45 Min., Abstieg 3.45 Std.; gesamt 10 Std. Nimmt man die Bergstation der Golmer-Joch-Bahn als Ausgangspunkt, verkürzt sich die Gesamtgehzeit um 1 Std.
Markierung: Durchwegs gut markiert (Wegzeiger, Hinweistafeln)
Landkarte: Österreichische Karte 1:25 000 bzw. 1:50 000, Blatt 142 »Schruns«
Highlights: Natürlich die Höhle, dann aber auch das Panorama von der Sulzfluh und einige recht hübsche Klettersteigpassagen.
Stützpunkt: Lindauer Hütte (1744 m), 🕒 Ende Mai bis Mitte Oktober; Tel. 0664/503 34 56
Fototipps: Originelle Motive bietet vor allem die Gauablickhöhle (Blitz).

Ein schöner Kletter- und Aussichtsberg war die Sulzfluh schon früher. Jetzt ist sie auch noch ein dankbares Klettersteigziel mit gleich zwei interessanten Anstiegen: der Bündner Ferrata (⇨ Tour 17) und dem nordseitigen Höhlen-Klettersteig. Da liegt natürlich der Gedanke nahe, den Gipfel gleich auf gesicherten Steigen zu überschreiten, mit dem Aufstieg über die (schwierigere) Schweizer Route.

➔ Anfahrt Von Bludenz nach Tschagguns im Montafon, dann auf guter Straße bergan nach *Latschau* (985 m).

➚ Zustieg Von Latschau auf dem Fahrweg durchs Gauertal, zuletzt die Straßenschleifen abkürzend, zur *Lindauer Hütte* (1744 m), 2.5 Std. (Bikerstrecke). Alternativ auf dem schönen Höhenweg vom Golmer Joch (Seilbahn, 1890 m) zum Haus, 1.5 Std. Nun ostwärts durch den Porzalengawald leicht abwärts zur Verzweigung unter dem Bilkengrat. Hier biegt man auf den nordseitigen Gipfelweg ein. Steil bergan bis zu der Geröllterrasse unter den »Bänken«, einer breiten Felsbarriere, die rechts durch den Rachen begrenzt wird. Ein Schild weist zum Einstieg des Klettersteigs, 4 Std. ab Latschau.

↑ Klettersteig Gauablickhöhle Vom Einstieg (ca. 2180 m) zunächst über plattige Felsen zu einem Pfeiler (Bügel), dann links im Geröll zum Eingang der rund 350 m langen Höhle. Man passiert sie, erst an,

16

zuletzt wieder absteigend (Führungsseil). Am Ausgang lädt eine Bank zum Verweilen, dann geht's in dem gestuften Fels wieder steil aufwärts. Schlüsselstelle ist ein kleiner, gut gesicherter Überhang (Notausstieg); knapp 100 Meter höher entsteigt man der Wand (ca. 2480 m), 1,5 Std. Nun im Geröll, den weiß-blauen Markierungen folgend, auf den mächtigen Oströcken der *Sulzfluh*. Hier wahlweise links zur Tilisunahütte oder rechts zum Gipfel, 1 Std. vom Ausstieg.

↘ Abstieg Wer den Gipfel auslassen will, kann über die Tilisunahütte (2208 m) und das Gampadelstal nach Latschau absteigen, 3.5 Std. Interessanter, aber auch etwas anspruchsvoller ist der Rückweg durch den »Rachen«, 2 Std. bis zur Lindauer Hütte, 3.45 Std. bis *Latschau*.

Ganz finster: die Gauablickhöhle

17 Sulzfluh-Klettersteig

Sulzfluh, 2817 m
Toproute an einem berühmten Kletterberg

K 4
7 Std.
1050 m

Routencharakter: Klassischer alpiner Klettersteig mit wenig modernem Schnickschnack. Logische Routenführung durch die gegliederte Südwand; etwa auf halber Höhe, oberhalb des Geissrückens, zur Rast einladende Bank. Grandiose Kulisse, an Dolomitensteige erinnernd, am Gipfel weites Panorama, das vom Alpenrand bis zu den fernen Berner Hochgipfel reicht.
Gesichert mit rund 600 m Drahtseil, 420 Eisenbügeln, einer 7-m-Leiter, einer kleinen Eisenbrücke sowie einer etwa 5 m langen Zweiseilbrücke. Erste Schlüsselstelle nach dem Einstieg (kleiner Überhang); zum Gipfel hin nehmen die Schwierigkeiten insgesamt eher zu. Senkrechte Aufschwünge wechseln ab mit teilweise sehr exponierten, trittarmen Querungen. Überwiegend K 3, einige wenige Stellen K 4
Ausgangspunkt: Partnun (1763 m) im St.-Antönien-Tal; mehrere gebührenpflichtige Parkplätze
Gehzeiten: Zustieg 1.45 Std., Klettersteig 3 Std., Abstieg 2.15 Std.; gesamt 7 Std.
Markierung: Weiß-blau, Abstieg rot-weiß, Hinweisschilder an den Verzweigungen
Landkarte: Landeskarte der Schweiz 1:50 000, Blatt 1157 »Sulzfluh«
Highlights: Neben der fantastischen Felskulisse die tollen, teilweise sehr luftigen Klettersteigpassagen und als Tüpfchen aufs I das große Alpenpanorama vom Gipfel der Sulzfluh.
Stützpunkt: Garschinahütte (2236 m), ◷ Mitte Juni bis Mitte Oktober; Tel. 079/418 22 80 (20 Min. vom Klettersteig-Zustieg).
Fototipps: Die abwechslungsreiche Route bietet jede Menge schönster Actionmotive vor tollem (Fels-)Hintergrund. Dank ihres südseitigen Verlaufs gibt es auch kaum Lichtprobleme.

Hochalpin die Kulisse, spannend der Routenverlauf, großartig das Gipfelpanorama: eine Traumtour im Rätikon. Das ist die neue Via ferrata auf die Sulzfluh (2817 m), von Vital Eggenberger mit viel Geschick in die Südflanke des bekannten Kletterbergs trassiert, bestens gesichert, mit ein paar besonders spektakulären Passagen: balancieren über gähnender Tiefe, am dicken Drahtseil.
Die Südwand-Ferrata an der Sulzfluh ist im besten Sinn ein Klassiker, also eine logisch angelegte Route, die ein schönes Ziel anpeilt – den Gipfel. So wird die Sulzfluh-Tour zum großen Erlebnis, zu einer richtigen Bergtour. Da bleiben Erinnerungen, ist der Berg mehr als nur ein steinernes Gerüst für die Turnübungen des homo ludens. Kombination mit dem Klettersteig Gauablickhöhle (⇨ Tour 16).

➔ **Anfahrt** Von Küblis (Station der Bahnlinie Landquart – Davos) auf guter Straße nach St. Antönien (1420 m) und weiter in den Talschluss bis *Partnun* (1763 m)

17

➚ Zustieg Von Partnun auf Wiesenpfaden bergan Richtung Carschinahütte, bis rechts das Weglein zum Einstieg (rotes E, ca. 2400 m) abzweigt (blaue Hinweistafel).

➚ Sulzfluh-Klettersteig: Über schräge Platten am Drahtseil zu der frei stehenden Einstiegsleiter, dann an Eisenkrampen über einen kleinen Überhang. Sehr ausgesetzt am »Obelisk-Quergang« nach links, anschließend über Schrofen und kleinere Felsstufen zur steilen »Rampe«. Eine weitere Traverse führt unter den nächsten Aufschwung, der – mit Bügeln entschärft – zum Geissrücken hin ausläuft. Dahinter Rastbank.

Die Fortsetzung der Route startet steil; an Klammern turnt man hinauf zum herrlich luftigen »Panoramica-Quergang«. Die nächste Wandstufe mündet auf ein Felsköpfl mit Zweiseilbrücke (Routenbuch). Steil, kurz sogar leicht überhängend (»Klagemauer«) geht's weiter zu einer Eisenbrücke, die über einen tiefen Felsspalt hilft. Zuletzt mit abnehmender Steilheit zum Ende der Sicherungen und flach zum großem Kreuz auf der *Sulzfluh* (2817 m).

➘ Abstieg Vom Gipfel, den Markierungen folgend, erst nördlich, dann nordöstlich über den breiten Schrofenrücken (im Frühsommer Schnee) abwärts bis zur Weggabelung (2683 m). Hier rechts in den Gemschtobel und durch ihn hinunter zum Felsfuß. Oberhalb des Partnunsees über die weiten Almböden zurück zum Anstiegsweg und auf ihm zurück nach *Partnun*.

Ganz schön steil!

18 Ernst-Scheib-Steig

Kleinlitzner, 2783 m
Kleine Ferrata vor dem großen Litzner

K 2

5 ¾ Std.

1050 m

Routencharakter: Hüttenferrata, mäßig schwierig und recht kurz. Steinschlaggefahr durch Voraussteigende.
Ausgangspunkt: Madlenerhaus (1986 m) knapp unterhalb der Bieler Höhe (2037 m); alternativ auch der Vermunt-Stausee (1747 m) an der Silvretta-Hochalpenstraße. Bushalt.
Gehzeiten: Aufstieg 3.15 Std., Abstieg 2.30 Std.; gesamt 5.45 Std.
Markierung: Markierte Wege
Landkarte: Österreichische Karte 1:25 000 bzw. 1:50 000, Blatt 169 »Gaschurn«; Landeskarte der Schweiz 1:25 000, Blatt 1178 »Gross Litzner«
Highlights: Ganz klar die Schau vom Gipfel auf den Silvretta-Hauptkamm, weiter der Kontrast zwischen Natur und Technik (Ill-Kraftwerke)
Stützpunkt: Saarbrückner Hütte (2538 m), Juli bis September, Tel.: 055 58/42 35
Fototipps: Im Bereich des Klettersteigs kann man mit etwas Glück Steinböcke beobachten. Action am Steig, Seehorn und Großlitzner.

Neben dem Großlitzner (3109 m) – zusammen mit dem Seehorn (3121 m) schönstes Gipfelduo der Silvretta – nimmt sich der Kleinlitzner bescheiden aus. Dafür ist die Aussicht von dem blockigen Gipfel, der sich über der *Saarbrückner Hütte* erhebt, vom Allerfeinsten. Und dass ein paar Eisenteile den Aufstiegsweg schmücken, stört Klettersteigler überhaupt nicht.

Der Silvretta-Stausee an der Bieler Höhe

➔ **Anfahrt** Aus dem Montafon oder dem Paznaun über die Silvretta-Hochalpenstraße zur Bieler Höhe (2037 m). Wenig unterhalb von Scheitelhöhe und Stausee steht das *Madlenerhaus* (1986 m).

➚ **Zustieg** Vom Madlenerhaus talauswärts, dann links hinauf zu der Hangterrasse von Tschifernella, zuletzt steiler bergan zur *Saarbrückner Hütte* (2538 m), *2.15 Std.*

↑ **Ernst-Scheib-Steig** Von der Hütte, dem Hinweis »Tübinger Hütte« folgend, unter den Felsen hindurch zur Verzweigung. Recht steil zum Beginn der Sicherungen. Erst über leichte Felsen, dann in luftiger Querung zu einem engen Kamin. Er mündet in eine Rinne, die am Grat ausläuft. Rechts zum Gipfel, *1 Std.*

➘ **Abstieg** Auf dem Anstiegsweg. Vorsicht: Unter dem Grat keine Steine lostreten! Bis zum Madlenerhaus *2.30 Std.*

Klettersteige Greitspitz

19

Greitspitz-Westschulter, 2850 m
Verwegen-luftig oder eher gemütlich?

K5 (K 3)
1 ½ Std.
120 m

Routencharakter: Sportklettersteig in alpiner Höhe, extrem ausgesetzt, seit kurzem aber mit leichterer Alternative. Wer vor der maximal exponierten Querung »ins Nichts« zurückschreckt, kann die leichtere Variante wählen, die in die gestufte Südwand ausweicht, erst im Gipfelbereich wieder auf die Originalroute stößt. Gesichert mit Drahtseilen, Tritteisen und Bügeln, an der Variante durchgehend Drahtseilsicherung.
Ausgangspunkt: Bergstation der Idjochbahn (2760 m). Konditionsbolzen strampeln mit dem Bike gleich von Ischgl herauf. Infos über Betriebszeiten der Seilbahnen Tel.: 05444/526 60.
Gehzeiten: Aufstieg 1.15 Std., Abstieg 15 Min.; gesamt 1.30 Std.
Markierung: Wegzeiger, blaue Markierungen
Landkarte: Landeskarte der Schweiz 1:25 000, Blatt 1159 »Ischgl«
Highlights: Die extrem ausgesetzten Passagen an der senkrechten Riesenplatte: Klettersteigler als Fliegen an der Wand.
Einkehr/Unterkunft: Unterwegs keine
Hinweis: Die »Grenz-Klettersteige« am Greit- und Flimspitz kann man auch von Samnaun aus begehen; Anfahrt mit der großen Doppelstock-Seilbahn zum Alptrider Eck (2496 m); Zustieg dann gut 1 Std. Zur richtig großen Tour (mit einem Dreitausender) wird's, wenn man nach Greitspitz und Flimspitz noch die Überschreitung des Bürkelkopfs (3033 m) auf einem weiß-blau-weiß markierten Alpinsteig (ungesichert!) anhängt; Gesamtgehzeit ab Alptrider Eck etwa 7 Std.
Fototipps: Die spektakulärsten Abschnitte der Ferrata liegen leider fast den ganzen Tag über im Schatten. Mit Silhouetten operieren.

Beim Blick auf die Eisenteile an der senkrechten Riesenplatte des *Greitspitz-Westgrats* fühlt man sich fast in die »Grande Nation« versetzt, und wenn man dann hinausschaut in die für den Massenskilauf umgepflügte Landschaft, sind Courchevel und Val d'Isère (scheinbar) nicht weit. Vielleicht haben sich die Erbauer des Klettersteigs ihre Anregungen ja wirklich in den Alpes Françaises geholt, wer weiß? Jedenfalls ist der Verlauf der Route ebenso spektakulär wie künstlich und entsprechend aufwändig sind die Sicherungen. Fehlt nur, dass die Eisen gleich über den abgespalteten Zahn gespannt sind – Dreiseilbrücke inklusive!

Markanter Felszacken über der Skiarena von Ischgl: der Greitspitz

➔ **Anfahrt** Von Ischgl (1376 m), dem Event-Ort im Paznaun, per Seilbahn über die Idalpe (2307 m) zum Idjoch (2760 m).

➚ **Zustieg** Von der Bergstation der Idjochbahn (2760 m; Hinweistafel) rechts des Kamms auf einer breiten Piste abwärts in eine

Nichts als Abgrund: die große Platte am Klettersteig Greitspitz

Kehre. Hier geradeaus und mit blauen Markierungen zum Fuß des *Greitspitz-Westgrats* (ca. 2630 m, Tafel).

↑ Klettersteig Greitspitz Mit soliden Sicherungen in festem, plattigem Fels am Grat aufwärts, dann links in die absolut glatte Wand. Auf teilweise in recht großen Abständen gesetzten Trittеisen hinaus ins Leere, dann senkrecht und sehr anstrengend hinauf zur Kante. Kurz am Grat entlang, dann nochmals das Gleiche: hinaus und hinauf, atemberaubend luftig und senkrecht. Nun zusammen mit der leichteren Variante zum großen Gipfelkreuz, *45 Min.*

↑ Variante Sie weicht den schwierigsten Passagen in die Südwand aus; Einstieg und letzter Abschnitt mit der Originalroute, *30 Min.*

↘ Abstieg Am Ostgrat (Drahtseil) hinüber zum Hauptkamm mit dem etwas höheren Hauptgipfel (2870 m) und links auf breiter Spur zurück zur Liftstation, *15 Min.*

Klettersteig Flimspitz

20

Flimspitz, 2929 m
Am Drahtseil zum großen Panorama

K 2

2 Std.

200 m/
650 m

Routencharakter: Mäßig schwieriger und recht kurzer Klettersteig an teils plattigen Felsen; ideal für Einsteiger. Wird man in der Regel zusammen mit dem Klettersteig Greitspitz (⇨ Tour 19) begehen.
Ausgangspunkt: Bergstation der Idjochbahn (2760 m); Infos über Betriebszeiten Tel.: 05444/526 60
Gehzeiten: Klettersteig 45 Min., Abstieg 1.15 Std.; gesamt 2 Std.
Markierung: Bezeichnete Wege
Landkarte: Landeskarte der Schweiz 1:25 000, Blatt 1159 »Ischgl«
Highlights: Hübsche Plattenkletterei, Panorama
Einkehr/Unterkunft: Unterwegs keine, Restaurant bei der Seilbahnstation Idalpe
Fototipps: Action am Klettersteig, fast den ganzen Tag über hat man an dem Grat gutes Licht.

Nun haben sie in Ischgl gleich noch einen Klettersteig angelegt, vielleicht auch deshalb, weil die verwegene, aber kurze Route am Greitspitz bis dato nicht so recht angekommen ist. Ob's an der fehlenden Werbung liegt – oder vielleicht doch an der schwer gezeichneten Berglandschaft? Auf jeden Fall muss man den Ischglern attestieren, dass sie ganze Arbeit geleistet haben, auch beim Bau der Vie ferrate: optimal angelegte Sicherungen. So dürfen sich Anfänger bedenkenlos den fest verankerten Drahtseilen anvertrauen, die über den Grenzgrat zum Gipfel des Flimspitz' leiten, zur großen Aussicht nahe der Dreitausendermarke.

➔ **Anfahrt** Von Ischgl (1376 m) mit der Seilbahn über die Idalpe (2307 m) zum Idjoch (2760 m).

➚ **Zustieg** Am breiten Grat kurz abwärts ins Viderjoch (2732 m), dann auf markiertem Weg bis zur signalisierten Abzweigung der Ferrata.

➔ **Klettersteig Flimspitz** Über Geröll zum nahen Einstieg, dann immer den Drahtseilen entlang: zuerst über eine steile Platte, anschließend in luftiger Rechtsquerung bis unter den Gipfelaufschwung, zuletzt über gestufte, blockige Felsen zum höchsten Punkt, *45 Min.* von der Gondelbahn.

➘ **Abstieg** Vom Flimspitz am felsigen Nordgrat (Stelle I) hinab ins Flimjoch (2757 m). Hier auf markiertem Weg abwärts ins Skirevier und auf einer breiten Schotterpiste zur *Idalpe* (2307 m), *1.15 Std.*

Luftig-verwegene Passage am Mindelheimer Klettersteig

Allgäuer und Lechtaler Alpen

Die Allgäuer und die Lechtaler Alpen: zwei Gebirgsgruppen der Nördlichen Kalkalpen, benachbart und doch sehr verschieden. Während die Allgäuer Berge, auch durch das viele Grün rundum, freundlicher wirken, geben die Lechtaler das Bild einer wilden Gebirgsregion ab. Wie kaum anderswo in den Ostalpen manifestiert sich hier das Werden und Vergehen in der Natur: zersplitterte Grate, verformte Sedimentpakete, mächtige Geröllteppiche, von der Erosion gezeichnete Steilflanken, aufgerissen, ihrer Vegetationsdecke beraubt, und ein buntes Konglomerat von Gesteinen erwecken den Eindruck steten Umbruchs.

Eines haben Allgäuer und Lechtaler Alpen gemeinsam: große Höhenwege, oft von Hütte zu Hütte verlaufend, über Scharten und Grate. Einige von ihnen sind abschnittweise gesichert, so etwa der berühmte Heilbronner Weg, eben hundert Jahre alt geworden, und der Augsburger Höhenweg, auch ein Oldie. Ihre moderne Entsprechung finden sie in einigen Klettersteigen, die ebenfalls Graten folgen, dabei aber naturgemäß mehr Eisen und damit Action bieten, wie der »Mindelheimer« oder der »Hindelanger«. Noch jünger (und dynamischer?) präsentiert sich der Arlberger Klettersteig; die schwierigste Ferrata der Region dagegen führt direkt auf einen Gipfel: der Imster Klettersteig, eine Route der absoluten Spitzenklasse. Da können natürlich weder der Bäumenheimer Weg noch der Werner-Riezler-Steig oder die Rote-Flüh-Steige mithalten – dafür bieten sie allesamt ein lohnendes Bergerlebnis, auch ohne allzu viel Nervenkitzel.

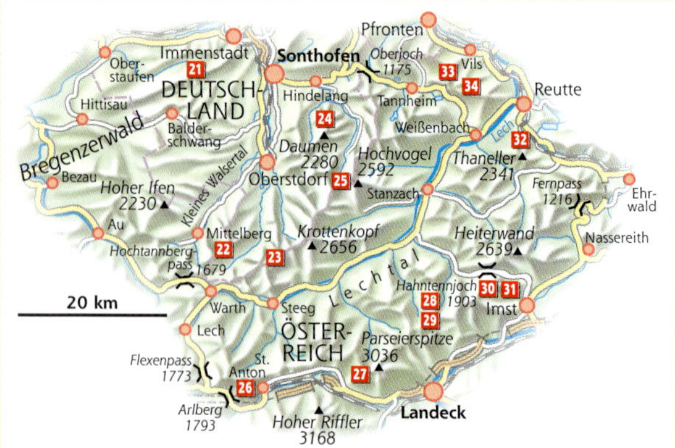

Auf einen Blick

21	**Überschreitung Nagelfluhkette**		K 1, 11 ½ Std.
22	**Mindelheimer Klettersteig**		K 3, 9 Std.
23	**Heilbronner Weg**		K 1, 11 ¼ Std.
24	**Hindelanger Klettersteig**		K 3, 6 ¼ Std./9–10 Std.
25	**Bäumenheimer Weg**		K 1, 8 ¾ Std.
26	**Arlberger Klettersteig**		K 5, 5 ½ Std.
27	**Augsburger Höhenweg**		K 4, 15 Std.
28	**Klettersteig Reichspitze**		K 2, 8 ½ Std.
29	**Klettersteig Steinsee**		K 2 –3, 8 Std.
30	**Imster Klettersteig**		K 5, 6 ¼ Std.
31	**Platteinspitz-Steig**		K 1, 5 ½ Std.
32	**Werner-Riezler-Steig**		K 1, 5 ¾ Std.
33	**Friedberger Klettersteig**		K 2, 2 ½ Std.
34	**Rote-Flüh-Steig**		K 1, 5 ½ Std.

21 Überschreitung Nagelfluhkette

Hochgrat, 1834 m
Panoramatour im Allgäu

K 1

11 ½ Std.

2200 m

Routencharakter: Ausgedehnte Kammwanderung über die gesamte Nagelfluhkette, durchgehend gut markiert, mit mehreren gesicherten Passagen. Als Tagestour ab Hochhäderich nur für Konditionsbolzen geeignet; besser mit Übernachtung im Staufner Haus. Etwas gewöhnungsbedürftig ist das bunte Molassegestein (Nagelfluh): Naturbeton. Bei Nässe sind die vielen abschüssigen Wiesenhänge (unter denen oft Felsen lauern) gefährlich – also nur bei sicherem Wetter gehen!
Ausgangspunkt: Bolgenach (815 m) am Eingang ins Leckner Tal, 2 km von Hittisau
Gehzeiten: Bolgenach – Hochhäderich 2 Std., Hochhäderich – Staufner Haus 3.30 Std., Staufner Haus – Mittagberg 6 Std.; gesamt 11.30 Std.
Markierung: Weiß-blau bzw. rot-weiß markiert, an allen Verzweigungen Hinweistafeln.
Landkarte: Bayerisches Landesvermessungsamt 1:50000, Blatt UK L 8 »Allgäuer Alpen«
Highlights: Die Aussicht, stundenlang…
Stützpunkt: Staufner Haus (1614 m), Januar bis Oktober bewirtschaftet; Tel. 08386/82 55
Fototipps: Auch die Lichtverhältnisse sprechen für eine Übernachtung im Staufner Haus. So bekommt man die schönsten Abend- und Morgenstimmungen vor die Linse, z. B. Sonnenaufgang am Hochgrat. Im Frühsommer viele Blumenmotive.

Aussichtswandern mit ein paar leichten gesicherten Passagen. So lässt sich die Überschreitung der Nagelfluhkette treffend charakterisieren. Grandios präsentiert sich die Kulisse der Allgäuer Alpen; nach Norden schaut man weit hinaus ins Alpenvorland. Im Frühsommer blüht es in den schroffen Hängen der Nagelfluhkette so artenreich wie üppig, und mit etwas Glück kann man in den Felsen den seltenen Mauerläufer (Tichodroma muraria) beobachten.

➔ Anfahrt Nach Hittisau bzw. Bolgenach kommt man von Bregenz bzw. Oberstaufen/Immenstadt über gute Straßen. Busverbindungen.

➚ Zustieg Der Aufstieg zum westlichsten Gipfel der Nagelfluhkette beginnt in *Bolgenach* (815 m) am Eingang ins Leckner Tal. In gut 2 Std. steigt man – zunächst auf einem Sträßchen, dann auf markierter Wanderroute – an zum *Gasthof Hochhäderich* (1520 m).

↑ Gratüberschreitung zum Staufner Haus Die Kammwanderung führt vom *Hochhäderich* (1566 m) gleich in felsiges Gelände, erst am schmalen Grat entlang, dann mit Drahtseilsicherungen steil abwärts. Gesichert ist auch eine steile Felsrinne, über die man die nächste (namenlose) Kuppe am Kamm besteigt. Dahinter geht's bergan zu den Falkenköpfen (1561 m) und nach leichtem Höhenverlust erneut ansteigend zum Eineguntkopf (Rohnehöhe; 1639 m). Als nächster Gipfel wird der Hochfluhalpenkopf (1636 m) überschritten; der kreuzgeschmückte Seelekopf (1663 m) lässt sich alternativ auf der Südseite umgehen. Weiter geht's am Grat entlang; eine kurze Leiter hilft dabei über eine Felsstufe. Zuletzt halblinks zum *Staufner Haus* (1614 m), *3.30 Std.* ab Hochhäderich.

↑ **Gratüberschreitung zum Mittagberg** Vorbei an der Bergstation der Hochgratbahn (1704 m) führt ein steiniger Weg auf den *Hochgrat* (1834 m; 40 Min.), der ein fantastisches Panorama bietet, das vom Glarner Tödi bis zur Zugspitze reicht. Gerade zweieinhalb Kilometer entfernt ist das Rindalphorn (1821 m), nächster Hochpunkt an der Route. Der Kammweg steigt ab in die Brunnenauscharte (1626 m), dann geht's ziemlich steil hinauf zum Vorgipfel des Rindalphorns und mit einem weiteren leichten Zwischenabstieg hinüber zum Kreuz am Hauptgipfel. Die Fortsetzung der Route zweigt ein paar Meter vorher ab; sie läuft rechts des felsigen Grates hinunter in die Gündlesscharte (1542 m). Jenseits des Jochs steil bergan zum Gündleskopf (1748 m). Mit nur leichtem Höhenverlust an dem Nagelfluhgrat hinüber zu dem etwas höheren Buralpkopf (1772 m). Dahinter verliert der Weg etwa 200 Höhenmeter bis in die markante Senke vor dem Sedererstuiben (1737 m). Dessen Gipfel kann man nach steilem Wiesenanstieg links umgehen. Fast zum Greifen nahe ist nun der *Stuiben* (1749 m; Panoramatafel).

Vom Gipfelkreuz mit Hilfe solider Drahtseile an den Gratfelsen etwa 20 Meter hinunter in eine winzige Scharte, dann links über (ungesicherte) Felsen auf recht exponierte Bänder. Sie leiten oberhalb jäher Abbrüche zurück zum Kamm. Weiter durch einen seichten Graben sanft ansteigend in eine kleine Scharte. Fest verankerte Drahtseilsicherungen helfen über eine geneigte Wand auf den Gipfelgrat des Steinebergs (1683 m), der sich bald zu einem breiten Rücken erweitert. Etwas tiefer und weiter östlich steht ein großes Kreuz (1660 m); gleich dahinter hilft eine etwa 12 Meter hohe Leiter über einen senkrechten Abbruch hinab. An Drahtseilen über gestufte Felsen weiter zum bewaldeten Nordostgrat des Steinebergs und am Kamm entlang in die Wiesensenke vor dem Bärenkopf (1476 m). Über ihn hinweg und weiter zum *Mittagberg* (1451 m), *6 Std.* ab Staufner Haus.

↘ **Abstieg** Mit dem Sessellift nach *Immenstadt* (728 m); zu Fuß 1:30 Std.

22 Mindelheimer Klettersteig

Schafalpenköpfe, 2320 m
Der schönste Allgäuer Klettersteig

K 3

9 Std.

1500 m

Routencharakter: Sehr populäre Gratüberschreitung in den Allgäuer Alpen mit viel Eisen und noch mehr Aussicht. Lange Zustiege, recht knackige Einstiegsstelle, insgesamt eine Tour, die ohne Hüttenübernachtung Ausdauer verlangt. Seilbahnzustiege (Fellhorn- bzw. Kanzelwand) nur bedingt anzuraten; empfehlenswert die Gehrichtung vom Fiderepass zur Mindelheimer Hütte, da man die kniffligsten Passagen dann im Anstieg begehen kann.
Ausgangspunkt: Parkplatz (Ticketautomat) bei der Häusergruppe Schwendle (1160 m) gegenüber von Mittelberg; wird auch vom »Walserbus« angefahren.
Gehzeiten: Zustieg 3 Std., Klettersteig 4 Std., Abstieg 2 Std.; gesamt 9 Std.
Markierung: Gut markierte Steige
Landkarte: Bayerisches Landesvermessungsamt 1:50 000 »Allgäu«
Highlights: Bei schönem Wetter ist die ganze Route ein Erlebnis, mit den schönsten Klettersteigpassagen am Nördlichen und am Mittleren Schafalpenkopf.
Stützpunkte: Fiderepasshütte (2067 m), ⌚ Pfingsten bis Mitte Oktober, Tel.: 0664/320 36 76; Mindelheimer Hütte (2013 m), ⌚ Mitte Juni bis Mitte Oktober, Tel.: 08322/70 01 53
Fototipps: Der »Mindelheimer« bietet eine Fülle schönster Actionmotive, mit oder ohne Allgäuer Gipfelparade im Hintergrund. Wer in einer der beiden Hütten übernachtet, bringt garantiert auch noch sehr Stimmungsvolles aufs Zelluloid.

Im Jahr 2005 ist der »Mindelheimer« dreißig – längst ein Klassiker also. Und das hat seine guten Gründe. Da ist einmal der Steig, lang, auch ein wenig fordernd, mit sehr originellen Passagen an den Schafalpenköpfen, dann das Panorama der Allgäuer Bergwelt mit ihren bekannten Gipfelzacken. Sehr positiv auf den Gesamteindruck wirkt sich auch aus, dass die Route weitab von allen Seilbahnen und Wintersportanlagen verläuft. Der lange Zustieg verhindert zudem wirkungsvoll »Staus« auf der Ferrata. So bleibt bei gutem Wetter auf jeden Fall ein nachhaltiges Berg- und Klettersteigerlebnis, das noch eine Steigerung erfährt, wenn man auf einer der beiden Hütten übernachtet.

➔ **Anfahrt** Von Sonthofen führt eine gute Straße ins Kleinwalsertal, 26 Kilometer bis Mittelberg (1215 m). Hier links über die Breitach und zum Parkplatz bei den Häusern von *Schwendle* (1160 m).

➚ **Zustieg** Auf einer Sandstraße ins idyllische Wildental bis zur *Fluchtalpe* (1390 m). An der Weggabelung hält man sich links und folgt dem Weg, der in vielen kurzen Kehren zum Wald ansteigt, dann in weiterem Zickzack die Höhe der Vorderwildenalp gewinnt. Nun etwas flacher in die Mulde unter der Hammerspitze

22

und zuletzt in Schleifen hinauf zu der weiten Senke des *Fiderepasses* (2035 m) mit der gleichnamigen Hütte. Vom Pass auf bezeichnetem Weg über Geröll und Schrofen in die winzige Fiderescharte (2199 m). Dahinter kurz abwärts und rechtshaltend zum Einstieg, *3 Std.*

↑ **Mindelheimer Klettersteig** Die ersten Meter setzen gleich den Tarif: Mithilfe von Eisenbügeln erklimmt man den kurzen Überhang; ein paar Haken helfen dann weiter auf einen Absatz. Nun leichter an griffigen Felsen aufwärts in eine senkrechte Rinne. An Eisenbügeln aus dem Loch, dann den Drahtseilen nach in die Gratkerbe knapp rechts des *Nördlichen Schafalpenkopfs* (2320 m; Spur mit kleinem Zwischenabstieg zum Gipfel).

Überall bestens gesichert: am Mindelheimer

Am Grat entlang zu einem Steilabbruch, über ihn gut gesichert zu einer Leiter, die im Rücken eines Türmchens ins Flache leitet. Weiter am breiten Kammrücken entlang, mithilfe einiger Eisenklammern über einen Absatz hinunter. Eine solide Brücke hilft leicht über einen Felsspalt; dann geht's in einer schrägen Verschneidung (Fixseile) unter Überhängen abwärts. Wenig weiter bricht der Grat über eine senkrechte Wand ab; an Eisenbügeln hinunter in die Scharte (ca. 2200 m) zwischen Nördlichem und *Mittlerem Schafalpenkopf*.

Der Anstieg zum Mittelgipfel startet recht rasant über steile Felsen; Eisenstifte entschärfen diese Passage. Einem engen Kamin entsteigt man nach rechts an soliden Bügeln, anschließend leiten die Seilsicherungen über gestufte Felsen auf ein spitzes Köpfl. Gleich jenseits mit Klammern an dem plattig-steilen Fels abwärts, rechts um einen Turm herum und dann senkrecht auf ein abschüssiges Band. Gut gesichert in origineller Wegführung über und um die zerklüfteten Gipfelzacken des *Mittleren Schafalpenkopfs*

Tipp

Beslersteig
Auf der Fahrt über den Riedbergpass (1440 m) ist es nicht zu übersehen, das schroffe Kalkriff des Besler (1679 m). Jäh ragen die Felsen aus dem sanftwelligen Grün: ein kleiner Gipfelabstecher, mit einer 30-Meter-Drahtseilstrecke gewürzt (Steilrinne). Ab Riedbergpass 2.30 Std. (hin und zurück), leicht, Selbstsicherung nicht notwendig.

(2301 m). Eher gemütlich dann der Abstieg in die nächste Scharte (2104 m), zuletzt mit Seilsicherungen und ein paar Klammern. Steiler der Gegenanstieg, der durch zwei Kamine verläuft und gut gesichert ist. Zuletzt über ein Band auf den *Südlichen Schafalpenkopf* (2272 m). Dahinter über den breiten Rücken sanft bergab, dann links in eine Steilrinne (rechts markierte Variante, leichter). Über eine Leiter hinunter auf eine Rippe, an der man zum Felsfuß abklettert (Eisenstifte). Der deutlichen Spur folgend bergab auf einen Wiesenboden. Letztes »Hindernis« am Weg ist das *Kemptner Köpfl* (2191 m): nochmals knapp 100 Höhenmeter zu dem felsigen Ausguck. Zuletzt über steinige Wiesen in die Kemptner Scharte (ca. 2100 m). Etwa 10 Gehminuten weiter südlich steht die *Mindelheimer Hütte* (2013 m), *4 Std.*

»Tierische« Begegnung am Mindelheimer Klettersteig

Abstieg Aus der Kemptner Scharte auf schön angelegtem Weg an dem felsigen Rücken (Drahtseile) im Zickzack abwärts zum Felsfuß, dann in weiteren Kehren hinunter in den grünen Boden der Hinterwildenalpe (1777 m). An der Alphütte vorbei und über eine markante Geländestufe abwärts zur *Fluchtalpe* (1390 m), wo man auf den Anstiegsweg stößt. Auf der Sandstraße zurück zum Parkplatz, *2 Std.*

Heilbronner Weg

23

Steinschartenkopf, 2615 m
Klassiker am Allgäuer Hauptkamm

K 1

11 ¼ Std.

1800 m

Routencharakter: Klassische Höhenwanderung in den Allgäuer Alpen mit einigen gesicherten Passagen. Bei guten äußeren Bedingungen kaum Schwierigkeiten; nicht unterschätzt werden darf aber der ausgeprägt alpine Charakter des Heilbronner Wegs. Bei einem Wettersturz kann die an sich leichte Tour rasch zu einem ernsten Unternehmen werden! Der gesamte Weg, vor allem aber alle Sicherungen, wurden im Herbst 2000 total saniert.
Ausgangspunkt: Birgsau (956 m)
Gehzeiten: Zustieg 3.30 Std., Heilbronner Weg 5.30 Std., Abstieg 2.15 Std.; gesamt 11.15 Std. Steigt man von der Bockkarscharte über das Waltenberger Haus ab nach Birgsau, ergibt sich eine Gesamtgehzeit von etwa 8.30 Std.
Markierung: Viel begangene Wege, gut markiert
Landkarte: Bayerisches Landesvermessungsamt 1:50 000 »Allgäuer Alpen«
Highlights: Die Höhepunkte konzentrieren sich auf den Wegabschnitt vom Wieslekar zu den beiden Bockkarscharten, doch bieten auch Zustieg und Weiterweg zur Kemptner Hütte viel Interessantes.
Stützpunkte: Rappenseehütte (2091 m), 🕒 Mitte Juni–Mitte Oktober, Tel.: 08322/70 01 55; Waltenberger Haus (2084 m); 🕒 Mitte Juni–Anfang Oktober, Tel.: 08322/70 01 56; Kemptner Hütte (1844 m), 🕒 Mitte Juni–Mitte Oktober, Fax: 0170/239 08 57
Fototipps: Da man in der Regel in einer Hütte übernachtet, ergeben sich stimmungsvolle Motive fast von alleine. Und bis die Sonne anderntags hoch steht, zeigen sich die Allgäuer Gipfel in schönstem Licht. Auch Details wie das »Heilbronner Törl« und die lange Leiter lassen sich effektvoll ins Bild setzen.

Wer kennt ihn nicht, den berühmtesten Höhenweg in den Allgäuer Alpen? Ein Jahrhundert hat er schon auf dem Buckel, der »Heilbronner«, und pünktlich zum Jubiläum wurde er auch total saniert. So präsentiert sich der legendäre alpine Highway heute in bestem Zustand, was aber nichts daran ändert, dass er hoch in alpinen Regionen verläuft; bei einem Wettersturz wird die Kammüberschreitung für Gelegenheits-Bergsteiger rasch zu einer echten Prüfung.

Der Eisenteile wegen wird wohl kaum jemand den Heilbronner Weg begehen; durchgehend trassiert, ist er mehr Wanderroute als Klettersteig, trotz der einen Leiter am Steinschartenkopf. Berühmt gemacht hat ihn vielmehr die faszinierende Kulisse am Allgäuer Hauptkamm, dem der Weg folgt, der ständige Wechsel der Szenerie, es sind die Fernblicke zu den Lechtaler Graten und Zacken, die Schau hinaus ins Grün des Alpenvorlandes. Der »Heilbronner«, ein echter Erlebnispfad!

23

➔ **Anfahrt** Oberstdorf (815 m) ist das touristische Zentrum des Allgäus; Bahn und Schnellstraße von Memmingen/Kempten. Weiterfahrt nur bis zur Talstation der Fellhornbahn möglich (Parkplatz); Bus bis Birgsau (956 m).

➚ **Zugang** Von *Birgsau* auf der Straße nach Einödsbach (1114 m). Links des Rappenalpenbachs auf dem viel begangenen Weg taleinwärts, dann in ein paar Schleifen zur Petersalpe und an dem steilen, felsigen Hang hinauf zur *Enzianhütte* (1779 m). Unter den Gamswänden flach hinüber gegen den Muskopf und in einem letzten Anstieg zur *Rappenseehütte* (2091 m), *3.30 Std.*

↑ **Heilbronner Weg** Die Höhenwanderung beginnt mit dem Anstieg von der Rappenseehütte in die *Große Steinscharte* (2262 m). Dahinter öffnet sich das obere Wieslekar, südöstlich überragt vom Hohen Licht (2651 m). Der Weg quert den Geröllboden (im Frühsommer oft Schneereste) und steigt im Zickzack an zum Wandfuß. Nun über Felsen und durch eine Rinne (Drahtseil) zu einer Verzweigung (Tafel). Rechts geht's zum Hohen Licht; der Heilbronner Weg folgt – leicht steigend – den mit Geröll bedeckten Bändern in die *Kleine Steinscharte* (2541 m).

Dabei passiert man das »Heilbronner Törl«, einen engen Felsspalt (Vorsicht bei Altschnee!). Den Anstieg zum *Steinschartenkopf* (2615 m) erleichtert dann die berühmte Eisenleiter (»Heilbronner Leiterle«). Vorbei am Wilden Mann (2577 m) führt der Kammweg in die nächste Gratkerbe, die *Socktalscharte* (2446 m), aus der ein Zwischenabstieg zum Waltenberger Haus möglich ist (markiert, 1 Std.).

Der letzte Gratanstieg führt auf den *Bockkarkopf* (2609 m), dahinter steigt der Weg in Kehren (Drahtseile) ab in die Westliche und in die *Östliche Bockkarscharte* (2523 m), wo die Sicherungen enden, *3 Std.* Wahlweise linkshaltend hinab ins Vordere Bockkar und zum *Waltenberger Haus* oder über den Rest des Schwarzmilzferners und um den Kratzer (2427 m) herum zur Kemptner Hütte (1844 m), *5.30 Std.*

➘ **Abstiege** Vom Waltenberger Haus steil hinunter (Felsstufe mit Drahtseilsicherung) ins Sperrbachtobel und hinaus nach *Einödsbach* (985 m), *2.15 Std.* Etwa die gleiche Gehzeit muss man für den Abstieg von der Kemptner Hütte ins Trettachtal ansetzen, *2.15 Std.* bis Spielmannsau (990 m).

Hindelanger Klettersteig

24

Großer Daumen, 2280 m
Oben einsteigen!

K 3

6 ¼ Std.

500 m

Routencharakter: Große Kammüberschreitung, die vor allem eine tadellose Kondition verlangt. Nur bis in die Senke vor dem Großen Daumen echter Klettersteig, hier aber mit einigen recht anspruchsvollen Passagen und viel Auf und Ab an dem schartigen Grat. Immer wieder auch Gehgelände, viel Erde zwischen den Felsen – bei Nässe deshalb nicht zu empfehlen! Bei Gewittergefahr weg vom Grat; es gibt mehrere Notabstiege ins Koblat.
Schnupperrunde ideal für Einsteiger, führt bis in die Scharte hinter dem Westlichen Wengenkopf, gut 2 Std. bis zurück zur Seilbahn (K 2).
Ausgangspunkt: Bergstation der Nebelhorn-Seilbahn; Infos über Betriebszeiten Tel.: 08322/70 00
Gehzeiten: *1. Abschnitt* bis zum Großen Daumen 4.15 Std., Rückweg 2 Std.; gesamt 6.15 Std. *2. Abschnitt* über Kleinen Daumen und Breitenberg nach Hinterstein 5–6 Std.
Markierung: An der Seilbahnstation Hinweis zum Klettersteig, Rückweg gut bezeichnet.
Landkarte: Bayerisches Landesvermessungsamt 1:25 000, Blatt 8528 »Hinterstein«
Highlights: Oben sein, stundenlang – und jede Menge Aussicht dazu. Zahlreiche recht interessante Klettersteigpassagen.
Stützpunkt: Edmund-Probst-Haus (1927 m), 🕒 Weihnachten bis Mitte Oktober, Tel.: 08322/47 95
Fototipps: Am Klettersteig viele hübsche Actionmotive – mit den Allgäuer Bergen im Hintergrund. Gämsen und Blumen – auch lohnende Objekte für Objektive unterschiedlicher Brennweite.

Länge acht Kilometer, höchster Punkt 2280 Meter, sieben Gipfel(chen): Informationen aus der Landkarte. Ergänzt um ein paar weitere Daten ergeben sie den Steckbrief des beliebten Hindelanger Klettersteigs. In acht bis zehn Stunden, je nach Temperament und konditioneller Verfassung, geht man diese Route vom Nebelhorn über die beiden Wengenköpfe, den *Großen* und *Kleinen Daumen* und die Hohen Gänge bis zum Breitenberg, der genau südlich über Hindelang steht. Eine große Überschreitung, zwar ohne die hochalpine Kulisse vergleichbarer Steige im Wetterstein oder im Karwendel, aber keineswegs weniger reizvoll: fast heiter schon der Landschaftsrahmen, viel Grün, auch zwischen den Felsen, die Talblicke ohne bodenlose Tiefe. Die Fernsicht reicht weit übers Allgäu hinaus, bis zu den Stubaier Firngipfeln und in die Schweiz; in den Karmulden tummeln sich Gämsen, und beiderseits des Steigs blüht es im Frühsommer besonders schön, vor allem am Breitenberg und am Kleinen Daumen: Alpenblumen ohne Zahl.
Aber lang ist er halt der »Hindelanger«, trotz bequemem Aufstieg am dicken Drahtseil der Nebelhornbahn. Ausgesprochenen Klet-

24

tersteig-Charakter hat nur der erste Abschnitt bis zur Senke vor dem *Großen Daumen*; der Rest ist – trotz einiger gesicherter Passagen – mehr Bergtour und Aussichtswanderung. Deshalb wird in der Regel auch nur die Überschreitung bis zum Großen Daumen gemacht, mit Rückweg über das Koblat zum Edmund-Probst-Haus an der Seilbahn. Die erst 2003 total sanierte Gratroute aus den 1970er-Jahren wartet mit einigen recht spektakulären Passagen auf; trotz des Einstiegs »von oben« ist das ununterbrochene Auf und Ab doch recht kraftraubend. Wer genug hat von der Kraxelei, kann einen der markierten Notabstiege ins Koblat nehmen – sehr nützlich auch bei einem aufziehenden Gewitter.

➔ **Anfahrt** Von Oberstdorf (813 m) mit der großen Seilbahn über die Umsteigestation Höfatsblick zum *Nebelhorn* (2224 m); Infos über Betriebszeiten Tel.: 08322/70 00.

↑ **Hindelanger Klettersteig, 1. Abschnitt** Vom Seilbahngipfel am Grat entlang, ungesichert um eine erste felsige Gratkuppe herum zum Einstieg (Tafel). Eine steile Leiter macht den Auftakt; neue Drahtseile und mehrere Leitern, gelegentlich auch ein paar Eisenstifte sichern dann die lange Gratroute. Dazwischen hat man immer wieder Gehgelände, teilweise auch unangenehm erdige Passagen. Markante Hochpunkte am »Hindelanger« sind die beiden Wengenköpfe (2235 bzw. 2206 m); dazwischen liegen mehrere Einschnitte, eine sehr luftige Stelle (Tritteisen) direkt an der Gratschneide und leichtere Kletterstellen (I–II). Spektakulär der Abstieg über eine steile Leiter zum Fuß einer senkrechten Wand; gleich nach der folgenden Scharte (Zwischenabstieg) leitet eine lange, schräge Leiter zurück auf den Grat. Weiter in anregendem Auf und Ab zum *Östlichen Wengenkopf*. Dahinter nach steilem Leiterabstieg erneut ein Fluchtweg; am Gegenanstieg zu den »Zwiebelsträng« (die ihren Namen von dem massenhaft vorkommenden Bergschnittlauch haben) helfen ein paar Tritteisen über plattige Felsen. Aus dem Koblat blinken die smaragdgrünen Augen der Laufbichelseen herauf; am Horizont dominiert die elegante Felspyramide des Hochvogels. Schließlich entlässt einen die abwechslungsreiche Route über eine letzte Leiter in einen Sattel (ca. 2170 m); wenig weiter trifft man auf den Normalweg zum *Großen Daumen* (2280 m), *4 Std.* In 20 Minuten steigt man hinauf zum Gipfel.

Abstieg Auf markiertem Weglein mit einigem Auf und Ab über das Karrenplateau des Koblat zum *Edmund-Probst-Haus* (1927 m) bzw. zur Station Höfatsblick der Nebelhorn-Seilbahn, *2 Std.*

Viel Auf und Ab am »Hindelanger«

Hindelanger Klettersteig, 2. Abschnitt Vom *Hohen Daumen*, den Markierungen folgend, an dem zunächst bequem breiten, dann plattig-gestuften Grat zum *Kleinen Daumen* (2191 m). Knapp vor dem Gipfel links und mit Drahtseilsicherung durch die Felsflanke auf den schmalen Grat, der mit einem Gegenanstieg hinüberleitet zum Wiesengipfel der Heubatspitze (2008 m). Dahinter gut gesicherter Abstieg (Fixseile, Leitern) über die »Hohen Gänge«; am *Breitenberg* (1887 m) läuft die lange Überschreitung aus. Auf markiertem Weglein bergab ins Almgelände und im Wald hinunter zur Ostrach. Über den Bach und hinein nach *Hinterstein* (866 m), *5–6 Std.*

25 Bäumenheimer Weg

Hochvogel, 2592 m
Auf den schönsten Gipfel der Allgäuer Alpen

K 1

8 3/4 Std.

1750 m

Routencharakter: Landschaftlich sehr abwechslungsreiche Überschreitung mit längeren gesicherten Passagen am Bäumenheimer Weg, evtl. mit einer Übernachtung im Prinz-Luitpold-Haus. Im Sommer sehr sonniger Anstieg, Steinschlaggefahr am Bäumenheimer Weg beachten (Helm!). Selbstsicherung für geübte Berggänger nicht notwendig. Ausreichend Getränke mitnehmen – der »Bäumenheimer« ist sehr sonnig!
Ausgangspunkt: Hinterhornbach (1101 m), Busverbindung mit dem Lechtal
Gehzeiten: Gesamt 8.45 Std.; Aufstieg 4.45 Std., Abstieg über Fuchsensattel 4 Std.
Markierung: Rot bzw. rot-weiß-rot bezeichnete Wege
Landkarte: Österreichische Landeskarte 1:25 000 bzw. 1:50 000, Blatt 114 »Holzgau«
Highlights: Felspassagen am Bäumenheimer Weg, Gipfelpanorama
Stützpunkt: Unterwegs keiner; am Anstieg vom Ostrachtal zum Hochvogel Prinz-Luitpold-Haus (1846 m), ⌚ Ende Mai bis Anfang Oktober, Fax: 0721/ 151305728
Fototipps: Schöne Motive am Auf- und Abstieg mit den Allgäuer Bergketten als attraktivem Background. Besseres Licht hat in der Regel, wer eine Übernachtung im Prinz-Luitpold-Haus einplant.

Einer der Hauptgipfel der Allgäuer Alpen: der Hochvogel

Der »Hochtourist« nannte den *Hochvogel* das »idealste Gebilde eines Kalkberges, seit alters her die bekannteste Allgäuer Berggestalt«. Ein halbes Jahrhundert später gibt sich der AV-Führer schon wesentlich nüchterner, bezeichnet ihn als »formschönen Gipfel, den ausgeprägtesten unter den Allgäuer Bergen«, verweist aber auch auf das extrem brüchige Gestein. Aus der Ferne ist das natürlich nicht zu erkennen, da wirkt die elegante Pyramide makellos: eine Herausforderung für jeden Bergsteiger.

25

Der Normalweg verläuft über die Nordwestflanke; für den Klettersteigler interessanter ist der teilweise gesicherte »Bäumenheimer Weg«, eine abwechslungsreiche Route ohne nennenswerte Schwierigkeiten. Sie ist gesichert mit Drahtseilen; die bieten Halt, schützen aber nicht vor Steinschlag. Deshalb unbedingt: Helm auf!

➔ **Anfahrt** Aus dem Lechtal nach *Hinterhornbach* (1101 m), 11 km von Stanzach (939 m).

➚ **Zustieg** Der lange Gipfelanstieg beginnt mitten in Hinterhornbach, beim Gasthaus Adler (Tafel); wenig höher überrascht eine kurze, etwas ausgesetzte Felspassage. In der Folge gibt es höchstens noch Probleme mit der Orientierung, sind doch wiederholt Forstpisten zu kreuzen. Also genau auf Markierungen achten! Hinter der Schwabegghütte (1699 m) lichtet sich der Wald allmählich; zwischen Latschen schlängelt sich der AV-Weg hinauf zum abgeflachten *Muterücken*. Eindrucksvoll im Süden die vielgipflige Hornbachkette (Urbeleskarspitze, 2632 m). Am Felsfuß gabelt sich der Weg (1975 m), *2.30 Std.*: Rechts geht's zum Fuchsensattel, links zum Hochvogel.

Tipp

Wiedemerkopf-Steig
Südwestlich über dem Prinz-Luitpold-Haus (1846 m) erhebt sich der felsige Wiedemerkopf (2163 m) – ein lohnender kleiner Abstecher auf einem gesicherten Steiglein. In gut einer Stunde kommt man zum Gipfel, der eine stimmungsvolle Aussicht bietet. Drahtseile und leichte ungesicherte Kletterstellen (I–II).

➚ **Bäumenheimer Weg** Der Gipfelweg führt in sanftem Anstieg quer über das Roßkar zum ausgeprägten Südgrat des Hochvogels. An dem Rücken bergan, dann unter Steilaufschwüngen rechts in eine markante Geröllschlucht. Man verlässt sie bald nach rechts und steigt über Rippen, Bänder und Rinnen, teilweise gesichert, an zum Gipfelaufbau. Zuletzt links in eine steinige Mulde und durch sie gerade zum Kreuz am *Hochvogel, 2.15 Std.*

➘ **Abstieg** Auf dem Anstiegsweg, *3 Std.*, oder – sehr lohnend – über den Nordwestgrat und das Fuchsenkar, allerdings mit einer recht anhänglichen Gegensteigung in den Fuchsensattel.
Vom Gipfel in vielen Kehren am Nordwestrücken bergab, über die »Schnur«, ein breites, überdachtes Band in die Scharte unter der Kreuzspitze (2367 m). Hier rechts durch den Schneewinkel »Im kalten Keller« hinunter ins *Fuchsenkar*, quer durch das Bergsturzgelände und hinauf in den *Fuchsensattel* (2039 m) am Ansatzpunkt des Hochvogel-Ostgrats. In ein paar Kehren abwärts, dann in längerer Querung zur Weggabelung am Muterücken (1975 m). Auf dem Anstiegsweg hinunter nach *Hinterhornbach, 4 Std.*

26 Arlberger Klettersteig

Weißschrofenspitze, 2752 m
Auf schartigen Graten über St. Anton

K 5
5 ½ Std.
450 m/ 780 m

Routencharakter: Langer Gratklettersteig, sehr gut, aber nicht übermäßig gesichert; begeisternd schönes Kraxeln mit einigen Stellen, die ziemlich viel Einsatz abverlangen. Die Länge von Zu- und Abstieg hält sich bei Benützung des Bahnangebots in engen Grenzen.
Ausgangspunkt: Zwischenstation Vallugagrat (2646 m) der Valluga-Seilbahn; Infos über Betriebszeiten Tel.: 05446/23 52
Gehzeit: Gesamt 5.30 Std.
Markierung: Gut markierte Wege, Notabstiege bezeichnet
Landkarte: Österreichische Karte 1:25 000 oder 1:50 000, Blatt 143 »Sankt Anton«
Highlights: Knackig-verwegene Kletterstellen am Grat, große Schau über die Lechtaler Alpen
Hinweis: Als alternativer Ausgangspunkt bietet sich (wenn die Bahnen nicht fahren) der Arlbergpass (1793 m) an; Aufstieg über die Ulmer Hütte (2279 m) zum Valfagehrjoch gut 2 Std.
Stützpunkt: Unterwegs keiner
Fototipps: Die Gratroute bietet jede Menge schönster Motive: Action im Steilfels, Klettersteigler, vorsichtig über die »Haizähne« balancierend, bei der (verdienten) Brotzeit am letzten Gipfel ...

Jeder Klettersteig hat – wie die Wurst – zwei Enden, und wenn beide in Sichtweite einer Bergbahnstation liegen, ist Skepsis durchaus angebracht: etwas fürs Sommergeschäft ... Diese Überlegungen dürften auch beim »Arlberger« im Spiel gewesen sein, doch das Ergebnis kann sich sehen lassen: eine ebenso lange wie abwechslungsreiche Gratroute, bestens gesichert und mit Gefühl fürs Gelände angelegt, ohne »Durchhänger« (wie beispielsweise am »Innsbrucker«), dafür mit Passagen, die das Herz jedes Klettersteig-Liebhabers spürbar höher schlagen lassen: etwa die maximal ausgesetzte Querung in der Südwand der Knoppenjochspitze, dann die luftig-lustige Kraxelei an den »Haizähnen« oder der kleine Überhang (nur Mut!) beim Ausstieg oberhalb von Kapall.

➔ **Anfahrt** Von St. Anton (1284 m) mit der Seilbahn bis zum Vallugagrat (2646 m).

➚ **Zugang** Von der Bahnstation östlich über ein Schneefeld abwärts ins *Valfagehrjoch* (2543 m), wo der Zustieg vom Arlberg mündet. Nun von dem Weg, der ins nahe Matunjoch führt, links über Schrofen zum Einstieg (2600 m; Bronzetafel), *30 Min.*

↑ **Arlberger Klettersteig** Die Route beginnt eher zahm, führt zunächst über leichte Felsen auf den ersten (namenlosen) Turm. Der Abstieg, sehr steil, gibt dann den richtigen »Tarif« durch;

26

wer sich überfordert fühlt, nimmt den ersten, nordseitigen Fluchtweg.
Der »Arlberger« quert die zerklüftete Südflanke des nächsten Turms, tangiert eine Gratlücke und leitet dann in die sonnseitigen Steilabstürze der *Knoppenjochspitze* (2680 m). Hier folgt die erste Schlüsselstelle, eine luftig-verwegene Traverse: auf zwei Haken und ein paar winzigen Tritten quer über die senkrechte, an einer Stelle leicht überhängende Mauer, hoch über dem Wandfuß. Kaum hat man wieder »festen« Boden gewonnen, geht's rasant nach oben, am straff gespannten Drahtseil auf den Westgrat und zum Gipfel.
Der Abstieg in die Scharte (ca. 2625 m; Notabstieg südseitig) vor dem Lorfekopf (2689 m) ist ebenfalls sehr steil, strapaziert Bizeps und Nerven gleichermaßen, der Gegenanstieg dann vergleichsweise harmlos. Absolute Konzentration verlangt dafür der Ostabstieg vom Lorfekopf, teilweise nahe der Vertikalen, über Verschneidungen und Kanten verlaufend. Aus der Lorfescharte (Notabstieg) leicht am Kamm auf die *Lisunspitze* (2667 m); in der flachen Scharte dahinter beginnt die Überschreitung des Lisungrates bzw. der »Haizähne«, ein absoluter Höhepunkt der Ferrata, sehr originell in der Wegführung: kraxeln am Saum des Himmels, Tiefe links wie rechts, der weite Horizont voller Gipfel.

Luftige Kletterei an den (bissigen?) Haizähnen

Wenig weiter folgt der letzte Notabstieg (südseitig); anschließend steil aufwärts und extrem luftig am Grat entlang. Mit Armzug über eine glatte, schräg stehende Platte und zum Gipfelkreuz an der *Weißschrofenspitze* (2752 m), *4 Std.*
Der Abstieg folgt dem Südgrat; er ist durchgehend mit Drahtseilen versehen, teilweise sehr steil. Steinschlaggefahr durch Nachfolgende! Ein kurzer Überhang (Tritt unterhalb), der in eine sehr luftige Querung oberhalb senkrechter Abbrüche übergeht, beschließt die Drei-Sterne-Route. Auf einem Schrofensporn steigt man weiter ab, dann leiten die letzten Drahtseile über Bänder und leichte Felsen zum Ausstieg (ca. 2500 m, Tafel), knapp *1 Std.*

➘ Abstieg In Kehren zur Senke im Rücken des *Kapall* (2315 m) und kurz bergan zur längst schon sichtbaren Liftstation, *30 Min.*

27 Augsburger Höhenweg

Dawinkopf, 2968 m
Haute Route in den Lechtaler Alpen

K 4
15 Std.
2250 m

Routencharakter: Eine Spitzentour, bei der man aber allerlei Überraschungen erleben kann. Wer schlau ist, sorgt vor, nimmt auf den langen Weg Grödel/Steigeisen und Pickel, evtl. auch ein Seil mit. Und nicht vergessen: der Helm, sind einige Passagen doch stark durch Steinschlag gefährdet. Weitere Voraussetzungen: eine Topkondition, eine Portion Unerschrockenheit und sicheres Wetter. Einziger Notabstieg aus der Dawinscharte zur Dawinalpe!
Ausgangspunkt/Endpunkt: Grins (1006 m), Dörfchen oberhalb von Landeck; die Tour endet in Flirsch (1154 m). Bahn- bzw. Busverbindungen mit Landeck bzw. St. Anton am Arlberg.
Gehzeiten: Hüttenanstieg 3.30 Std., Höhenweg 8–10 Std., Abstieg 2.30 Std.; gesamt etwa 15 Std.
Markierung: Rot-weiß-rot bezeichnete Wege
Landkarte: Österreichische Karte 1:25 000 bzw. 1:50 000, Blatt 144 »Landeck«
Highlights: Die Wegstrecke vom Dawinkopf bis zur Parseierscharte: reine Freude und/oder immer wieder Gänsehaut ...
Hinweis: Unbedingt vorab in der Augsburger Hütte Infos über die Begehbarkeit der Route einholen!
Stützpunkte: Augsburger Hütte (2289 m), ⌚ Juli bis September, Tel.: 05442/636 04; Ansbacher Hütte (2376 m), ⌚ Juli bis September, Tel.: 0664/312 81 60.
Fototipps: Weg und Landschaft bieten schöne Motive, wenn das Wetter mitmacht. Abendstimmung auf der Augsburger Hütte, vor großem Panorama.

Eisen in Form von Drahtseilen, Haken und dergleichen gibt es am Augsburger Höhenweg nicht viel, gerade genug für das Prädikat »gesicherter Steig«. Dafür kommt an der Parseierscharte die Eisenspitze (2859 m) ins Blickfeld: Bergbau. Dass es in den Lechtaler Alpen Erz führende Gesteinsschichten gibt, verwundert kaum, hat die Geologie hier doch allerlei Purzelbäume geschlagen und eine Landschaft geschaffen, die einem da und dort wie eine »erdgeschichtliche Baustelle« vorkommt, wild, unfertig. Doch gerade diese Kulisse ist es, die den unverwechselbaren Reiz des »Augsburgers« ausmacht – kaum das Richtige für Ferrata-Freaks. Hier wird alpine Erfahrung verlangt, kein dicker Bizeps. Die Verhältnisse an der extrem langen, teilweise auf der Schattenseite des Lechtaler Hauptkamms verlaufenden Route sind starken Schwankungen unterwor-

Gesicherte Passage am Augsburger Höhenweg

27

fen; Eis, Schnee oder ein Murabgang können sie auch im Hochsommer unpassierbar machen. Besonders heikel ist der Abschnitt von der *Dawinscharte* hinüber zur Parseierscharte: Steinschlaggefahr, abschüssige Hartschneefelder, beschädigte Sicherungen.

➔ **Anfahrt** Nach Grins (1006 m) führt von Landeck eine ordentliche Straße.

➚ **Zustieg** Auf dem gut markierten Hüttenweg über das Wildbachkreuz (1213 m) und die Muesmannsruhe hinauf zur *Augsburger Hütte, 3.30 Std.*

↑ **Augsburger Höhenweg** Den Auftakt macht der Anstieg durch die malerische Gasillschlucht: im Zickzack hinan zur Fernerwand, dann mit Drahtseilhilfe über die Felsstufe zum Rand des weitgehend abgeschmolzenen Grinner Ferners (ca. 2760 m). Hier mündet rechts eine Wegvariante ein, die über den Gratschkopf (2945 m) und die *Patrolscharte* (2846 m) verläuft (gut eine halbe Stunde länger). Der Augsburger Höhenweg führt westlich über den Firn, dann aufwärts gegen den markanten Südgrat der Parseierspitze. Quer über einen felsigen Hang, dann am Ostgrat des *Dawinkopfs* (2968 m) entlang zum höchsten Punkt der Route.

Nächstes Zwischenziel ist die Dawinscharte (2650 m): kurz in nordwestlicher Richtung abwärts (oft vereist, Vorsicht!), dann durch die Südflanke des Schwarzen Kopfs und am Dawingrat hinunter in das Joch (Notabstieg nach Süden).

An der *Dawinscharte* beginnt der schwierigste Wegabschnitt. Die Spur quert unter den Feuerköpfen (2827 m) einen abschüssigen Hang aus fest gepresstem Sand (heikel) und leitet hinüber zum Gelben Schartl, das in einen Felssporn eingekerbt ist; dahinter leiten Drahtseile neben einer oft vereisten Rinne steil abwärts. Anschließend im Wechsel über Schnee und Fels, mehrere Rinnen querend durch die Nordflanke des Eisenkopfs und im Zickzack hinauf in die *Parseierscharte* (2604 m) – Ende der Schwierigkeiten.

Die Fortsetzung des Augsburger Höhenweges läuft mit Auf und Ab in einem weiten Bogen um das Grabensystem des Griesbachs herum; an der Winterscharte (2528 m) wechselt er kurz auf die Nordseite. Der Rest: gemütlicher Auslauf leicht abwärts zur *Ansbacher Hütte* (2376 m), die an einem besonders schönen Logenplatz über dem Stanzer Tal steht, *8 Std.* von der Augsburger Hütte.

➘ **Abstieg** Auf dem Hüttenweg nach *Fliersch* (1154 m), *2.30 Std.*

28 Klettersteig Reichspitze

Reichspitze, 2590 m
Ins steinerne Herz der Lechtaler

K 2

8 ½ Std.

1240 m

Routencharakter: Lange, recht anstrengende Gipfeltour mit leicht eisenhaltigem Finale. Ausdauer und ein sicherer Tritt sind wichtiger als ein dicker Bizeps.
Ausgangspunkt: Boden (1356 m) an der Straße übers Hahntennjoch
Gehzeiten: Aufstieg 5 Std., Abstieg 3.30 Std.; gesamt 8.30 Std.
Markierung: Durchwegs gut markierte Wege
Landkarte: Österreichische Karte 1:25 000 bzw. 1:50 000, Blätter 115 »Reutte« und 145 »Imst«
Highlights: Felskulisse des Parzinn
Stützpunkt: Hanauer Hütte (1922 m), ⌚ Mitte Juni bis Ende September/Anfang Oktober; Tel. 0664/266 91 49
Fototipps: Die Tour bietet vor allem schöne Landschaftsmotive. Wer auf der Hanauer Hütte übernachtet, kann die stimmungsvollen Abend- und Morgenstunden zum Fotografieren nutzen.

Die Reichspitze als Modeberg zu bezeichnen, wäre eine gelinde Übertreibung. Wie überhaupt diese Bezeichnung irgendwie nicht zu den Lechtaler Alpen passt: Zu anstrengend sind die meisten Touren hier, mühsam oft, mit reichlich Geröll auch. Dafür genießt man auf den Gipfeln rund um die gut geführte Hanauer Hütte noch jene »Bergesruh'«, die sich anderswo längst verabschiedet hat. Etwas mehr Besuch als früher bekommt der Berg mit dem fast endlos langen Nordgrat allerdings schon, seit der Normalweg mit Drahtseilen gesichert worden ist.

➔ **Anfahrt** Über die Hahntennjochstraße von Imst oder aus dem Lechtal zum Weiler *Boden* (1356 m).

↗ **Zustieg** Auf dem Güterweg ins Tal des Angerlebachs in mäßigem Anstieg zur Talstation der Hüttenseilbahn (1529 m), dann auf gutem Bergweg, zuletzt über Kehren, hinauf zur *Hanauer Hütte* (1922 m) in schöner Lage vor dem Halbrund der Parzinngipfel. Auf dem »Lechtaler Höhenweg« (bei Verzweigungen dreimal links halten) zur Parzinnalpe und über ein paar Felsstufen in das Schlenkerkar und im Zickzack hinauf ins *Galtseitejoch* (2421 m), *3.45 Std.*

↑ **Klettersteig** Markierungen führen aus der Gratsenke nördlich über den breiten Fels- und Wiesenkamm an den Gipfelaufbau der Reichenspitze heran. Hier beginnen die Seilsicherungen. Sie leiten durch Rinnen, über Bänder und Felsstufen zum Vorgipfel und ziemlich luftig hinüber zum Hauptgipfel, *1.15 Std.*

↘ **Abstieg** Auf dem Anstiegsweg, *3.30 Std.*

Klettersteig Steinsee

29

Steinkarspitze, 2650 m
Familienferrata in den Lechtaler Alpen

K 2–3

8 Std.

1400 m

Routencharakter: Mäßig schwieriger, gut gesicherte Route im Hauptdolomit. Abstieg (Drahtseile) mit reichlich Geröll garniert. Landschaftlich sehr lohnende Tour!
Ausgangspunkt: Alfutzalpe (1261 m)
Gehzeiten: Zustieg 3.30 Std., Klettersteig 1.30 Std., Abstieg 3 Std.; gesamt 8 Std.
Markierung: Zustieg und Klettersteig ordentlich markiert
Landkarte: Österreichische Karte 1:25 000 bzw. 1:50 000, Blätter 144 »Landeck« bzw. 145 »Imst«
Highlights: Ein paar schöne Kraxelstellen im Aufstieg und (vor allem!) die faszinierende Kulisse. Da lohnt es sich sogar, eine Übernachtung in der Steinseehütte einzuplanen.
Stützpunkt: Steinseehütte (2061 m), Mitte Juni bis Ende Septmeber; Tel. 0664/275 37 70
Fototipps: Gute Motive am Klettersteig mit Dolomitkulisse. Wer zum Steinsee aufsteigt, bekommt noch ein paar schöne Landschaftsmotive vor die Linse.

Keine Frage, das Parzinn ist eine Herzkammer der Lechtaler Alpen. Wer aufsteigt zur Steinseehütte, fühlt sich bald einmal stark an Landschaftsbilder der »Bleichen Berge« erinnert. Kein Wunder, sind die schroffen Zacken rund um die Dremelspitze (2733 m) doch weitgehend aus Hauptdolomit aufgebaut. Seit kurzem gibt es hier eine kleine Ferrata: nur mäßig anspruchsvoll, aber von besonderem Landschaftsreiz. Wen wundert das bei all dem Dolomit rundum?

➔ **Anfahrt** Über die Inntal-Autobahn bis zur Ausfahrt »Landeck Ost/Zams«, dann auf der Bundesstraße Richtung Innsbruck bis zur Abzweigung des Fahrweges zur *Alfutzalpe* (1261 m), 5 km.

➚ **Zustieg** Vom Wanderparkplatz hinauf zur *Steinseehütte* (2061 m). Auf dem »Lechtaler Höhenweg«, Mark. 601, etwa 20 Min. nach Westen, dann rechts (Hinweis »Klettergebiet«), vorbei an großen Felstrümmern bis zum Einstieg unter dem Steinkarturm (2440 m; große Markierung), *3.30 Std.*

↑ **Klettersteig Steinsee** Über leichte Felsen zu einer mit Tritteisen versehenen Steilstufe. Weiter an einer Felsrippe aufwärts zu einer kaminartigen Rinne. Sie mündet auf eine markante Plattenrampe, die man an soliden Sicherungen erklettert. Anschließend links zum Grat und über ihn zum Gipfel der *Steinkarspitze* (2650 m), *1.30 Std.*

➘ **Abstieg** Kurz zurück zum Ausstieg der Ferrata, dann mit Drahtseilhilfe im Schrofengelände hinab in eine Scharte. Hier rechts und durch die Geröllschlucht zurück zum Einstieg. Auf dem Hinweg zur Steinseehütte und talauswärts zur *Alfutzalpe, 3 Std.*

30 Imster Klettersteig

Maldonkopf, 2632 m
Spitzenroute in steilem Fels

K 5

6 ¼ Std.

1080 m

Routencharakter: Knackiger Klettersteig in alpiner Kulisse mit nach oben hin zunehmenden Schwierigkeiten. Notausstieg nach gut zwei Dritteln der 430 Steig-Höhenmeter. Nur für erfahrene Klettersteigler mit etwas Schmalz in den Armen.
Ausgangspunkte: Obermarkter Alpe (1560 m) oder Bergstation der Imster Bergbahnen; Infos über Betriebszeiten Tel.: 05412/691 00.
Gehzeiten: Gesamt 6.15 Std.; Aufstieg 4 Std., Abstieg 2.15 Std. Bei Benützung der Seilbahn ergibt sich eine Gesamtgehzeit von 5 Std.
Markierung: Rot-weiß-rot markierte Wege, Hinweisschilder zum Klettersteig, Abstieg rot bezeichnet
Landkarte: Österreichische Karte 1:25 000 oder 1:50 000, Blatt 115 »Reutte«
Highlights: Zahlreiche schöne Passagen im Steilfels, senkrechte Platte im oberen Teil, Aussicht vom Gipfel
Hinweis: Lässt sich gut mit einer Besteigung der ⇨ Platteinspitze verbinden.
Stützpunkt: Muttekopfhütte (1934 m), ◷ Mitte Juni bis Ende September, Tel.: 0664/123 69 28
Fototipps: Aufgrund des südseitigen Gratverlaufs ergeben sich immer wieder beste Actionmotive.

Der »Imster«, 1989 eingeweiht, ist ein echter Hit unter den Tiroler Klettersteigen, für erfahrene Klettersteigler ein faszinierender Felsgang teilweise nahe der Senkrechten. Weniger Geübte werden an der Route kaum Freude haben; die Ferrata startet zwar verhalten, doch nehmen die Schwierigkeiten bald einmal zu. Ein »Überstieg« ins Leere, an scheinbar trittloser Rippe, ist die erste Mutprobe; die zweite, eine senkrechte, glatte Wandstufe, wurde inzwischen mit ein paar Eisenbügeln entschärft – in ihrer Ausgesetztheit ist sie aber immer noch ein echter Prüfstein. Wer sich dieser Herausforderung nicht gewachsen fühlt, kann vorher ins Engelkar aussteigen.

Man wird nur ungern auf den Gipfel verzichten, zumal der Maldonkopf eine sehr stimmungsvolle Schau über die »erdgeschichtliche Großbaustelle« der Lechtaler Alpen bietet. Im Nordosten steht die breit-schroffe Felsmauer der Heiterwand (2639 m), mächtiger Nachbar im Süden ist der *Muttekopf* (2774 m), ein beliebtes, wenig schwieriges Tourenziel für trittsichere Bergwanderer.

Der einzige Schönheitsfehler der Route, der extrem durch Steinschlag gefährdete Originalabstieg ins Engelkar, wurde 2006 (endlich!) durch eine Wegkorrektur eliminiert. Und die hat sich der »Imster« auch wirklich verdient, diese Klasseroute.

30

→ Anfahrt Von Imst (827 m) zunächst Richtung Hahntennjoch, in einer weiten Rechtskurve links (Hinweis) Abzweigung zur *Obermarkter Alpe*. Parkplatz (ca. 1560 m) knapp vor der Alm. Bergfahrt nur vor 8 Uhr bzw. nach 17 Uhr gestattet.

↗ Zustieg Vom Parkplatz auf der Schotterpiste zur Latschenhütte (1623 m) und weiter zur Talstation der Materialseilbahn, dann hinauf zur *Muttekopfhütte* (1934 m). Dahinter (Wegzeiger) über Wiesenhänge hinauf zum winzigen Guggersattele und ins Scharnitzkar. Hier verlässt man den zum Scharnitzsattel führenden Weg, quert den Talboden nach rechts und steigt, der deutlichen Spur folgend, steil bergan zum Felsfuß, *2 Std.*

Alternativ kann man mit dem Sessellift von Hochimst (1050 m) zum *Vorderen Alpljoch* (2121 m) hinauffahren. Über den gesicherten Drischlsteig quer durch die felsige Nordflanke des Berges hinüber zur Muttekopfhütte, *40 Min.*

Fester Fels, steile Route: am Imster Klettersteig

↑ Imster Klettersteig Eine große Tafel markiert den Einstieg (ca. 2220 m). Die Route folgt den steil gestellten Rippen am Südgrat des Maldonkopfs. Das dicke, in kurzen Abständen verankerte Drahtseil gibt die Richtung vor, verleiht Sicherheit. Die Steilheit nimmt allmählich zu, Tritte und Griffe werden dafür weniger. Eine Linksquerung – am Fixseil um ein luftig-griffloses Eck herum – kostet etwas Überwindung. An der Höhenkote 2380 Meter ist der untere Pfeiler geschafft; auf einer kleinen Kanzel kann man kurz durchatmen. Der zweite Abschnitt bietet abwechslungsreiche Kletterei, wobei man mehrfach kräftig zulangen muss. Er lauft am Vorgipfel (ca. 2525 m) aus; etwas unterhalb das Steigbuch.

Eine Super-Ferrata: der Imster Klettersteig

Die Fortsetzung der Route bis zum Gipfel ist nun gut zu überblicken: zunächst kurz abwärts (Kette) in eine Scharte (2510 m; Notabstieg, bezeichnet), dann an einem Pfeiler zunehmend steiler zur eigentlichen Schlüsselstelle, in die man von einem Felsabsatz nach rechts einsteigt: eine nahezu senkrechte Wandstufe neben einer Verschneidung, gut 15 Meter hoch. Ein paar solide Eisenklammern entschärfen die ursprünglich nur mit dem Drahtseil ausgestattete Passage; wer's nicht packt, steigt zurück und nimmt den »Notausgang« ...

Letztes Hindernis vor dem Gipfel ist dann ein Steilaufschwung am Grat, der den Bizeps nochmals strapaziert, dann spaziert man hinüber zum Kreuz, *2 Std.*

↘ Abstieg Mit durchlaufender Drahtseilsicherung kurz am Grat entlang, dann rechts über steile, leicht brüchige Felsen hinab zum Wandfuß. Anschließend im Grobschotter durchs Engelkar abwärts, den Markierungen folgend um den Felsfuß herum und zum Ferrata-Zustieg, bis zur Muttekopfhütte *1.30 Std.*, bis zur *Obermarkter Alm 2.15 Std.*

Platteinspitz-Steig

31

Vordere Platteinspitze, 2652 m
Viel Stein und wenig Eisen

K 1 | 5 ½ Std. | 1090 m

Routencharakter: Abwechslungsreiche, auch dank der Geologie der Lechtaler Alpen sehr lohnende Gipfeltour mit etwas Eisen zum Gipfel hin. Nichts für Nur-Klettersteigler!
Ausgangspunkt: Obermarkter Alm (1560 m) oder Zwischenstation der Imster Bergbahnen (1491 m); Infos über Betriebszeiten Tel.: 05412/691 00.
Gehzeiten: Gesamt 5.30 Std.; Aufstieg 3.30 Std., Abstieg 2 Std.
Markierung: Rot-weiß-rot, Wegzeiger
Landkarte: Österreichische Karte 1:25 000 bzw. 1:50 000, Blatt 115 »Reutte«
Highlights: Die bunten Gesteine unterhalb des Gipfelgrats, Aussicht aufs Inntal und in die Ötztaler Alpen, kurze anregende Kletterei zum Gipfel.
Einkehr: Latschenhütte (1623 m) auf der Obermarkter Alm
Fototipps: Die bereits erwähnten bunten Konglomerate vor Inntal und Ötztaler Bergen sind ein sehr fotogenes Motiv.

Maldonkopf und Vordere Platteinspitze: zwei Extreme auf der Klettersteigskala. Ist der »Imster« eine Toproute der Spitzenklasse, auch was die Schwierigkeiten angeht, so bietet der Weg auf die Vordere Platteinspitze vor allem viele (und sehr schöne) Landschaftseindrücke unter der Überschrift: Lechtaler Alpen. Wie kaum eine andere ostalpine Bergregion bieten sie Einblick in verschiedene Stadien der Alpenwerdung; so wechselt während des Anstiegs die steinerne Unterlage wiederholt. Besonders faszinierend (und eine geologische Rarität) sind die Konglomerate an der Scharte unter dem Gipfel. Der wiederum ist aus – ungleich soliderem – Hauptdolomit aufgebaut.

➔ **Anfahrt** Von Imst (827 m) zunächst Richtung Hahntennjoch, in einer weiten Rechtskurve links (Hinweis) Abzweigung zur *Obermarkter Alm*. Parkplatz (ca. 1560 m) knapp vor der Alm. Bergfahrt nur vor 8 Uhr und nach 17 Uhr erlaubt.

Tipp

Imster Höhenweg
Die Vordere Platteinspitze und der Imster Höhenweg lassen sich gut zu einer Zweitagetour verbinden, mit Übernachtung in der Muttekopfhütte. Nach der Gipfelbesteigung quert man auf markiertem Weg zur Muttekopfhütte, wo der Höhenweg mit einem längeren Anstieg beginnt. Anschließend mit Aussicht en masse am lang gestreckten Larsenngrat entlang zum Laggersberg (2328 m) und hinab nach Imst, von der Muttekopfhütte etwa 6 Std.

➚ **Zustieg** Vom Parkplatz auf der Schotterpiste zur Latschenhütte (1623 m), dann rechts über lichten Wald aufwärts zu den Platteinwiesen, wo bei einem Kreuz der »Plattigsteig« von der Muttekopf-

31

hütte mündet. An dem grasigen, im Frühsommer mit Blumen übersäten Rücken weiter bergan zu einer Scharte im Rücken der bereits erwähnten bizarr »zusammengebackenen« Felsen, *3 Std.*

↑ Platteinspitz-Steig Das Steiglein quert sie und leitet dann durch die steile Südostflanke der Platteinspitze gegen ihren Ostgrat. Kurz vorher links in die Felsen; durch Rinnen (Drahtseile) leicht auf eine kleine Scharte und über den schmalen Grat und kleine Stufen zum Gipfelkreuz, *30 Min.*

↘ Abstieg Auf dem Anstiegsweg, *2 Std.*

Steine, zu Skulpturen aufgetürmt: am Platteinspitz-Steig

Werner-Riezler-Steig

32

Thaneller, 2341 m
Durch die Nordwand auf den Inselberg

K 1

5 ¾ Std.

1350 m/ 1000 m

Routencharakter: Alpiner Steig mit ein paar wenigen gesicherten Passagen (Drahtseile, Haken) – etwas für trittsichere und in leichtem Felsgelände erfahrene Bergsteiger. Abstieg nach Berwang leicht.
Ausgangspunkt: Heiterwang (994 m) im Außerfern
Endpunkt: Berwang (1342 m); Bus bzw. Bahn nach Heiterwang
Gehzeiten: Aufstieg 4 Std., Abstieg nach Berwang 1.45 Std.
Markierung: Rot-weiß-rot mit der Nummer 611
Landkarte: Österreichische Karte 1:25 000 bzw. 1:50 000, Blatt 115 »Reutte«
Highlights: Felspassagen in der Nordwand, Aussicht vom Gipfel
Stützpunkt: Unterwegs keiner
Fototipps: Gute Motive an der (allerdings die meiste Zeit des Tages im Schatten liegenden) Nordflanke. Sehr fotogen der Tiefblick zum Plansee.

Wer vom Plansee anreist, bekommt gleich die Schokoladeseite des Thaneller zu Gesicht: als ebenmäßig gebaute Pyramide erhebt er sich über Heiterwang. Dass ein vergleichsweise leichter Anstieg durch die abweisende Felsfront verläuft, an ganz wenigen Stellen nur gesichert, würde man beim ersten Augenschein nicht unbedingt annehmen. Der Werner-Riezler-Steig schlängelt sich denn auch listig durchs Steilgelände, nutzt Bänder, findet immer wieder einen Weiterweg. Und als echter Inselberg zwischen Heiterwang, Berwang und dem Lechtal bietet der Thaneller eine besonders stimmungsvolle Rundschau, gewürzt mit packenden Tiefblicken, vor allem auf den »Tiroler Fjord« des Plansees.

Tipp

Reuttener Höhenweg
Markierter und an einigen wenigen Stellen gesicherter Kammweg (u. a. eine Eisenleiter) in der stillen Liegfeistgruppe. Er führt von der Reuttener Hütte (1715 m) über das Galtjoch (2109 m) und die Steinkarspitze (2181 m) bis zur Knittelkarspitze (2376 m); ab Rinnen mit Abstieg über das Kelmer Jöchl (1852 m) nach Kelmen etwa 7.30 Std. Die an sich logische Fortsetzung der Gratroute über Mitterkarspitze (2191 m) zur Schwarzhanskarspitze (2227 m) gibt's leider (noch?) nicht.

➔ **Anfahrt** Heiterwang (994 m) liegt an der Strecke Garmisch-Partenkirchen – Lermoos – Reutte (Bahnlinie).

➚ **Zustieg** Von Heiterwang zunächst parallel zur Bahnlinie zum großen Liftparkplatz beim Kälberangerle (Tafel). Über die Pistenwiese bergan, dann auf einem geschotterten Fahrweg ins Tal des Karlesbachs. Bei der Weggabelung (ca. 1320 m) geradeaus und bergan gegen das Thanellerkar, wo man den über das Rauchälple und den Jochplatz verlaufenden Rundweg kreuzt (Wegzeiger an Felsblock). Über einen mächtigen Geröllkegel in monotonem

Prächtiges Felsprofil über dem Plansee: der Thaneller

Zickzack zum Einstieg (ca. 1900 m; Hinweis »Nur für Geübte«), *2.30 Std.*

↑ Werner-Riezler-Steig Eine Felsstufe (Haken) vermittelt den Zugang zu dem großen Bandsystem, das den ganzen Nordabsturz des Thaneller durchzieht. Die Route gewinnt in beeindruckender Kulisse rasch an Höhe (Drahtseile) und führt dann auf ein Band, das fast eben aus der Nordwest- in die Nordflanke leitet. Weiter in Schrofengelände aufwärts, den deutlichen Markierungen folgend, zum gestuften Nordgrat und über ihn (Drahtseil) zum großen Gipfelkreuz, *1.30 Std.*

↘ Abstieg Auf viel begangenem Weg am ausgeprägten Südgrat mit freier Sicht auf die Bergketten der Lechtaler Alpen entlang, dann in den Wald und linkshaltend in Kehren weiter bergab. Bei der Verzweigung am Kampeleplatz links, übers Grießltal und hinein nach Berwang (1342 m), *1.45 Std.*

Friedberger Klettersteig

33

Schartschrofen, 1968 m
Kurzes Klettersteigvergnügen

K 2

2 ½ Std.

500 m

Routencharakter: Kurzer Klettersteig mit der Schlüsselstelle gleich zu Beginn; lohnend vor allem in Verbindung mit einer Überschreitung der Roten Flüh (⇨ Tour 34). Nur Seilsicherungen.
Ausgangspunkt: Bergstation der Gondelbahn zum Füssener Jöchl (1818 m); Infos über Betriebszeiten Tel.: 05675/63 63.
Gehzeiten: Aufstieg 1.45 Std., Abstieg 45 Min.; gesamt 2.30 Std.
Markierung: Markierte Wege
Landkarte: Bayerisches Landesvermessungsamt 1:50 000 »Füssen«
Highlights: Schlüsselstelle am Friedberger Klettersteig, Aussicht vom Gipfel
Einkehr: An der Bergstation der Gondelbahn
Hinweis: Die Drahtseile an der Gräner Gondelbahn sind nicht nur dicker, sondern auch wesentlich länger als jene am Friedberger Klettersteig. Beides lässt sich gut zu einer hübschen kleinen Gipfelüberschreitung verbinden, die viel Aussicht und ein bisschen Ferrata-Feeling bietet. Ernster wird's erst, wenn man die Tour in Nesselwängle startet und zuerst die Rote Flüh überschreitet (⇨ Tour 34).
Fototipps: Action am Klettersteig, Blick ins Herz der Tannheimer Berge

➔ **Anfahrt** Grän (1138 m) im Tannheimer Tal erreicht man von Reutte über die Gaichtpass-Straße, von Kempten über Pfronten und das Engetal. Mit der Gondelbahn ins *Füssener Jöchl* (1818 m).

➚ **Zustieg** Von der Seilbahn zunächst links um den Läuferspitz herum und mehr oder weniger am Grat über den Hallerschrofen (1933 m), zuletzt absteigend ins *Hallergernjoch* (1851 m). Nun links abwärts gegen das Raintal, dann unter den Felsen hindurch und in einer anhänglichen Gegensteigung hinauf in die *Gelbe Scharte* (ca. 1870 m), *1.15 Std.*

➚ **Friedberger Klettersteig** Die 1974 angelegte Ferrata verläuft über den steilen Südgrat des Schartschrofen. Gleich zum Auftakt muss man an einem kurzen Felsaufschwung kräftig zupacken, dann leiten die Drahtseile in die Westflanke. Über Schrofen in eine steile Rinne und zum Gipfelkreuz, *30 Min.*

➘ **Abstieg** Über den breiten, mit Latschen bewachsenen Nordgrat hinab in das Hallergernjoch (1851 m) und auf dem Hinweg zurück zum Füssener Jöchl, *45 Min.*

Schlüsselstelle des Friedberger Steigs: der erste Felsaufschwung

34 Rote-Flüh-Steig

Rote Flüh, 2108 m
Abwechslungsreiche Überschreitung in den Tannheimern

K 1

5 ½ Std.

1150 m

Routencharakter: Interessante Überschreitung mit viel Felskontakt und ein paar gesicherten Passagen. Wird oft zusammen mit dem ⇨ Friedberger Steig begangen. Bei Nässe teilweise matschige Wege (vor allem Abstieg!), teilweise unangenehm glatt polierte Felsen. Von der Roten Flüh genießt man eine bezaubernde Rundschau, die gleichermaßen Ferne und Tiefe bietet. Bei Vereisung oder Schneelage ist von der Tour dringend abzuraten!
Ausgangspunkt: Nesselwängle (1136 m), kleiner Ferienort im Tannheimer Tal; Bushalt, großer Parkplatz am westlichen Dorfausgang.
Gehzeiten: Gesamt 5.30 Std.; Aufstieg 2.45 Std., Abstieg/Rückweg 2.45 Std.
Markierung: Rot-weiß-rote und rote Markierungen am Weg, dazu auch farbige Dreiecke; an den Verzweigungen Hinweistafeln.
Landkarte: Bayerisches Landesvermessungsamt 1:50 000 »Füssen und Umgebung«
Highlights: Blick von der Roten Flüh zum Gimpel, Kletterstellen am Westgrat
Stützpunkt: Gimpelhaus (1659 m), 🕒 Mai bis 1. November, Tel.: 05675/ 82 51
Einkehr: Gasthaus Adlerhorst (1342 m), 🕒 Sommer
Hinweis: Die Runde lässt sich gut mit einer Besteigung des Gimpel (2173 m) verbinden; der Normalanstieg weist einige Kletterstellen auf (I–II), verlangt Bergerfahrung und einen sicheren Tritt. Markierte Abzweigung im Gimpelkar, etwa 1.30 Std. vom Gimpelhaus.
Fototipps: Der elegante Felsbau des Gimpel ist ein schönes Motiv, ebenso der Schartschrofen vom Westgrat der Roten Flüh aus. Action am Grat, Kletterer in der Südwand des Gimpel (Tele), Tiefblicke auf den Haldensee.

Ein echter Klassiker unter den Touren in den Tannheimer Bergen ist die Überschreitung der *Roten Flüh*: kein richtiger Klettersteig, aber doch an mehreren Stellen gesichert und insgesamt eine sehr abwechslungsreiche Runde mit viel Felsberührung, packenden Aus- und Tiefblicken. Lässt sich sehr gut mit einer Überschreitung des *Schartschrofen* (1968 m) verbinden.

➔ **Anfahrt** Nach Nesselwängle (1136 m) kommt man von Reutte über Weißenbach und den Gaichtpass, von Pfronten über Grän. Großer Parkplatz am Westrand des Ortes.

➚ **Zustieg** Vom Parkplatz kurz aufwärts zu dem breiten Spazierweg und auf ihm rechts flach zur Abzweigung einer Waldstraße. Man verfolgt sie über eine Schleife; rechts mündet der Direktzustieg von Nesselwängle. Nun links (Hinweistafeln) über den Oberwald in steilem Zickzack auf gutem Weg bergan zum großen, schön gelegenen *Gimpelhaus* (1659 m), *1.30 Std.*

34

Rote-Flüh-Überschreitung Hinter der Hütte auf dem oberen Weg halbrechts um die Ausläufer des Hochwiesler herum in das Kar unter dem Gimpel. An der folgenden Verzweigung links und durch eine steinige Mulde (Gämsen) aufwärts, zuletzt über ein paar Kehren in die *Judenscharte* (ca. 1990 m). Schöner Tiefblick ins Raintal; rechts setzt der Gimpel-Südgrat an, eine Genussklette-rei im III. Schwierigkeitsgrad.

Ein bisschen kraxeln muss man auch beim Aufstieg zur *Roten Flüh*. Er leitet aus der Scharte über eine Felsrampe auf das von Schrofen durchsetzte Wiesengelände unter dem Gipfel; ein Fixseil und aus dem Stein geschlagene Stufen helfen über die (bei Nässe gefährlich) glatten Felsen.

Recht spannend der Abstieg vom Gipfel: zunächst im Zickzack (Drahtseile) über einen Schrofenhang, dann südseitig um den ersten Gratturm herum. Über eine fast senkrechte, aber nur kurze Felsstufe helfen solide Eisenbügel. Die Spur leitet zurück zum Grat; weitere Drahtseile sichern den recht luftigen Gang über steilen Abbrüchen. Weiter mit dem Schartschrofen im Vorblick am felsigen Grat abwärts, links um den letzten Zacken herum und hinunter in die *Gelbe Scharte* (ca. 1870 m), *2 Std.*

Leicht, aber sehr reizvoll: die Überschreitung der Roten Flüh

Abstieg Wer die Tour nicht gleich mit der Überschreitung des Schartschrofen (1968 m) fortsetzen will, kann den Gipfel ostseitig umgehen: Abstieg über einen Geröllhang (Spur, rote Punkte), dann links unter den Felsen hinüber zu dem Weg, der aus dem Raintal ins *Hallergernjoch* (1851 m) führt. Jenseits der Scharte erst abwärts, dann nach rechts querend zu einer Verzweigung unter der Läuferspitze. Links zur Gessenwangalpe (1581 m) und im Wald weiter bergab zum *Gasthaus Adlerhorst* (1342 m). Wahlweise auf der Schotterstraße oder auf dem Wanderweg hinunter zu dem breiten Spazierweg, der Haller und Nesselwängle verbindet und linkshaltend zurück zum Parkplatz, *2 Std.*

Ammergauer Alpen, Wetterstein, Mieminger Kette, Karwendel, Rofan, Mangfallgebirge

Wetterstein und Karwendel – zwei klassische nordalpine Kalkgebirge. Und zwei Bergregionen, an denen sich fast die gesamte Entwicklung des alpinen (Kletter-)Steigbaus ablesen lässt, von 1879 an. Damals wurde der Zugspitz-Westweg angelegt; wenig später folgten weitere Steige im Wetterstein, darunter jener durchs Höllental und – vor Ausbruch des Ersten Weltkriegs – der »Jubiläumsgrat«. Älteren Datums sind auch die gesicherten Normalwege auf die Partenkirchner Dreitorspitze und auf den Bettelwurf, jener durch den Lamstunnel auf die Lamsenspitze wurde erst jüngst saniert.

Als das »Klettersteig-Fieber« in den 1970er-Jahren über den Alpenhauptkamm schwappte, entstanden zahlreiche Neuanlagen, oft auch in Zusammenarbeit mit Seilbahnbetreibern: die Alpspitz-Ferrata, der Mittenwalder Klettersteig und der »Innsbrucker« – Genussrouten, die sich noch heute großer Beliebtheit erfreuen. Neue Dimensionen des Klettersteiggehens eröffnete dann der Kaiser-Max-Steig. Jüngster Spross in der Familie der Superferrate –

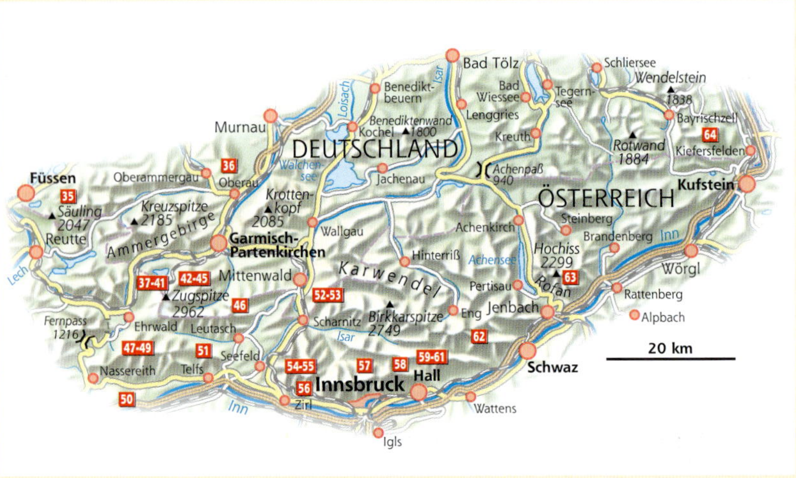

solo per esperti! – ist der Klettersteig Tajakante, wogegen man die Crazy-Eddy-Route im Inntal eher als Kuriosität werten muss, die (persönliche Meinung des Autors) nicht unbedingt Nachahmer braucht.

Auf einen Blick

35	**Gelbe-Wand-Steig**	K 1, 4 Std.
36	**Ettaler-Manndl-Steig**	K 2, 3 ¾ Std.
37	**Zugspitz-Westanstieg**	K 1–2, 5 Std.
38	**Höllentalsteig**	K 3, 7 ½ Std
39	**Riffelschartenweg**	K 1-2, 4 ½ Std.
40	**Jubiläumsgrat**	K 4, 8 ½ Std.
41	**Brunntalgratsteig**	K 1–2
42	**Schöngänge**	K 2
43	**Nordwandsteig**	K 1
44	**Alpspitz-Ferrata und**	K 1
45	**Mathaisenkarsteig**	K 2, 6 ½ Std.
46	**Hermann-von-Barth-Weg**	K 1, 7 ½–9 Std.
47	**Seeben-Klettersteig**	K 5, 3 ¼ Std.
48	**Klettersteig Tajakante**	K 5, 8 ½ Std.
49	**Wankspitz-Klettersteig**	K 3, 5 ½ Std.
50	**Crazy-Eddy-Klettersteig**	K 4/K 5, 1 ½ Std.
51	**Hohe Munde, Westgratsteig**	K 1, 7 ½ Std.
52	**Mittenwalder Klettersteig**	K 1, 6 Std.
53	**Karwendel-Klettersteig**	K 3, 1 Std.
54	**Freiungen-Höhenweg**	K 1, 6 ¾ Std.
55	**Zirler Klettersteig**	K 2, 7 ½ Std.
56	**Kaiser-Max-Klettersteig**	K 4/K 6, 4 Std.
57	**Innsbrucker Klettersteig**	K 3/K 4, 5 ¾ Std.
58	**Pfeiserspitz-Steig**	K 2, 6 ¾ Std.
59	**Bettelwurf-Gratsteig und**	K 4
60	**Großer Bettelwurf, gesicherter Steig**	K 1, 9 Std.
61	**Felix-Kuen-Weg**	K 1, 3 ¾ Std.
62	**Lamstunnel – Lamsenspitze**	K 2, 6 ¾ Std.
63	**Sagzahn-Steig**	K 1, 4 ¼ Std.
64	**Julius-Mayr-Steig**	K 1, 5 Std.

35 Gelbe-Wand-Steig

Tegelberg, 1707 m
Aussichtsbalkon am Alpenrand

Routencharakter: Landschaftlich sehr reizvoller, auf kürzeren Abschnitten gesicherter Anstieg durch die Nordflanke des Tegelbergs; besonders lohnend in Verbindung mit dem Abstieg zum Schloss Neuschwanstein.
Ausgangspunkt: Talstation der Tegelberg-Seilbahn (820 m); Bus ab Füssen.
Gehzeiten: Aufstieg 2.30 Std., Abstieg 1.30 Std.; gesamt 4 Std. Geht man weiter zum Branderschrofen (1879 m), erhöht sich die Gehzeit um 45 Min.
Markierung: Ordentlich markierte Wege
Landkarte: Bayerisches Landesvermessungsamt 1:50 000 »Füssen und Umgebung«
Highlights: Der eindrucksvolle Felsabbruch der Gelben Wand, Aussicht ins flache Land, Tiefblick auf Schloss Neuschwanstein.
Hinweis: Natürlich kann man auch mit der Seilbahn zurück ins Tal schweben.
Stützpunkt: Tegelberghaus (1707 m), ganzjährig, Tel.: 08362/89 80
Fototipps: Blick aus der Gelben Wand ins Tal, evtl. mit Seilbahn, Felskulisse, Motive am Westgrat, dann vor allem der Tiefblick auf Neuschwanstein.

Seiner Alpenrandlage verdankt der *Tegelberg* die stimmungsvolle, an Gegensätzen reiche Aussicht hoch über der Ostallgäuer Seenplatte, der Seilbahn einen regen Besuch. Und manche von denen, die sich am dicken Drahtseil auf den Berg tragen lassen, nehmen auch gleich einen »luftigen« Rückweg: die Drachenflieger. Angesichts der ins Leere springenden Ikarusse fühlt sich der Wanderer doppelt erdverbunden; er kommt hier auch leicht ohne Seilbahnbenützung aus. Denn nach dem spannenden Anstieg über den Gelbe-Wand-Steig hält auch der Abstieg noch ein echtes Highlight bereit: den einmaligen Tiefblick auf das Märchenschloss des unglücklichen Königs Ludwig II.

➔ **Anfahrt** Die Talstation der Tegelbergbahn liegt wenige Kilometer östlich von Füssen bei *Schwangau* (796 m); großer Parkplatz.

↑ **Gelbe-Wand-Steig** Links neben der Sommerrodelbahn auf einer Sandstraße ins Tälchen des Rautbachs, an der Weggabelung rechts und (nur kurz) mit der Skipiste aufwärts, dann wieder auf dem Fahrweg, bis eine Tafel zum Gelbe-Wand-Steig weist. Über den Bach und in Kehren bergan gegen den Fuß des felsigen Torkopfs (1525 m). Links weiter ansteigend in einen Graben, der unter dem Gelben Wandschrofen (1563 m) herabzieht. Man quert ihn und steigt mit Kettenhilfe über leichte Felsen an. Weiter im Zickzack aufwärts und in einen Seitenast des Grabens (Ketten). Oberhalb eines Felszackens aus dem Steilgelände zu einer Weg-

gabelung. Hier links und zuletzt auf der breiten Skipiste zum *Tegelberghaus*.

↑ Branderschrofen Am Kamm entlang in felsiges Gelände, zuletzt (Tafel »Nur für Geübte«) mit Drahtseilhilfe zum Gipfel (1879 m), *30 Min*.

↘ Abstieg Vom Tegelberghaus zurück zur erwähnten Verzweigung, hier geradeaus, hinter dem Torkopf durch und in vielen Kehren am Westrücken des Tegelberges abwärts, zuletzt mit faszinierenden Tiefblicken auf *Neuschwanstein*. Oberhalb des *Pöllatfalls* über die Marienbrücke, dann auf der Straße zum Schloss. Kurz vorher rechts hinab in die Pöllatschlucht und auf kühn angelegtem Steig über den stiebenden Wassern zu ihrer Mündung. Auf schattigen Wegen zurück zur Talstation der Tegelbergbahn.

↘ Variante Man kann vom Tegelberghaus auch direkt an dem mit einigen bizarren Türmen besetzten Westgrat absteigen; gute Spur, zuletzt eine leichte Kletterstelle (kurzer Kamin, I–II). Unterhalb des Tegelbergkopfs (1567 m) stößt man wieder auf den viel begangenen Normalweg.

Ein Klettersteigmotiv? Nein, aber Blickfang beim Abstieg vom Tegelberg: Neuschwanstein

36 Ettaler-Manndl-Steig

Ettaler Manndl, 1633 m
Felszacken am Laberberg

Routencharakter: Kurzer, mit Ketten gesicherter Anstieg über die schon ziemlich abgetretenen Felsen. Selbstsicherung nur für Anfänger.
Ausgangspunkt: Ettal (877 m); kleiner Wanderparkplatz oberhalb vom Kloster an dem Sträßchen in den Tiefentalgraben.
Gehzeiten: Aufstieg 2.15 Std., Abstieg 1.30 Std.; gesamt 3.45 Std.
Markierung: Ordentlich bezeichnete Wege
Landkarte: Bayerisches Landesvermessungsamt 1:50 000 »Werdenfelser Land«
Highlights: Kletterei an dem steilen Fels, Aussicht
Einkehr: Nur in Ettal
Fototipps: Hübsche Actionmotive am Klettersteig

Beim Stichwort »Ettal« denken die meisten zunächst einmal an das berühmte Kloster, ist es doch ein Kulturdenkmal von überregionaler Bedeutung. Im Jahr 1330 von Kaiser Ludwig dem Bayer gegründet, erlebte es eine sehr wechselhafte Geschichte. Einmalig ist die Architektur der Kirche, ursprünglich ein hochgotischer Zentralbau über einem zwölfeckigen Grundriss, der beim Umbau im 18. Jahrhundert erhalten blieb, aber neu die riesige Kuppel erhielt. Ihre Laterne schwebt in rund 50 Metern Höhe.

Ungefähr so hoch dürfte auch der felsige Gipfelzacken des *Ettaler Manndls* sein, und wer die von Oberammergau ausgehende Seilbahn zum Laberberg nimmt, ist schon fast oben, ehe er den ersten Schritt getan hat …

Tipp

Noch ein Mini-Klettersteig
Auch das alpine Wahrzeichen von Oberammergau, der Kofel (1342 m), hat einen gesicherten Anstieg, 1.30 Std. vom Wanderparkplatz am Fuß des Döttenbühls. Wegzeiger »Pürschlinghaus, Kofel«. Leicht, auch mit Kindern möglich; vom Gipfel packender Tiefblick auf Oberammergau.

➔ **Anfahrt** Ettal (877 m) erreicht man von Oberammergau bzw. Oberau über die B 23.

↗ **Zustieg** Auf der Sandstraße in den bewaldeten Tiefentalgraben, von ihrem Endpunkt (Hinweis) einem guten Weg folgend weiter bergan zum Tiefentalsattel. Nun links im Zickzack aufwärts gegen die Manndlköpfe. Hier mündet der Zugang von der Seilbahn (ca. 20 Min.). Rechts unter den Felsen zum Einstieg (ca. 1585 m), *2 Std.*

↑ **Klettersteig** Über gestufte Felsen in eine winzige Scharte, dann links mit Kettenhilfe an der steilen Felsflanke aufwärts zu einem recht luftigen Eck und gerade weiter zum Vorgipfel, dem Ettaler Weibl. Kurz hinab und ohne Sicherungen zum Gipfelkreuz, *15 Min.*

↘ **Abstieg** Auf dem Anstiegweg, *1.30 Std.*

Zugspitz-Westanstieg

37

Zugspitze, 2962 m
Der älteste Klettersteig im Wetterstein

K 1–2
5 Std.
1740 m

Routencharakter: Langer Anstieg in großer Kulisse, gesicherte Passagen leicht. Lässt sich mit den anderen Zugspitz-Wegen kombinieren – sofern man nicht gleich mit der Seilbahn talwärts schwebt …
Ausgangspunkt: Talstation der Tiroler Zugspitzbahn (1228 m)
Gehzeiten: Zustieg 2.45 Std., Westweg 2.15 Std.
Markierung: Ordentlich bezeichnete Wege
Landkarte: Bayerisches Landesvermessungsamt 1:25 000, Blatt 8531/8631 »Zugspitze«; 1:50 000 »Werdenfelser Land«
Highlights: »Stopselzieher«, Felskulisse des Österreichischen Schneekars, Gipfelpanorama
Stützpunkte: Wiener-Neustädter-Hütte (2213 m), 🕒 Juli bis September, Tel.: 0676/477 09 25; Münchner Haus (2959 m), 🕒 Mitte Juni bis Mitte Oktober, Tel.: 08821/29 01
Fototipps: Gämsen (Tele), hübsche Actionmotive im »Stopselzieher«, Tiefblicke auf den Eibsee, Gewusel auf der Zugspitze.

Der älteste Klettersteig an der Zugspitze ist kein Bayer, sondern ein Tiroler: Bereits 1879 wurde der Anstieg durch das *Österreichische Schneekar* gesichert, eine wenig schwierige, landschaftlich aber sehr eindrucksvolle Route mit dem »Stopselzieher« als originellster Passage. Die Tiroler Route ist kürzer als jene durch das Höllental, mit fast 1800 Höhenmetern aber immer noch ein ordentliches Pensum. Für den Abstieg bietet sich dann die große *Ehrwalder Seilbahn* als gelenkschonende Variante an; in gerade zehn Minuten schwebt man hinunter zur Talstation.

Erheblich länger ist man als Fußgänger unterwegs, wobei die Spannung bis zuletzt erhalten bleibt. Am Start wirkt der Berg über-

Deutschlands größter, höchster Berg: die Zugspitze

37

wältigend in seiner Masse – und das bleibt er, auch wenn der Gipfel allmählich näher kommt. Dafür versinkt während des langen Aufstiegs der Horizont mehr und mehr, die Berge am Alpenrand verlieren zunehmend an Statur. Und oben gibt es dann gar keinen Zweifel mehr, wer hier der »Größte« ist, auch wenn der *Zugspitze* ein paar Meter zum Deitausender fehlen ...

➔ **Anfahrt** Nach Ehrwald (994 m) kommt man sowohl mit der Bahn als auch auf guten Straßen von Reutte bzw. Garmisch-Partenkirchen. Unmittelbar beim Bahnviadukt am nördlichen Ortsrand zweigt die Zufahrt zur Talstation der *Tiroler Zugspitzbahn* (1228 m) ab.

➚ **Zustieg** Ein Wegzeiger bei der Station gibt die Richtung an: auf der begrünten Skipistenschneise in südöstlicher Richtung bergan, bis man auf den von Ehrwald heraufkommenden »Georg-Jäger-Weg« stößt. Mit ihm in Kehren durch das Gamskar (das seinen Namen wirklich verdient) aufwärts, zuletzt links gegen den markanten Grat, der die Geröllmulde nördlich begrenzt. Hier mündet der alternative Zustieg vom *Eibsee* (973 m). Beim Weiterweg, der einige Rinnen (Drahtseile) auf der Nordseite des felsigen Kamms quert, hat man das von Wald umsäumte Gewässer ständig im Blick. Am Rand des Österreichischen Schneekars steht die *Wiener-Neustädter-Hütte* (2213 m), *2.45 Std.*

Tipp

Schneefernerkopf, 2874 m
Auch der Schneefernerkopf lässt sich auf einem gesicherten Weg besteigen, etwa 1 Std. vom Schneefernerhaus (2656 m) bzw. von der Endstation der Zahnradbahn. Die nur kurze Route verläuft, von der Schneefernerscharte (2699 m) ausgehend, über den Nordgrat des massigen Gipfels.

↑ **Zugspitz-Westweg** Eine Pfadspur leitet quer über das Kar zum Einstieg des Westweges (ca. 2350 m). Die reichlich mit Eisen bestückte Route folgt einer markanten, rechts aufwärts führenden Verschneidung. Originellste Passage ist der »Stopselzieher«, ein natürlicher Tunnel, den man durchsteigt. Weiter steil, aber gut gesichert in leichteres Gelände. Mit Drahtseilsicherungen hinauf zum Grat, der bei der Bergstation der alten österreichischen Zugspitzbahn gewonnen ist (ca. 2820 m). Nun am Kamm ohne Schwierigkeit (aber trotzdem noch mit Sicherungen) zum total verbauten Gipfel der *Zugspitze, 2.15 Std.*

➘ **Abstieg** Wer nicht gleich am dicken Drahtseil der Seilbahn »absteigt«, kann auch einen der anderen Zugspitzwege nehmen, z. B. jenen über das Zugspitzplatt und das Gatterl zur *Ehrwalder Alm* (1502 m; Gondelbahn von Ehrwald), *3.30 Std.*

Höllentalsteig

38

Zugspitze, 2962 m
Ein Klassiker

K 3

7 ½ Std.

2200 m

Routencharakter: Nicht zu unterschätzender Anstieg, gute Kondition und Bergerfahrung unerlässlich. Klettersteigpassagen nur mäßig schwierig, Verhältnisse am Höllentalferner stark variierend. Mitnahme von Steigeisen bzw. Grödeln und Teleskopstöcken auf jeden Fall ratsam.
Bei Gewitterneigung nimmt man besser Abstand von der Tour, da (von Westen) aufziehende Gewitter im Felskessel des innersten Höllentals nicht auszumachen sind.
Ausgangspunkt: Hammersbach (758 m), Dörfchen am Eingang ins Höllental
Gehzeiten: Hammersbach – Höllentalangerhütte 2.30 Std., Höllentalangerhütte – Zugspitze 5 Std.; gesamt 7.30 Std.
Markierung: Gut bezeichnete Wege, Route nicht zu verfehlen
Landkarte: Bayerisches Landesvermessungsamt 1:50 000 »Werdenfelser Land«
Highlights: Großartige, sehr abwechslungsreiche Tour: Höllentalklamm, Idylle am Höllentalanger, luftige Klettersteigpassagen am »Brett«, Gletscherüberschreitung, finaler Felsgang – und absoluter Szenenwechsel zum Schluss.
Stützpunkte: Höllentalangerhütte (1387 m), 🕒 Mitte Mai bis Anfang Oktober, Tel.: 08821/88 11; Münchner Haus (2959 m), 🕒 Mitte Juni bis Mitte Oktober, Tel.: 08821/29 01
Fototipps: Siehe Highlights. Für gute Bilder in der Höllentalklamm braucht's ein Blitzgerät, bei frühem Start Schatten bis zum Höllentalanger.

»Aus dem Höllental auf die Zugspitze, 5 Std. von der Höllental-Hütte; der anregendste unter den drei üblichen Zugspitzwegen, für geübte Bergsteiger bei günstigen Schneeverhältnissen ohne Schwierigkeit, Zufalls- und Gelegenheitsbergsteigern dringend zu widerraten. Von der Höllental-Hütte den Weg zur Riffelscharte empor. Nach ½ Std. Wegteilung (Wegtafel); nach links, dann empor zu den Abstürzen des »Bretts«. Auf Eisenklammern über eine Platte, dann nach li. aufwärts, die Wände des Bretts (Drahtseile und Stifte) querend und empor zum Höllentalkar. Nun über dieses, immer ziemlich nahe der NW-Umrandung, dann auf die linksseitige Moräne des Höllentalferners und, eine steile Geröllhalde überschreitend, zum Gletscher. Zuerst mehr in der Mitte, nachher an der SO-Seite des Gletschers vorrückend, überquert man dort, wo er stärker zu steigen beginnt (2 ½ bis 3 Std.), die Randkluft an der Stelle, wo oberhalb des Eisbruchs eine kleine Schneezunge etwas an die Felsen heranreicht (Randkluft manchmal ungünstig!). Jenseits der Randkluft rechts steil empor über gut gangbare Felsen und eine jähe Platte (Eisenklammern), dann im allgemeinen links haltend immer den Sicherungen nach auf den

38

vom Ostgipfel herabziehenden Grat (1 Std.), der bei der Irmerscharte (2660 m) erreicht wird. Von hier scharf links gegen den zu den Höllentalspitzen ziehenden Grat und in der gegen das Höllental abfallenden Flanke zum Schluss meistens über Schnee auf den O-Gipfel (1 Std.). Von ihm auf gut versichertem Steig über den Grat zum W-Gipfel mit dem Münchner Haus.«
So stand es vor bald acht Jahrzehnten im »Hochtourist«. Seitdem hat sich vieles verändert an der *Zugspitze* – nur der Weg nicht. Der Höllentalferner ist ziemlich geschrumpft, dafür sind die Bauten an Deutschlands höchster Stadt, pardon: höchstem Gipfel immer mehr geworden. Trotzdem ist die Tour nach wie vor ein Hit, natürlich auch sehr beliebt, und – Hand aufs Herz – wer schwebt nach den 2200 Höhenmetern nicht ganz gerne am dicken Drahtseil hinunter ins Tal?

Schlussanstieg an der Höllental-Route

➔ **Anfahrt** Von Garmisch-Partenkirchen nach Hammersbach (758 m), auch mit der Zugspitzbahn.

➚ **Zustieg** Auf breitem Weg taleinwärts, dann durch die wildromantische Höllentalklamm (Gebühr) und weiter steigend zur Höllentalangerhütte (1387 m), *2.30 Std.*

↑ **Höllentalsteig** Auf dem markierten Pfad taleinwärts und in ein paar Kehren hinauf zur Abzweigung des ⇨ Rifelwegs. Links zur »Leiter«, einer Serie von Eisenklammern, dann luftig, aber solide gesichert quer übers »Brett« und hinauf zu den »Grünen Buckeln«. Im Höllentalkar aufwärts, zuletzt über Geröll und Moränenschutt zum arg geschrumpften *Höllentalferner*. Der Spur folgend über ihn aufwärts (evtl. Steigeisen vorteilhaft) und rechts zur Randkluft (neues Drahtseil). Gut gesichert auf eine Geröllterrasse, dann links weiter steigend zur *Irmerscharte* (Tiefblick auf den Eibsee) und zum Jubiläumsgrat. Zuletzt rechts zum Gipfelkreuz, *5 Std.*

Riffelschartenweg

Riffelscharte, 2163 m
Einstieg von oben

39

Routencharakter: Wenig schwieriger Übergang vom Eibsee ins innere Höllental. Große Kulisse, Selbstsicherung nicht notwendig.
Ausgangspunkt: Station Riffelriß (1640 m) der Zugspitzbahn; Infos über Betriebszeiten Tel.: 08821/180 700
Gehzeiten: Aufstieg 1.30 Std., Abstieg 3 Std.
Markierung: Ordentlich markierte Bergwege
Landkarte: Bayerisches Landesvermessungsamt 1:50 000 »Werdenfelser Land«
Highlights: Tiefblicke auf den Eibsee, Felsumrahmung des inneren Höllentals, Höllentalklamm
Stützpunkt: Höllentalangerhütte (1387 m), 🕒 Mitte Mai bis Anfang Oktober, Tel.: 08821/88 11
Fototipps: Das Wettersteinmassiv bietet viele schöne Bergmotive; Tiefblicke auf den Eibsee, Höllentalklamm (Blitz).

K 1–2
4 ½ Std.
520 m/ 1400 m

Als alternativer Ausgangspunkt für eine Zugspitzbesteigung durchs Höllental bietet sich die Zwischenstation *Riffelriß* (1640 m) der Zugspitzbahn an: Einstieg von oben, dafür ein zweiter gesicherter Steig und 1850 statt 2200 Anstiegsmeter. Das ist immer noch ein ordentliches Tagespensum; weniger anstrengend ist die Überschreitung der Scharte, wenn man sie mit der Talwanderung nach Hammersbach verbindet.

➔ **Anfahrt** Von Garmisch-Partenkirchen (707 m) via Eibsee mit der Zugspitzbahn bis zur Station *Riffelriß* (1640 m).

➚ **Zustieg** Von der Bahnstation auf gutem Weglein im Zickzack hinauf gegen die Nordwestabstürze der Riffelwandspitzen (2626 m), dann links zum Felsfuß und sehr mühsam in lockerem Geröll zur Mündung einer Schlucht.

↑ **Riffelscharte, gesicherter Steig** Man quert sie (im Frühsommer oft Altschnee) und folgt den Seilsicherungen. Sie leiten über gestufte, harmlose Felsen bergan, dann nach links auf ein Band, das unter dem Riffeltorkopf (2230 m) auf eine Wiese ausläuft. Tolle Tiefblicke zum Eibsee; über dem Höllental der ⇨ Jubiläumsgrat, links flankiert von Hochblassen und ⇨ Alpspitze. Kurz abwärts in die *Riffelscharte* (2163 m), *1.30 Std.*

➘ **Abstieg** In einigen Kehren hinunter ins Riffelkar, dann unter den Felsen der Riffelspitzen (2262 m) linkshaltend zu einer Steilstufe (Drahtseile) und rechts zum ⇨ Höllentalsteig. Auf ihm zur *Höllentalangerhütte* (1387 m) und durch die wilde Höllentalklamm (Eintritt) hinaus nach *Hammersbach* (758 m), *3 Std.*

40 Jubiläumsgrat
41 Brunntalgratsteig

Höllentalspitzen, 2742 m
Ein Klassiker – aber mehr als ein Klettersteig!

K 4
K 1–2

km 8 ½ Std.

650 m

Routencharakter: Sehr lange und anspruchsvolle Gratüberschreitung, nur für gute Bergsteiger mit Topkondition und Klettererfahrung. Stellen im Schwierigkeitsgrad I und II, kurz auch III-, viel Schrofen und Geröll, dazu gesicherte Passagen. Darf nur bei sicherer Wetterlage begangen werden, in keinem Fall etwa, wenn Gewitterneigung besteht! Einziger (gesicherter) Zwischenabstieg an der Inneren Höllentalspitze.
Ausgangspunkt: Bergstation der großen Zugspitz-Seilbahn, Talstation Eibsee; Infos über Betriebszeiten Tel.: 08821/18 07 00
Endpunkt: Bergstation der Alpspitz-Seilbahn am Osterfelderkopf (2033 m)
Gehzeiten: Jubiläumsgrat 6.30 Std., Abstieg via Alpspitze 2 Std.; gesamt 8.30 Std.
Markierung: Steinmännchen, Eisenteile
Landkarte: Bayerisches Landesvermessungsamt 1:50 000 »Werdenfelser Land«
Highlights: Der »Jubigrat«!
Stützpunkte: Münchner Haus (2959 m), 🕒 Mitte Juni bis Mitte Oktober, Tel.: 08821/29 01; Knorrhütte (2051 m), 🕒 Mitte Mai bis Ende September, Tel.: 08821/29 05; Höllentalgrathütte (2684 m), Notunterkunft für max. 8 Personen, stets zugänglich.
Fototipps: Jede Menge Motive am Grat, mit oder ohne Bergsteiger

Um es gleich vorweg zu nehmen: der Jubiläumsgrat, diese Traumroute im Wettersteinmassiv, ist auch Klettersteig, aber noch viel mehr. Und sie verlangt auch viel mehr, einen ebenso erfahrenen wie ausdauernden Bergsteiger, der dem Kräfte raubenden Auf und Ab an dem fast fünf Kilometer langen, schroffen Grat zwischen der *Zugspitze* und dem *Hochblassen* gewachsen ist, der sich auch in ungesichertem Felsgelände zu bewegen weiß. Denn ein Weg ist diese Route keineswegs, auch wenn die anspruchsvolleren Kletterstellen gesichert sind, die letzten 1986. Kletterpassagen (I, II, kurz III-) gibt es immer noch, nicht wenige dazu, und die Länge der Tour geht an die Substanz, was sich auch auf die Konzentration auswirkt.

Ganz wichtig am *Jubiläumsgrat* ist sicheres Wetter, bei drohendem Gewitter, an einem »eisenhaltigen« Grat besonders gefährlich, steigt man über den *Brunntalgrat* (einziger Fluchtweg!) zur Knorrhütte ab. Im Notfall bietet die *Höllentalgrathütte* eine sichere Zuflucht.

Für die gesamte Überschreitung von West nach Ost mit Abstieg von der Alpspitze zur Seilbahn am Osterfelderkopf muss man mit

40
41

einer Gehzeit von etwa neun Stunden rechnen. Also in jedem Fall mit der ersten Bahn hinauf zur Zugspitze oder noch besser: gleich im Münchner Haus übernachten, Sonnenuntergang und -aufgang inklusive.

Bei gutem Wetter bietet die Überschreitung des Jubiläumsgrates ein unvergessliches Erlebnis; trotz der Länge kommt kaum Langeweile auf, dafür sorgen auch immer wieder gesicherte Passagen, teilweise recht ausgesetzt, dann die Aus- und Tiefblicke, hinab ins Höllental, hinein in die Alpen und hinaus ins flache Land. Mit etwas Glück ist draußen im Norden sogar der glitzernde Spiegel des Starnberger Sees auszumachen.

➔ Anfahrt Von Garmisch-Partenkirchen (707 m) mit der Zugspitzbahn zum Eibsee, dann am dicken Drahtseil der Seilbahn zur *Zugspitze* (2962 m).

↑ Jubiläumsgrat Von der Zugspitz-Gipfelcity mit Drahtseilhilfe zum kreuzgeschmückten Ostgipfel (2962 m). Auf trassiertem Weg an dem zahmen Kamm entlang, vorbei an der Einmündung des ⇨ Höllentalsteigs. Nach und nach wird der Grat schmaler, ein erster Abbruch südseitig umgangen. Nach kurzem Gegenanstieg weiter recht luftig an der Gratschneide, dabei nur allmählich Höhe verlierend, dann rechts über eine steile, aber gut gesicherte Platte abwärts, anschließend horizontal querend zurück zum Kamm (ca. 2610 m). Ein Gratturm wird überstiegen (Fixseile); an der folgenden Scharte beginnt der Anstieg zur *Inneren Höllentalspitze* (2741 m): Querung nach rechts, dann über

Ein Klassiker im Wetterstein: der Jubiläumsgrat

40
41

eine Felsrampe unter einen Überhang und in einer Verschneidung aufwärts. Über Felsstufen und eine steile Rampe gewinnt man den Gipfel.

Am Kamm entlang über die *Mittlere Höllentalspitze* (2742 m) zur *Äußeren Höllentalspitze* (2720 m), mit mehreren gesicherten Passagen, so einem fast senkrechten Aufschwung hinter der Inneren Höllentalspitze und einem Turm vor der Mittleren Höllentalspitze, den man mittels Eisenhaken und Klammern »bezwingt«. Zwischen der Inneren und der Mittleren Spitze mündet rechts der gesicherte Zustieg von der Knorrhütte herauf – bei Schlechtwetter der einzige Rückzugsweg von dem exponierten Grat (Gewitter!). Knapp unterhalb der Äußeren Höllentalspitze steht die Höllentalgrathütte.

Hinter der Gratkuppe folgt ein Steilabstieg; von Drahtseilen geleitet und gesichert, turnt man über die griffigen Felsen hinab in eine Scharte. Der folgende Turm wird rechts umgangen, über einen weiteren helfen Drahtseile und Eisenbügel hinweg, ebenso zur *Vollkarspitze* (2618 m; hier neue Sicherungen nach einem Felsausbruch, schwierig!). Allmählich wird der Grat nun etwas »zahmer«, kleinere Felsstufen wechseln ab mit Gehgelände. In einem winzigen Schartl zweigt rechts (Tafel) der Normalweg zum Hochblassen (2707 m) ab. Links über Geröll und Schrofen abwärts (Drahtseile, Stifte), dann am Felsfuß entlang und durch eine Steilrinne hinauf in die Falsche Grieskarscharte (ca. 2650 m). Zuletzt über Geröll und Schnee bergab in die (richtige) Grieskarscharte (2463 m), *6.30 Std.*

↘ **Abstieg** Über den teilweise gesicherten Südwestgrat der *Alpspitze* (2628 m) bis knapp unter den Gipfel, dann links in die Westflanke und auf einem Band (Drahtseil) zur ⇨ Alpspitz-Ferrata. Mit ihr hinunter zur Bergstation der *Alpspitz-Seilbahn* (2033 m), *2 Std.*

↘ **Brunntalgratsteig** Er verbindet die Knorrhütte (2051 m) mit dem Jubiläumsgrat, bietet die Möglichkeit eines Zu- bzw. (Not-) Abstiegs im Bereich der Inneren Höllentalspitze. Vom Schutzhaus über Geröll zum Felsfuß, dann durch eine Rinne und über Schrofen zum Grat. An ihm weiter bergan bis zu einem Überstieg ins innerste Gamskar. Östlich unterhalb der Inneren Höllentalspitze stößt man auf den großen Gratsteig, *2 Std.*

Mehr anspruchsvolle Bergtour als »nur« Klettersteig ist der Jubiläumsgrat. Blick ins Loisachtal.

42 Schöngänge
43 Nordwandsteig
44 Alpspitz-Ferrata
45 Mathaisenkarsteig

Alpspitze, 2628 m
Alpines Wahrzeichen des Werdenfelser Landes

K 2
K 1

4 – 7 ½ Std.

600–1000 m/
600–1870 m

Routencharakter: Wenig schwierige, ausreichend bis üppig gesicherte Steige, die sich zu genussvollen Überschreitungen verbinden lassen. Der Abstieg ins Mathaisenkar ist etwas anspruchsvoller, auch weniger aufwändig mit Eisen ausgestattet. Bei Nebel kann die Orientierung am Ostgrat oder am Abstieg durch das Mathaisenkar problematisch sein.
Ausgangspunkt: Bergstation der Alpspitz-Seilbahn (Osterfelder, 2033 m) oder Bergstation der Kreuzeck-Seilbahn (1650 m); Infos über Betriebszeiten Tel.: 08821/180 700
Gehzeit: 4 bis 7.30 Std., je nach Routenwahl
Markierung: Alpspitz-Ferrata, Nordwandsteig und Schöngänge bestens ausgeschildert und nicht zu verfehlen; Wege über den Ostgrat und durch das Mathaisenkar teilweise mangelhaft bezeichnet.
Landkarte: Bayerisches Landesvermessungsamt 1:25 000, Blatt 8532/8632 »Garmisch-Partenkirchen«
Highlights: Klammerreihen an der Alpspitz-Ferrata, Tiefblicke auf Garmisch, Gipfelpanorama, Mathaisenkar, Höllentalklamm
Einkehr: Hochalm (1703 m)
Fototipps: Action auf der Alpspitz-Ferrata mit viel Eisen, Aus- und Tiefblicke von den verschiedenen Anstiegen

Die *Alpspitze*, keine Frage, ist ein Modellberg, besonders schön anzuschauen von Garmisch aus. Bei der Anfahrt von Norden, aus dem Alpenvorland, duckt sie sich zunächst vor dem breiten Kamm des Hochblassen; erst nach und nach gewinnt sie an Statur, zeigt sie sich als elegantes, auf einen neckischen Spitz zulaufendes Felsdreieck. Und mittendrin, das »Herzl«, ein Schneefleck, der sich tapfer gegen die Klimaveränderung stemmt – auf längere Sicht aber wohl erfolglos.

Die Alpspitze ist kein Ziel für jene, die es nach Bergesruh' verlangt; zu nahe kommt die Seilbahn dem Berg, und zum Gipfel führen dann gleich mehrere Wege. Lohnend ist eine Überschreitung des Gipfels aber allemal, etwa in der Kombination Alpspitz-Ferrata und Mathaisenkarsteig. Der leichteste Anstieg führt über den Nordwandsteig, das Oberkar und den markanten Ostgrat. Insgesamt sind die Alpspitz-Wege ideal für Klettersteig-Anfänger; viel begangen und üppig gesichert, vor allem natürlich die Ferrata. Da haben die Erbauer wohl des Guten zu viel getan; fast scheint

Üppig gesichert: die Alpspitz-Ferrata

es, als hätten sie sich zum Ziel gesetzt, BegeherInnen vom Fels fern zu halten ... Ganz anders der Steig durchs *Mathaisenkar*, nur sparsam gesichert, auch um einiges anspruchsvoller. Er wird meistens im Abstieg begangen, denn wer unten in Hammersbach startet, hat über 1800 Höhenmeter vor sich, dreimal mehr als vom Osterfelderkopf.

➔ **Anfahrt** In Garmisch-Partenkirchen (707 m) zu den Talstationen der Kreuzeck- und der Alpspitz-Seilbahn; Bergstationen am Kreuzeck (1650 m) bzw. am Osterfelderkopf (2033 m).

↗ **Zustieg** Vom Kreuzeck auf einer Sandstraße erst leicht abwärts, dann ansteigend zur Hochalm (1703 m) und weiter über einen kleinen Sattel bei den Aschenköpfen in das Kar unter den Bernadeinwänden.

↑ **Schöngänge** Von der breiten Fahrspur links ab (Tafel) und im Geröll zum Wandfuß. Mit Drahtseilsicherung über gestufte, teilweise mit Geröll bedeckte Felsen rechtshaltend bergan zum Ansatzpunkt einer markanten Verschneidung. Sie leitet steil hinauf

42 43 44 45

zu dem grünen Sattel (ca. 2120 m) westlich des Bernadeinkopfs (2143 m). Wenig höher mündet der Nordwandsteig, *2 Std.* ab *Kreuzeck*, bis zum Gipfel *3.30 Std.*

↑ **Nordwandsteig – Ostgrat** Der 1975 angelegte Weg quert die steile Nordwand der Alpspitze. Von der Bergstation der Alpspitz-Seilbahn ohne nennenswerten Höhengewinn zum Felsfuß, vorbei an der Abzweigung der Alpspitz-Ferrata. Nun auf trassiertem Steig (zwei Tunnels) quer durch die Felsflucht, zuletzt über eine gut gesicherte Steilstufe hinauf zur Mündung des *Oberkars*. Durch das Kar zur so genannten »Schulter« (2237 m) und über den teilweise felsigen, zuletzt mit reichlich Geröll garnierten Ostgrat (einige Sicherungen) zum Gipfel, *2.30 Std.*

↑ **Alpspitz-Ferrata** Von der Bergstation der *Alpspitz-Seilbahn* (2033 m) auf dem Nordwandsteig zur Abzweigung des Klettersteigs (Tafeln). Drahtseile, Haken und Eisenbügel geben die Route eindeutig vor: über ein paar Felsstufen zum Grat, den man an der »Stoarösl-Scharte« (für Nicht-Bayern: Steinröschenscharte) gewinnt. Hier öffnet sich ein faszinierender Blick ins Höllental und hinauf bis zur Zugspitze; gegenüber ragt der Zackengrat des Waxensteins (2276 m) in den Himmel.

Nebelziehen, Tiefblick: an der Alpspitze

Mehr Wanderweg als Ferrata: der Nord-wand-Steig an der Alpspitze

Die Alpspitz-Ferrata folgt nun dem Nordgrat, erst über ein paar leichte Felsstufen, dann zunehmend steiler an einem Plattenschuss bis unter den Gipfelaufbau. Hier rechts auf das breite Band, das durch die Westflanke zum Südgrat läuft (Abkürzung zur Grieskarscharte), und durch eine Rinne zum höchsten Punkt, *2.30 Std.*

➘ **Mathaisenkarsteig** Von der Alpspitze steigt man zunächst über den mit Drahtseilen gesicherten Südwestgrat ab gegen die *Grieskarscharte* (2463 m). Knapp vor dem Sattel weist eine Tafel rechts ins Mathaisenkar. Durch eine Rinne und über schräge Platten (Drahtseile) auf einen felsigen Rücken und an ihm weiter bergab, am Anfang noch mit Sicherungen. An der 2000-Meter-Marke links und über gestufte Felsen hinunter ins *Mathaisenkar*. Wegspuren und einigen Markierungen folgend auf die linke Seite des Grabens und unter Felsen hindurch zu einer markanten Kuppe über dem Höllental. Hier stößt man auf ein deutliches Weglein, das in ein paar Kehren im lichten Wald hinabzieht zur *Höllentalangerhütte* (1387 m), *2.30 Std.*

➘ **Abstieg** Auf viel begangenem Weg durch die grandiose Höllentalklamm hinaus nach Hammersbach (758 m), *1.30 Std.*

46 Hermann-von-Barth-Weg

Partenkirchner Dreitorspitze, 2633 m
Weiter Weg zum großen Gipfel

K 1

7.30–9 Std.

1550–1630 m

Routencharakter: Lange, landschaftlich sehr eindrucksvolle Tour mit kurzem, gesichertem Finale. Selbstsicherung nur für weniger Geübte, Übernachtung im Schachenhaus oder in der Meilerhütte empfehlenswert.
Ausgangspunkte: Elmau (1008 m) auf bayrischer Seite, Raindlau (1077 m) auf Tiroler Seite. Kleiner Wanderparkplatz beim Hotel Hubertus.
Gehzeiten: Aufstiege 4.30–5.30 Std., Abstiege 3–3.30 Std.; gesamt 7.30–9 Std.
Markierung: Ordentlich bezeichnete Wege. Bei Nebel ist die Orientierung auf dem Leutascher Platt problematisch.
Landkarte: Bayerisches Landesvermessungsamt 1:50 000 »Werdenfelser Land«
Highlights: Bergkulisse bei beiden Anstiegsvarianten, Raintal, Schachen, Meilerhütte, Gipfelpanorama
Stützpunkte: Meilerhütte (2372 m), ◷ Mitte Juni bis Anfang Oktober, Tel.: 0171/522 78 97; Schachenhaus (1866 m), ◷ Pfingsten bis Mitte Oktober, Tel.: 0172/876 88 68.
Fototipps: Viele packende Motive, vor allem im Bereich des Schachen und der Meilerhütte sowie am Leutascher Platt; evtl. Seilschaften in der Südwand des Mustersteins. Tolle Stimmungen bekommt man bei einer Übernachtung auf der Meilerhütte vor die Linse.

Die *Partenkirchner Dreitorspitze* ist ein mächtiges Bergmassiv am Ostrand des Wettersteins. Und im Gegensatz zur Alpspitze muss man sie vom Tal aus angehen – weder Straßen noch Lifte verkürzen den weiten Weg. Das heißt: rund 1600 Höhenmeter Anstieg, für die meisten wohl Grund genug, gleich in der Meilerhütte anzurufen und ein Nachtlager zu ordern. So verteilt sich nicht nur das Pensum auf zwei Tage, man hat auch Gelegenheit, stimmungsvolle Dämmerstunden von einer hohen Warte aus zu erleben. Auch aus der Leutasch schaffen nur Konditionsstarke die Tour an einem Tag, als Variante mit dem Abstieg über das Leutascher Platt und den Söllerpass.

Sehr abwechslungsreich ist der (lange) Anstieg zur Meilerhütte (Bike!). Da wandelt man auf den Spuren des Märchenkönigs Ludwig II. Er ließ 1877 auf dem *Schachen* ein Jagdhaus erbauen, mit einem Saal »à la turque« und einem Maurischen Kiosk (ähnlich wie in Schloss Linderhof), der zu Bayerns Alpen etwa so gut passt wie ein Dirndl nach Damaskus …

Ganz in der Nähe liegt der besuchenswerte *Botanische Alpengarten* mit rund 1500 verschiedenen Pflanzen. Am Rand eines senkrechten Absturzes steht der »Schachenpavillon«, ein herrlicher Aussichtspunkt hoch über dem Reintal.

46

Der Gipfelweg erinnert an einen Zeitgenossen des unglücklichen Königs, *Hermann von Barth* (1845–1876). Von Beruf Geologe, war er einer der großen Pioniere in den Nördlichen Kalkalpen. Dem Alleingeher glückten viele Erstbesteigungen, vor allem in den Berchtesgadener Alpen und im Karwendel, dessen Erkundung er systematisch betrieb.

➔ **Anfahrten** Elmau (1008 m) erreicht man von Klais, einem Nachbarort Mittenwalds, über eine mautpflichtige Straße. In die Leutasch führen von Mittenwald und Seefeld gute Straßen.

Aufstieg durchs Berglental

➚ **Zustiege** Biker wählen Elmau als Ausgangspunkt und kurbeln über den breiten »Königsweg« hinauf zum *Schachen* (1866 m). Weiter auf markiertem Bergweg zur prächtig gelegenen *Meilerhütte* (2372 m), *3 Std.*

Etwas zeitraubender ist der Anstieg aus der Leutasch; vom Wanderparkplatz beim Hotel Hubertus (ca. 1080 m) führt ein markierter AV-Weg durch das malerische Berglental bergan zum Leutascher Platt und zur *Meilerhütte, 4 Std.*

↑ **Hermann-von-Barth-Weg** Von der Hütte durch die Sockelfelsen des Bayerländer Turms (Drahtseile) leicht abwärts zur Steinwüste des Leutascher Platts und auf ausgetretener Geröllspur bergan zu einer kleinen Kanzel am Wandfuß (ca. 2475 m). Nun ziemlich direkt aufwärts (Eisenbügel), dann mit Drahtseilsicherung nach links unter den Gipfelaufbau und über Schrofen (Weglein) zum Gipfel, *1.30* Std.

➘ **Abstiege** Auf dem Anstiegsweg nach Elmau, ab Schachen mit dem Bike, *3 Std.*, in die Leutasch *3.30 Std.*

Eine interessante Abstiegsvariante verläuft über das Leutascher Platt zum *Söllerpass* (2211 m). Links von der Scharte steil hinab ins Puittal und in weitem Bogen zurück zum Ausgangspunkt in der Leutasch, *4.30 Std.*

47 Seeben-Klettersteig

Seebenwände, 1560 m
Knackige Schattenroute

K 5

3 ¼ Std.

470 m

Routencharakter: Schattiger Sportklettersteig mit einigen knackigen Einzelstellen; Drahtseile und Fixpunkte nicht überall benutzerfreundlich angebracht. Teilweise etwas brüchiger Fels, im oberen Teil viel Erde (bei Nässe sehr unangenehm). Konditionsbolzen peilen anschließend gleich die ⇨ Tajakante an.
Ausgangspunkt: Talstation der Gondelbahn zur Ehrwalder Alm (1108 m)
Gehzeiten: Aufstieg 2 Std., Abstieg 1.15 Std.; gesamt 3.15 Std.
Markierung: Ordentlich markierte Wege
Landkarte: Österreichische Karte 1:25 000 bzw. 1:50 000, Blatt 116 »Telfs«
Highlights: Knackige Kletterstellen, Blick auf das Zugspitzmassiv
Einkehr: Seebenalm (1575 m)
Fototipps: Schattenriss eines Klettersteiglers vor dem sonnigen Zugspitzmassiv

Blickfang auf der Fahrt von Garmisch-Partenkirchen nach Ehrwald ist die *Sonnenspitze* (2417 m), aus dieser Perspektive eine unwahrscheinlich schlanke Felsgestalt – alpines Traumbild und zugleich dankbares Tourenziel. Klettersteigler interessieren sich mehr für den Sockelfels des Massivs, den schattigen Felswinkel, an dem ein schöner Wasserfall herabstiebt. Seit dem Sommer 1990 spannen sich solide verankerte Drahtseile über die Felsen der Seebenwände, gut 250 Meter hoch und sehr sportlich angelegt.

➔ **Anfahrt** Ehrwald (994 m) hat Straßen- und Bahnverbindung mit Garmisch-Partenkirchen und Reutte. Mitten im Ort Abzweigung der Zufahrt zur Talstation der Gondelbahn *Ehrwalder Alm*.

➚ **Zustieg** Ein markiertes Weglein führt südwärts bergan zum Seeben-Wasserfall. In zuletzt steilem Anstieg über einen Latschenhang erreicht man den Einstieg (Tafel; ca. 1320 m) rechts des rauschenden Wassers, *45 Min.*

↑ **Seeben-Klettersteig** Der erste Aufschwung selektiert gleich ordentlich; in der Folge wechseln leichtere Abschnitte mit Steilpassagen ab. Eine glatte Platte ist durch Trittstifte entschärft; die Schlusswand verlangt nochmals vollen Einsatz. Ausstieg durch eine erdige Rinne, dann ist man im Flachen. Eine Spur leitet zur nahen *Seebenalm* (1575 m), *1.15 Std.*

➘ **Abstieg** Auf der Sandstraße Richtung Ehrwalder Alm, in einer bewaldeten Mulde (Tafel) links und über den Immensteig (Drahtseile) am Rand der Seebenwände hinab zur Talstation der Gondelbahn, *1.15 Std.*

Klettersteig Tajakante

48

Vorderer Tajakopf, 2450 m
Superferrata in den Mieminger Bergen

Routencharakter: Superferrata mit zahlreichen stark fordernden Passagen, dazwischen leichter. Eher sparsam gesichert, vorteilhaft ist eine gute Klettersteigtechnik. Auf jeden Fall zu empfehlen sind Klettersteig-Handschuhe. Wer im Zustieg auch noch den ⇨ Seeben-Klettersteig begehen will, muss in Topform sein!
Ausgangspunkte: Wahlweise Tal- oder Bergstation (1502 m) der Ehrwalder-Alm-Gondelbahn; Infos über Betriebszeiten Tel.: 05673/23 09
Gehzeiten: Aufstieg 5.15 Std., Abstieg 3.15 Std.; gesamt 8.30 Std. Ab Ehrwalder Alm 7.15 Std.
Markierung: Zu- und Abstieg rot-weiß-rot bzw. rot markiert
Landkarte: Österreichische Karte 1:25 000 bzw. 1:50 000, Blatt 116 »Telfs«
Highlights: Diverse Passagen vor allem im unteren Teil des Klettersteigs (Kante, Platte!), Tief- und Ausblicke
Stützpunkte: Coburger Hütte (1917 m), Juni bis Oktober, Tel.: 0664/ 325 47 14
Fototipps: Jede Menge Actionmotive an dem so fotogenen Grat, auch mit Tiefblick auf den Seebensee. Zugspitzmassiv als Kulisse, Drachensee mit Coburger Hütte.

K 5

km 8 ½ Std.

950 m/ 1480 m

Seit kurzem hat Ehrwald – neben dem talnah-schattigen »Seeben-Klettersteig« – auch seine alpine Route, eine Superferrata, die Klettergenuss und Landschaftserlebnis auf schönste Weise verbindet. Die sehr anspruchsvolle, in ihrem Verlauf absolut logische Route führt über den steilen Westgrat des *Vorderen Tajakopfs*, atemberaubend luftig und teilweise unmittelbar an der scharfen Felskante. Trittarme und nahezu senkrechte Passagen verlangen vollen Einsatz; dazwischen bieten flachere Abschnitte etwas Entspannung für den Bizeps und fürs Nervenkostüm. Der neue Klettersteig – eine echte »magic line« für ambitionierte Klettersteigler!

Klettern am sichernden Drahtseil: die Tajakante-Ferrata

➔ **Anfahrt** Ehrwald (994 m) hat Straßen- und Bahnverbindung mit Garmisch-Partenkirchen und Reutte. Mitten im Ort Abzweigung der Zufahrt zur Gondelbahn *Ehrwalder Alm* (1502 m).

➚ **Zustieg** Vom Parkplatz bei der Seilbahn (1108 m) zum Bach, dann kurz talauswärts zu einer Abzweigung. Links auf markiertem Steig steil über die »Hohen Gänge« (Drahtseile) zum Abfluss des *Seebensees* (1657 m). An dem idyllischen Gewässer vorbei zur Talstation der

48

Materialseilbahn und wenig weiter links vom Hüttenweg ab (Tafel). Den roten Farbtupfern folgend über Geröll und einen Latschenhang aufwärts zur Mündung einer Geröllschlucht. Links von ihr befindet sich der Einstieg (Tafel, ca. 1820 m), *2.45 Std.* Kürzer und weniger anstrengend von der *Ehrwalder Alm* (1502 m) auf einer Sandstraße via Seebenalm (1575 m) und Seebensee, *2 Std.*

Tipp

Ehrwalder Sonnenspitze (2417 m)
Schönster Gipfel der Region, besonders lohnend ist eine Überschreitung von Süd nach Nord. Markiert, mit wenig schwierigen Kletterstellen (II–) und einer gesicherten Passage. Nur für gute Bergsteiger, von der Talstation der Ehrwalder Almbahn etwa 8 Std. via Seebensee und Coburger Hütte.

↑ Klettersteig Tajakante Der Auftakt ist eher gemütlich, doch bald schon folgen die ersten Steilaufschwünge, nimmt die Exposition zu. Immer an der Kante entlang in herrlich festem, kleingriffigem Fels, mit nur wenigen Trittstiften und originellen Passagen: ein Spreizschritt, eine enge Scharte und vor allem eine extrem ausgesetzte Platte, die es stemmend zu queren gilt. Durch eine Rinne gelangt man in flacheres Gelände, eine Spur führt im Geröll zu einem nächsten, Kraft raubenden Aufschwung (Trittstifte). Dann leichter und nur noch teilweise gesichert auf einen Absatz, weiter an dem gestuften Rücken entlang zum Gipfelaufbau und mit Drahtseilen zum höchsten Punkt, *2.30 Std.*

↘ Abstieg Zunächst über brüchige, gestufte Felsen, den Farbtupfern folgend (einige Sicherungen), bergab gegen die Senke zwischen Vorderem und Hinterem Tajakopf, dann rechts mit einigen heiklen Stellen (feines Geröll) hinunter in den Karboden, wo man auf den Weg zur Grünsteinscharte stößt. Mit ihm zum Drachensee (1874 m) und kurz hinauf zur *Coburger Hütte* (1917 m). Auf dem Hüttenzustieg hinab zum Seebensee und über die »Hohen Gänge« ins Tal, *3.15 Std.*, zur Ehrwalder Alm *3 Std.*

Luftiger Tanz über dem Seebensee: an der Tajakante

Wankspitz-Klettersteig

49

Wankspitzen, 2215 m
Kraxelspaß vor der Mieminger Hauptkette

Routencharakter: Bis auf die Einstiegsplatte (stemmen!) nur mäßig schwieriger Klettersteig. Ziemlich brüchiger Fels, deshalb Gefahr von Steinschlag durch Voraussteigende!
Ausgangspunkt: Gebührenpflichtiger Parkplatz vor dem Gasthaus Arzkasten (1151 m)
Gehzeiten: Aufstieg 3.30 Std., Abstieg 2 Std.; gesamt 5.30 Std.
Markierung: Gut markierte Wege, nicht zu verfehlen
Landkarte: Österreichische Karte 1:25 000 bzw. 1:50 000, Blatt 116 »Telfs«
Highlights: Einstieg, dazu einige hübsche Kraxelstellen, stimmungsvolle Aussicht vom Gipfel
Stützpunkt: Lehnberghaus (1554 m), Mai bis Oktober, Tel.: 0676/ 534 47 91
Fototipps: Gämsrudel im Höllkar (Tele), Action am Klettersteig, Tiefblicke ins Inntal

K 3
5 ½ Std.
1070 m

Beinahe ist man versucht, die *Wankspitzen* als »Mieminger Randerscheinungen« zu bezeichnen: kein Vergleich mit der mächtigen Hauptkette, deren Gipfel nicht nur rund 500 Meter höher sind, sondern auch entschieden alpiner wirken. Daneben nimmt sich der Zackengrat – durch das Stöttltörl (2036 m) von der Westlichen Grieskarspitze (2741 m) abgesetzt – eher bescheiden aus.
Ganz große Eindrücke darf man von der Wankspitz-Tour nicht erwarten. Lohnend, auch recht abwechslungsreich ist die Tour aber dennoch; der Klettersteig überrascht mit einigen originellen Passagen, im Panorama verbinden sich nah, fern und tief auf bezaubernde Weise, und beim Abstieg bietet sich ausreichend Gelegenheit, nach den kleinen bunten Sehenswürdigkeiten links und rechts des Weges zu gucken.
➔ **Anfahrt** Obsteig (991 m), auf dem Mieminger Plateau gelegen, erreicht man von Innsbruck via Telfs; am westlichen Ortsende Zufahrt zum Gasthaus *Arzkasten*, 2 km, Parkplatz (1140 m).
➚ **Zustieg** Vom Parkplatz, vorbei am Gasthaus (1151 m), in das *Lehnbergtal*, dann aber nicht über den Bach (Straße), sondern geradeaus weiter. Erst auf der Höhe des Lehnberghauses auf die gegenüberliegende Talseite und steil zur Hütte, wo man wieder auf die Straße stößt. Mit ihr weiter taleinwärts zu einer Wasserfassung, dann auf recht steinigem Weg in den weiten Karboden mit dem freundlichen Namen »Hölle«. Hier rechts und in ein paar Serpentinen übers Geröll hinauf ins *Stöttltörl* (2036 m), *2.15 Std.*

Viel Geröll auf den Felsen: am Wankspitz-Klettersteig

↑ Wankspitz-Klettersteig Wenig oberhalb der Scharte entdeckt man den Einstieg zur Ferrata: am Drahtseil über eine steile, trittlose Platte (auf Reibung gehen!); anschließend an soliden Bügeln über einen kurzen, aber senkrechten Aufschwung. Die Drahtseile leiten nun durch die von tiefen Gräben zerfurchte, brüchige Westflanke des Wankgrates aufwärts. Durch eine Schuttrinne ist bald die erste Kuppe gewonnen. Dahinter kurz etwas abwärts, dann durch eine Verschneidung steil auf eine Schulter. Hinunter in eine enge Scharte, anschließend gesichert zum höchsten Gipfel der Wankspitzen (2219 m). Hier hat man Sichtverbindung mit dem Südgipfel (2209 m), den ein großes Kreuz ziert. Dazwischen liegt noch eine letzte Scharte: hinab und wieder hinauf, teilweise mit Drahtseilsicherungen, *1.15 Std.*

↘ Abstieg Auf dem Wanderweg, ordentlich markiert, abwärts in eine kleine Senke, dann über Wiesenböden zur »Lacke« (1704 m), einem licht bewaldeten Sattel unter dem Jöchle (1786 m). Rechtshaltend hinunter zum *Lehnberghaus* und auf der Sandstraße zurück zum Gasthaus Arzkasten, *2 Std.*

Crazy-Eddy-Klettersteig

50

Grünberg, ca. 880 m
Crazy – fürwahr!

Routencharakter: Trainingsferrata für Liebhaber artistischer Übungen; ziemlich »crazy« sind die diversen Turnelemente (Hängebrücke, Kettennetz, frei hängende Leitern). Vielleicht witzig, aber eher als Karikatur auf ernst zu nehmende Klettersteige zu verstehen.
Ausgangspunkt: Parkplatz Freizeitanlage am Innufer bei Silz (654 m)
Gehzeit: Für den Parcours bis zur Seilbrücke und zurück etwa 1.30 Std.
Markierung: Hinweisschilder, Farbmarkierungen
Landkarte: Erübrigt sich
Highlights: Geschmackssache, eine Mutprobe ist die lange Seilbrücke.
Einkehr: Bei der Freizeitanlage
Hinweis: Am Endpunkt der Route Abseilmöglichkeit zur »Spinne« (50 m Seil, Abseilachter notwendig)
Fototipps: Action an der Ferrata

K 4/K 5
km 1 ½ Std.
220 m

Seit kurzem brauchen Klettersteigler nicht mehr in die Alpes Françaises zu reisen, um sich als Felsakrobaten zu versuchen: *Crazy Eddy* macht's möglich. Die Trainingsroute im Inntal, am Fuß des Grünbergs, wartet mit allerlei originellen (?) Installationen auf: eine längere Seilbrücke, ein Eisennetz und frei hängende Leitern. Immerhin, auf etwa 100 Höhenmetern gibt's »Ferrata original«: luftige Kletterei am Drahtseil in durchwegs festem Fels. Auf die Zugabe am »Spinnennetz« kann man getrost verzichten, und die beiden Leitern links und rechts sind schlichter Nonsens!

Schon »crazy«, der Eddy.

➔ **Anfahrt** Silz (654 m) liegt im Inntal, etwa auf halber Strecke zwischen Telfs und Imst. Von der Ortsmitte über den Inn zum großen Parkplatz bei der Freizeitanlage.

➚ **Zustieg** Über die Autobahn und auf einem Steig (Schild) bergan zum Einstieg (ca. 780 m), *15 Min.*

↑ **Crazy-Eddy-Klettersteig** Dem in kurzen Abständen verankerten Drahtseil folgend über plattige Felsstufen in anregender Kletterei luftig aufwärts, dann in leichterem Gelände (Weg), zuletzt querend, zur Zweiseilbrücke. Hinüber (wer mag oder sich traut) und zum Endpunkt der Route (hinter der Leiter; hier Abseilringe). Luftig zurück übers wackelige Seil und abwärts in die steilere Wandzone. Nun entweder links auf dem Wanderweg zur »Spinne« und zurück ins Tal oder über die leichtere Klettersteigvariante gut gesichert hinab zum Felsfuß.

51 Hohe Munde, Westgratsteig

Hohe Munde, 2662 m
»Gipfeltheater« und große Schau

K 1

7 ½ Std.

1250 m/
1670 m

Routencharakter: Recht lange Überschreitung mit leichten gesicherten Passagen im Gratbereich. Selbstsicherung nur für weniger Geübte.
Ausgangspunkt: Rauthhütte (1605 m), Bergstation des Mundelifts; Infos über Betriebszeiten Tel.: 05212/23 13
Gehzeiten: Aufstieg 3 Std., Gratweg und Abstieg 4.30 Std.; gesamt 7.30 Std.
Markierung: AV-Markierungen
Landkarte: Österreichische Karte 1:25 000 bzw. 1:50 000, Blätter 116 »Telfs« und 117 »Zirl«
Highlights: Gipfelpanorama, wildromantische Kulisse am Westgrat
Stützpunkt: Unterwegs keiner
Hinweis: Man kann die Hohe Munde auch von Telfs aus besteigen; Ausgangspunkt beim Wanderparkplatz Lehen (ca. 880 m), etwa 5 Std. bis zum Gipfel.
Fototipps: Packende Felsszenerien am Westgratsteig, die hintereinander stehenden Gipfel der Mieminger Kette, stimmungsvolle Talblicke

Dass Berge oft »ins Bild gesetzt« werden, auch immer schon beliebte Sujets der Landschaftsmalerei waren, ist nichts Neues, dass aber ein großer Gipfel als Bühne für ein Theaterstück diente, ist meines Wissens eine absolute Seltenheit. Die solcherart von Felix Mitterer geadelte *Hohe Munde* hat das Spiel um Liebe und (Fremden-)Hass gut überstanden.

Das Theaterspektakel fand auf dem Ostgipfel statt; zum höchsten Punkt, dem Westgipfel, ist es dann nicht mehr weit, und am lang gestreckten, mit einigen Türmen besetzten Westgrat, der in der Senke der *Niederen Munde* ausläuft, gibt es sogar einen gesicherten Steig, der meist im Abstieg begangen wird.

Die Hohe Munde gehört zu den markantesten Gipfeln des Inntals; bei der Anfahrt von Innsbruck zeigt sie ihr unverwechselbares Profil: den breit-massigen runden Rücken, hinter dem das Gipfeldreieck steht. Und der Blick in die umgekehrte Richtung, vom Berg hinab ins (Inn-)Tal, gehört zu den ganz besonderen »Schmankerln« der Überschreitung, überschaut man die große Alpenlängsfurche doch hinauf bis nach Landeck.

➔ **Anfahrt** Das Leutascher Plateau erreicht man auf gut ausgebauten Straßen von Mittenwald, Zirl und Telfs. Beim Weiler Moos (1180 m), nicht weit von der Mündung des Gaistals, liegt die Talstation des Mundelifts. Bergstation bei der *Rauthhütte* (1605 m).

➚ Aufstieg Von der Rauthhütte auf markiertem Weg zunächst zum Jöchl (ca. 1740 m), einem hübschen Aussichtspunkt, dann durch Latschengassen auf den breiten Rücken und im Zickzack zum Ostgipfel mit seiner Antennenanlage. Über Schrofen und Geröll kurz abwärts zum »Steinernen Mannl« in der Senke zwischen den beiden Gipfeln und auf dem schmalen Grat zum höchsten Punkt des Bergstocks, *3 Std.*

↑ Westgratsteig Am Westgrat wandelt man auf den Spuren des Hermann von Barth, der hier zwar nicht Erstbesteiger war, immerhin aber 1873 den lang gestreckten Westgrat der *Hohen Munde* als Erster beging. Damals gab es natürlich noch keine Sicherungen, doch die Einstufung in einem älteren AV-Führer (I–II) verrät, dass die Route dem Alpenpionier kaum Probleme bereitet haben dürfte. Das gilt heute auch für Klettersteigler; eindrucksvoller als der wenig schwierige Weg ist die Kulisse mit bizarren Felstürmen und wilden Gräben.

Leichte Klettersteigpassage an der Hohen Munde

Kurz am Nordgrat entlang, bis Drahtseile links hinableiten gegen das »Raue Tal«, das seinem Namen alle Ehre macht: ein wüster Schlund mit aufgerissenen Steilflanken und viel Geröll. Man quert es überraschend leicht (Drahtseile) an seinem Ansatz und steigt dann kurz auf zum Vorgipfel. Weiter am Westgrat entlang bergab. Über eine steile Platte helfen solide Sicherungen, dann geht's am breiten Kammrücken, zuletzt durch Latschen, hinunter in die weite Senke der *Niederen Munde* (2059 m), *1.30 Std.*

➘ Abstieg Aus der Scharte leitet ein markierter Weg in Kehren über den bewaldeten Hang hinab zur Leutascher Ache. Auf der Straße talauswärts und bei Obern rechts zurück zum Mundelift, *3 Std.*

52 Mittenwalder Klettersteig

Nördliche Linderspitze, 2374 m
Panoramaroute am Westrand des Karwendels

K 1
6 Std.
500 m/
1830 m

Routencharakter: Der »Mittenwalder«, 1972 eröffnet, ist mehr Höhenweg als Klettersteig; mit seinen längeren gesicherten Abschnitten bietet er aber Einsteigern reichlich Gelegenheit, sich mit dem Gehen am Eisen (Drahtseile, Krampen, Leitern) vertraut zu machen. Die lange, aber nie langweilige Überschreitung vermittelt packende Tiefblicke auf das Geigenbaudorf Mittenwald, die Leutasch und ins Karwendeltal, dazu Fernsicht bis zum Alpenhauptkamm. Geübte werden sich zum Auftakt gleich den neuen ⇨ Karwendel-Klettersteig vornehmen, Nimmermüde den Aufstieg in die Karwendelgrube unter dem dicken Drahtseil der Karwendelbahn zu Fuß absolvieren (*3.30 Std.*).
Ausgangspunkt: Bergstation der Karwendelbahn (2224 m); Infos über Betriebszeiten Tel.: 08823/53 96
Gehzeiten: Gesamt 6 Std.; Klettersteig 3 Std., Abstieg 3 Std.
Markierung: Ordentlich bezeichnete Wege
Landkarte: Bayerisches Landesvermessungsamt 1:50 000 »Karwendel«
Highlights: Hübsche Klettersteigpassagen am Grat, Aus- und Tiefblicke
Einkehr: Tiroler Hütte (2153 m), im Sommer einfach bewirtschaftet; Brunnsteinhütte (1523 m), 🕒 Mai bis Oktober, Tel.: 0172/890 96 13
Achtung: Bei Gewittern ist der (stark mit Eisen bestückte) Kammweg sehr gefährlich; also stets aufs Wetter achten – Ausstiegsmöglichkeiten am »Steinernen Zaun« und am Gamsangerl.
Fototipps: Sehr schöne Motive am Klettersteig, Vogelschaublick auf Mittenwald, bei tiefer stehender Sonne stimmungsvolle Bergmotive

Gut drei Jahrzehnte alt ist der »Mittenwalder« bereits, als »Höhenweg« eingeweiht, später dann – dem Trend folgend – zum Klettersteig mutiert, und das sieht man den mittlerweile recht glatt polierten Felsen auch an. Doch Verlauf, Kulisse und Fernblicke sind geblieben und die Kammroute immer noch ein Hit! Das liegt auch an dem luftig-bequemen Zugang am dicken Drahtseil, jenem der *Karwendelbahn*: oben einsteigen ins dreistündige Kraxel- und Schauvergnügen an dem rund drei Kilometer langen, mehrgipfligen Kamm.
Und dann bietet sich da ja noch die Kombination mit der kurzen, neuen Route an der *Westlichen Karwendelspitze* an: Klettersteig total.

➔ Anfahrt Mittenwald liegt am Westfuß des Karwendels; Anfahrt über Garmisch-Partenkirchen (Autobahn) oder den Walchensee; Bahn-

Tipp

Brendelsteig
Die höchsten Erhebungen des Karwendels, Birkkarspitze (2749 m) und Ödkarspitzen (2745 m), verstecken sich hinter langen Tälern, ideale Ziele also für die Variante bike + hike: mit dem Radl zum Karwendelhaus (1771 m), dann per pedes auf dem interessanten, teilweise gesicherten Brendelsteig über die Ödkarspitzen in den Schlauchkarsattel (2639 m). Aus der Gratsenke kurzer Abstecher auf die Birkkarspitze (Drahtseile), dann Abstieg durch das Schlauchkar zum Karwendelhaus und auf dem Drahtesel zurück nach Scharnitz (994 m). Gesamtgehzeit (ab Karwendelhaus) 6–7 Std., Radlstrecke 3 Std. (hin und zurück).

52

linie München–Innsbruck. Mit der Karwendelbahn hinauf in die *Karwendelgrube* (2224 m).

↑ **Mittenwalder Klettersteig** Von der Seilbahnstation auf dem Rundweg zum Grat und rechts hinüber zum Beginn des Klettersteigs (Tafel). Den Sicherungen folgend auf die *Nördliche Linderspitze* (2374 m). Weiter recht luftig am Grat entlang und dann über Schrofen abwärts zum »Steinernen Zaun« (Gatterl), wo man den Heinrich-Noé-Weg kreuzt (Abstiegsmöglichkeit zur Brunnsteinhütte). Aus der Senke über schräge Leitern auf die Mittlere Linderspitze, dann wieder am Grat, teilweise gesichert, zur *Südlichen Linderspitze* (2306 m) und hinunter ins Gamsangerl (2188 m; rechts Notabstieg zum Noé-Weg). Der Klettersteig führt – vorbei an einem offenen Unterstand – in die Ostflanke der *Sulzleklammspitze* (2323 m), dann über gestufte Felsen aufwärts und durch eine enge Rinne (Holzstufen, Drahtseile) auf die Ostab-

Mehr Höhenweg als Klettersteig: der »Mittenwalder«. Da können Erfahrene schon mal auf die Selbstsicherung verzichten.

Tipp

Heinrich-Noé-Steig
Seit dem Bau des »Mittenwalder Klettersteigs« fristet der »Noé-Steig« ein Mauerblümchendasein – zu Unrecht, bietet er doch sehr schöne Landschaftseindrücke, dazu längere gesicherte Passagen. Oberhalb der wilden Sulzleklamm, im Bereich einer größeren Hangrutschung, wurde er neu trassiert und mit Drahtseilen gesichert. Eine empfehlenswerte Variante: auf dem »Mittenwalder Klettersteig« bis zum Gamsangerl (2188 m), dann hinüberqueren zum »Noé-Steig« und über ihn hinab zur Brunnsteinhütte. Karwendelseilbahn (2224 m) – Karwendelgrube – Linderspitzen – Gatterl – »Noé-Steig« – Brunnsteinhütte – Mittenwald, 6 Std., **K 1–2**

Mensch und Tier am Mittenwalder Klettersteig

dachung des Gipfels. Weiter mit Zwischenabstieg hinüber zur *Kirchlspitze* (2303 m), wo die Sicherungen enden. Nun gemütlich über einen Grashang hinab in den *Brunnsteinanger* (2080 m), *3 Std.* Etwas höher, am Nordhang der Rotwandlspitze (2192 m), steht die urige Tiroler Hütte (2153 m): Brotzeit mit Panoramablick.

↘ **Abstieg** Vom Brunnsteinanger auf einem Serpentinenweg neben dem Geröllstrom der Roßlähne bergab in die Latschen und zuletzt flach hinüber zur *Brunnsteinhütte* (1523 m). Weiter im Wald talwärts bis zur Abzweigung des »Leiternsteigs«. Er quert den wilden Graben der unteren Sulzleklamm; Ab- und Anstieg vollziehen sich über lange Leitern – daher der Name. Anschließend ohne größere Höhenunterschiede angenehm schattig an der steilen Berglehne entlang. Zuletzt in Kehren hinunter in die Erzgrube und zurück zur Talstation der *Karwendelbahn, 3 Std.*

Karwendel-Klettersteig

53

Westliche Karwendelspitze, 2384 m
Kurz und knackig

K 3 | 1 Std. | 160 m

Routencharakter: Nur kurzer, aber recht luftiger Steig. Packende Rundschau von der Westlichen Karwendelspitze.
Ausgangspunkt: Bergstation der Karwendel-Seilbahn (2224 m); Infos über Betriebszeiten Tel.: 08823/ 53 96
Gehzeit: Gesamt 1 Std.
Markierung: Bezeichneter Zu- und Abstieg, Wegschilder
Landkarte: Bayerisches Landesvermessungsamt 1:25 000, Blatt 8533/8633 »Mittenwald«
Highlights: Karwendel- und Wettersteinschau
Stützpunkt: Unterwegs keiner
Hinweis: In Verbindung mit dem Mittenwalder Klettersteig besonders lohnend
Fototipps: Action am Grat mit Karwendelgipfeln als Hintergrund

Nun hat auch die *Westliche Karwendelspitze* eine (Mini-)Ferrata, ideal als Auftakt zum Mittenwalder Klettersteig: kurz, mit einer recht knackigen Steilstelle.

➔ **Anfahrt** Mittenwald (912 m) liegt am Westfuß des Karwendels; Anfahrt über Garmisch-Partenkirchen (Autobahn) oder den Walchensee. Bahnlinie München–Innsbruck. Mit der Seilbahn hinauf zum Rand der Karwendelgrube (2224 m).

➚ **Zustieg** Von der Seilbahnstation auf breitem Weg um die Karwendelgrube herum zum Einstieg (ca. 2280 m), *15 Min.*

➔ **Karwendel-Klettersteig** Mit Drahtseilen ausreichend gesichert steil über die Wand zum Grat und an ihm weiter zum Gipfel, teilweise luftig und mit einer recht knackigen Schlüsselstelle, *25 Min.*

➘ **Abstieg** Auf dem Normalweg (Drahtseil) hinunter in die Karwendelgrube, *20 Min.*

Die Westliche Karwendelspitze vom Beginn des »Mittenwalder Klettersteigs«

Tipp

Lindlähnekopf, 1795 m
Hübsche Hütten- und Gipfelwanderung in den Ausläufern des Karwendels mit ein paar Drahtseilsicherungen; von der felsigen Kuppe zauberhafter Tiefblick auf das Geigenbaudorf. Mittenwald – Mittenwalder Hütte (1515 m) – Lindlähnekopf *2.45 Std.*

54 Freiungen-Höhenweg

Reither Spitze, 2374 m
Höhenwandern im westlichen Karwendel

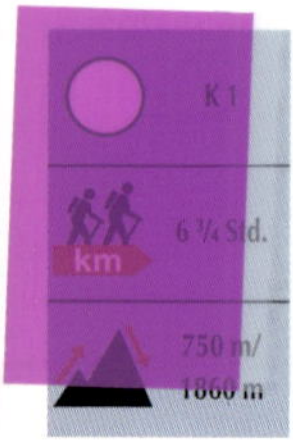

Routencharakter: Abwechslungsreiche, sehr reizvolle Höhenwanderung mit ein paar felsigen Passagen (Drahtseile), auch an der Reither Spitze. Vorsicht: Im Frühsommer liegt in manchen Gräben und Rinnen Altschnee (Rutschgefahr); einige Sicherungen beschädigt. Rückfahrt von Hochzirl nach Seefeld mit der ÖBB.
Ausgangspunkt: Bergstation der Härmeler-Seilbahn (2034 m); Infos über Betriebszeiten Tel.: 05212/23 13
Gehzeiten: Zugang 1.30 Std., Freiungen-Höhenweg 3.30 Std., Abstieg 1.45 Std.; gesamt 6.45 Std.
Markierung: AV-Markierung
Landkarte: Österreichische Karte 1:25 000 bzw. 1:50 000, Blatt 117 »Zirl«
Highlights: Der ganze Weg ist eine einzige Aussichtspromenade – am schönsten deshalb im Herbst, bei klarer Luft oder an einem Föhntag.
Stützpunkte: Nördlinger Hütte (2239 m), 🕒 Anfang Juni bis Anfang Oktober, Tel.: 0664/163 38 61; Solsteinhaus (1806 m), 🕒 Anfang Juni bis Mitte Oktober, Tel.: 05232/815 57
Fototipps: Gute Motive im Bereich der zerklüfteten Freiungen.

»Die Freiungen. Auf einem mächtigen, vom Ursprungsattel zur Kuhljochscharte reichenden Sockel aufgesetzte Zackenreihe, die mit schroffen, zerklüfteten Wänden nach N ins Eppzirler Tal abfallen. Der Östl. Freiungenspitze ist nördl. eine vom Massiv durch eine Schlucht getrennte Schichttafel vorgebaut, die in einer kühnen Zinne gipfelt, »Freiungzahn«, und nach N mit 400 m hoher, ungegliederter Plattenwand abstürzt.«
So steht's in einem älteren AV-Führer, und damit ist auch schon klar, dass den Bergwanderer auf dem 1936 eröffneten »Freiungen-Höhenweg« eine wildromantische Kulisse erwartet, nebst formidablen Fern- und Talblicken notabene. Er verbindet die beiden Schutzhäuser an der *Reither Spitze* (Nördlinger Hütte) und am *Erlsattel* (Solsteinhaus) miteinander, ist an einigen Stellen mit Drahtseilsicherungen versehen, aber weit mehr Panoramaroute als Klettersteig. Doch was soll's? Die Tour bietet viel Abwechslung, was all jene zu schätzen wissen, die nicht bloß nach Eisen gucken, und dass der Zustieg dank moderner Technik viel kürzer geworden ist, stört auch nicht. So startet man oben am Härmeler zu ein paar garantiert genussvollen Wanderstunden. Und wer im *Solsteinhaus* übernachtet, kann anderntags noch die ⇨ Erlspitze besteigen oder eine Überschreitung der Solsteine ins Auge fassen.

54

➔ **Anfahrt** Seefeld (1180 m) erreicht man von Mittenwald bzw. Zirl auf guten Straßen. Mit Stand- und Luftseilbahn über die Umsteigestation Rosshütte zur Bergstation Härmeler (2034 m).

➚ **Reither Spitze** Auf markiertem Weg durch die Westflanke des Härmeler (2224 m; alternativ direkt über den Gipfel) in die Reither Scharte, wo ein Zustieg vom Seefelder Joch mündet (lohnend!), und über den felsigen Nordwestgrat (Drahtseile, Leiter) zur Reither Spitze. An ihrer Südflanke steht die *Nördlinger Hütte* (2239 m), *1.30 Std.*

Nördlinger Hütte und Inntal von der Reither Spitze

➚ **Freiungen-Höhenweg** An der *Reither Spitze* kann man Maß nehmen für die Fortsetzung der Tour, liegen die Freiungen (2332 m) doch direkt vor einem. Nicht zu übersehen ist die feine Linie, die der Höhenweg durch die Südflanke des Zackengrates zieht, dabei mehrere Gräben querend. Wiederholt führt er an die Kammhöhe heran, ein erstes Mal am *Ursprungsattel* (2096 m), den man von der Nördlinger Hütte absteigend erreicht. Anschließend läuft der Freiungen-Höhenweg an den Wibmertürmen vorbei und steigt dann – da und dort mit Drahtseilsicherungen – an zu den schrofigen Südhängen der Freiungen. Sehr schön die Aussicht übers Inntal auf die Stubaier Alpen mit ihren Gletschern. An der Kuhlochscharte (auch Kuhljochscharte, 2171 m) genießt man kurz einen Blick in den Eppzirler Boden. Der Weiterweg umgeht – kurz ab-, dann wieder ansteigend – die Kuhlochspitze südseitig und leitet über mehrere steile Gräben und Rinnen hinab ins Höllkar. Man passiert die Abzweigung zur ⇨ Erlspitze (2405 m) und steigt ab zu dem schon lange sichtbaren *Solsteinhaus* (1806 m), *3.30 Std.*

➘ **Abstieg** Durch das Brunntal auf gutem Weg hinab nach Hochzirl (Bahnhof, 922 m), *1.45 Std.*

55 Zirler Klettersteig

Erlspitze, 2405 m
Aussichts- und Klettersteiggipfel

K 2

7 ½ Std.

1590 m

Routencharakter: Interessanter Klettersteig mit recht langem Zustieg, lässt sich sehr gut mit dem Freiungen-Höhenweg und dem Höttinger Schützensteig verbinden – Übernachtung dann im Solsteinhaus. An der eher sparsam gesicherten Ferrata erhebliche Steinschlaggefahr durch Vorsteigende!
Ausgangspunkt: Bahnhof Hochzirl (922 m)
Gehzeiten: Aufstieg 4.45 Std., Abstieg 2.45 Std.; gesamt 7.30 Std.
Markierung: Ordentlich markierte Wege
Landkarte: Österreichische Karte 1:25 000 bzw. 1:50 000, Blatt 117 »Zirl«
Highlights: Felskulisse an der Ferrata, Panorama am Gipfel, Gipfelstürmernadel
Stützpunkt: Solsteinhaus (1806 m), ⌚ Anfang Juni bis Mitte Oktober, Tel.: 05232/815 57
Fototipps: Action an der Ferrata, Gipfelstürmernadel – am schönsten natürlich mit einem Gipfelstürmer oben drauf …

Ganz im Südwesten des Karwendels, zwischen Scharnitz und Zirl, erheben sich die Grate und Gipfel der Erlspitzgruppe. Ihr höchster und namensgebender Gipfel, die *Erlspitze*, bietet eine zu Recht gerühmte Rundschau, die bis zum Alpenhauptkamm reicht. Kletterer interessieren sich mehr für die zahlreichen Türme und Felsnadeln, die in den drei Graten stehen (u. a. die unwahrscheinlich schlanke Gipfelstürmernadel) mit zum Teil sehr schwierigen Anstiegen. Quer durch die romantische Szenerie am Westgrat verläuft der Zirler Klettersteig (nicht zu verwechseln mit dem Kaiser-Max-Steig bei Zirl!). Er läuft zwischen den bizarren Felsbauten hindurch, wobei sich immer wieder neue und überraschende Blickwinkel ergeben. Langeweile kommt da nicht auf; für zusätzliche Spannung sorgen gelegentlich allzu unbekümmerte Zeitgenossen, die leichtsinnig Steine lostreten. Also vorsichtig gehen, denn auf dem Fels liegt reichlich Geröll.

➔ **Anfahrt** Den Bahnhof *Hochzirl* (922 m) erreicht man per Bahn ab Innsbruck bzw. Seefeld, von Zirl auf einer schmalen und steilen Asphaltstraße. Parkmöglichkeit.

Tipp

Höttinger Schützensteig
Der Kleine (2617 m) und der Große Solstein (2541 m) beschließen die Nordkette nach Westen. Ein interessanter Anstieg führt über die Südflanke, von der Magdeburger Hütte (1637 m), zu den beiden Gipfeln: der Höttinger Schützensteig, markiert und an einigen Stellen mit Drahtseilen gesichert. Ab Hochzirl (922 m, Bahnhof) bis zum Gipfel des Kleinen (höheren!) Solsteins etwa 5.30 Std., Abstieg westlich zum Solsteinhaus (1806 m). Lässt sich gut mit einer Besteigung der Erlspitze oder der Wanderung über den Freiungen-Höhenweg verbinden.

Pyramiden aus Stein: Erlspitze und Freiungen. Rechts die Solsteine.

➚ **Zustieg** Vom Bahnhof zunächst parallel zu den Schienen in leichtem Auf und Ab zu einer Wegkreuzung (Tafeln). Hier links und an der linken Seite des Brunntals bergan, erst in schattigem Wald, dann mit Aussicht auf den mächtigen Rücken des Großen Solsteins zur Solenalm (1644 m). Flach in das Tälchen unter dem Höllkar, über den Bach und hinauf zum Solsteinhaus (1806 m). Von der Hütte auf dem ⇨ Freiungen-Höhenweg ins Höllkar, an der Verzweigung (Tafel) rechts und im Zickzack in die *Eppzirler Scharte* (2091 m), *3.15 Std.* Man kann sich den Umweg über das *Solsteinhaus* auch sparen und direkt durch das Höllkar aufsteigen.

↑ **Zirler Klettersteig** Pfadspuren und rote Markierungen leiten aus der Scharte nördlich um den ersten Turm herum, dann auf die Südseite und über ein felsiges Eck (Drahtseil) in eine steile Geröllrinne, durch die man mühsam die *Erlscharte* (ca. 2155 m) gewinnt. Den Sicherungsseilen folgend in eine markante Rinne; ein steiler Aufschwung ist durch Eisenbügel entschärft. Die Route schlängelt sich zwischen den Felsen weiter bergan, reichlich mit Geröll und feinem Schutt garniert. Ein letztes Drahtseil hilft durch eine kurze Rinne (ca. 2310 m), wenig weiter kommt das Gipfelkreuz in Sicht, *1.30 Std.*

➘ **Abstieg** Eine markierte Spur (zwei Stellen mit Drahtseilsicherung) leitet über die schrofige Südflanke der Erlspitze hinab zum Solsteinhaus; dabei genießt man freie Sicht auf den gewaltigen Rücken des Großen Solsteins (2541 m) und übers Inntal bis zu den Stubaier Alpen. Knapp unter dem Gipfel, in einer kleinen Scharte, die der Weg tangiert, zeigt sich die atemberaubend schlanke, etwa 50 Meter hohe Gipfelstürmernadel. Vom *Solsteinhaus* (1806 m) auf dem Anstiegsweg zurück zum Bahnhof Hochzirl, *2.45 Std.*

Tipp

Übungsklettersteig Solsteinhaus
In der Nähe der Schutzhütte gibt es eine kurze, aber recht anspruchsvolle Trainingsroute; Zugang von der Erlalm zu den Felsen am Südfuß der Erlspitze. Rundkurs, links einsteigen. **K 4–5**

56 Kaiser-Max-Klettersteig

Martinswand, ca. 990 m
Schon längst ein Klassiker

K 4
K 6

4 Std.

450 m

Routencharakter: Sportklettersteig, erste Sektion schwierig, zweite Sektion extrem! Das Kernstück der Route, eine 100-Meter-Vertikale, ist nur mit viel Kraft (Umhängen!) und/oder guter Technik zu meistern. Da überwiegend auf Reibung geklettert werden muss, sind Slicks natürlich von Vorteil, auch Klettersteig-Handschuhe (besserer Halt am Drahtseil). Nicht zu schnell angehen, die wenigen Rastplätze nutzen, ausreichend Getränke mitnehmen (südseitige Exposition). Die gesamte Anlage wurde im Herbst 2000 saniert.
Ausgangspunkt: Am Fuß der Martinswand beim Martinsbühel; Parkmöglichkeit an der Straße Zirl–Kranebitten (ca. 595 m; Schautafel)
Gehzeiten: Erstes Teilstück knapp 2 Std., gesamte Runde etwa 4 Std. Die Begehungszeiten variieren allerdings stark, je nach Kondition und Können.
Markierung: Nicht zu verfehlen
Landkarte: Überflüssig
Highlights: Natürlich der zweite Abschnitt – sofern man den Anforderungen auch gewachsen ist
Stützpunkt: Unterwegs keiner
Hinweis: Um sich den recht umständlichen Rückweg von der Grotte zu ersparen, kann man auch über das erste Teilstück absteigen.
Fototipps: Action in der Vertikalen. Kamera schön ruhig halten, sonst gibt's nur verwackelte Erinnerungen ...

Herausforderung für jeden Klettersteigler: der »Kaiser Max«

Wenn nördlich der Alpen gelegentlich behauptet wird, mit dem »Kaiser Max« wäre der erste Sportklettersteig überhaupt erbaut worden, so stimmt das nicht ganz. Kreiert wurde diese auf Nervenkitzel angelegte Art von Vie ferrate in der Gardaseeregion, wo seit 1976 Eisenhaken im senkrechten Felsabbruch des *Monte Albano* stecken. Immerhin, der Kaiser-Max-Steig setzte neue Maßstäbe, mit ihm verschoben sich die Maximalschwierigkeiten auf Klettersteigen – jetzt gab's den 6. Grad für Ferratisti! –, an ihm entzündete sich die Diskussion pro und contra Klettersteige besonders heftig. Es wurde gar der Ruf nach einem Abbau der Anlage in dem Sportklettergebiet der Martinswand laut.

Doch zu den Fakten: Die Route gliedert sich in drei Abschnitte. Anspruchsvoll,

56

steil bereits der Aufstieg zur *Maximiliansgrotte*, extrem dann die Fortsetzung, rund 100 Höhenmeter in der Vertikalen, mit ganz wenigen künstlichen Tritten und Griffen. Daneben nimmt sich der Abstieg (drittes Teilstück) vergleichsweise harmlos aus, er darf aber – nach dem veritablen Kraftakt – nicht unterschätzt werden.

➔ **Anfahrt** Auf der B 171 von Zirl bzw. Innsbruck-Kranebitten zum Fuß der Martinswand (Martinsbühel).

In den Felsen über dem Inntal wurde der erste echte Sportklettersteig der Nordalpen angelegt.

➚ **Zustieg** Auf schmalem Weg im Wald zum Einstieg (ca. 670 m), *10 Min.*

↑ **Kaiser-Max-Steig, 1. Abschnitt** Links querend zu einer seichten Verschneidung, die – mit einigen Eisenstiften entschärft – ansteigend zu einem Absatz führt. Nun sehr steil, aber mit künstlichen Tritten aufwärts. Knapp unterhalb der großen Maximiliansgrotte (ca. 840 m) gabelt sich die Ferrata: Rechts geht der zweite Abschnitt weg, links anstrengend über einen Steilaufschwung zur Höhle, *1 Std.*

↑ **Kaiser-Max-Steig, 2. Abschnitt** Von der erwähnten Verzweigung, den Drahtseilen folgend, schräg aufwärts (»Rast«), dann hinab zum Fußpunkt des 100-Meter-Pfeilers (»Nische«). Hier heißt es: aufwärts, senkrecht! Nach dem Kraftakt in absoluter Ausgesetztheit links auf einen Absatz (Notausstieg) und über den letzten, leicht überhängenden Felswulst auf ein breites Band (ca. 960 m), *1.45 Std.*

➘ **Kaiser-Max-Steig, 3. Abschnitt** Drahtseile leiten noch ein paar Meter aufwärts zum höchsten Punkt in der Martinswand (ca. 990 m), dann geht es über Felsstufen und im Wald, teilweise gesichert, hinunter zur Maximiliansgrotte, *40 Min.*

➘ **Abstieg** Recht umständlich, auch dank des (illegal erweiterten) Steinbruchs: erst aufwärts (Stiegen), dann hinab zu dem ins Brunntal führenden Sträßchen, beim Zirler Weinberg links zur Geistbühelkapelle und zur Bundesstraße, über die man zum Ausgangspunkt kommt, *45 Min.*

57 Innsbrucker Klettersteig

Kemacher, 2480 m
Panoramaroute über der Landeshauptstadt

K 3
K 4

5 ¾ Std.

550 m/
920 m

Routencharakter: Lange Gratroute mit zwei knackigen Passagen am Ein- und (vor allem) Ausstieg, aber auch einigen Längen zwischen den gesicherten Passagen. Eine herrliche Panoramaroute, allerdings extrem durch Gewitter gefährdet. Aus diesem Grunde haben die Erbauer mehrere Fluchtwege bzw. Zwischenabstiege angelegt. Ein Tipp: Wer an Schönwettertagen Kolonnengehen vermeiden will, wandert von der Seegrube zum Frau-Hitt-Sattel und begeht die Ferrata von West nach Ost.
Ausgangspunkt: Bergstation der neuen Nordketten-Seilbahn am Hafelekar (2269 m); Infos über Betriebszeiten Tel.: 0512/229 33 75
Gehzeiten: Klettersteig 4.30 Std., Abstieg 1.15 Std.; gesamt 5.45 Std.
Markierung: Farbmarkierungen, Hinweisschilder
Landkarte: Österreichische Karte 1:25 000 bzw. 1:50 000, Blatt 118 »Innsbruck«
Highlights: Die knackigen Steilpassagen, immer wieder das Schauerlebnis
Stützpunkt: Unterwegs keiner; Einkehrmöglichkeiten bei der Bergstation Hafelekar und im Berghotel Seegrube (1905 m)
Fototipps: Insgesamt sehr »fotogene« Route: Action an den Steilpassagen, »Seufzerbrücke«, Tiefblicke auf Innsbruck, Fernsicht zum Alpenhauptkamm, Karwendelmotive.

Jugend in Action: am Innsbrucker Klettersteig

Innsbruck hat 100 000 Einwohner, sein Goldenes Dachl, ein Olympiastadion – und einen Klettersteig, seit 1986. Er verläuft über den Nordkettengrat vom Hafelekar hinüber bis zur Frau Hitt. Die Landeshauptstadt liegt den Ferratisti dabei buchstäblich zu Füßen; das »Goldene« ist in der Dächerlandschaft zwar nicht auszumachen, das große Stadion aber schon. Die mit über zwei Kilometern Drahtseil und etwa 150 Eisenbügeln bestens gesicherte Route verläuft über insgesamt sieben Gipfel(chen), von denen der *Kemacher* der höchste ist. Für Spannung – und bei manchen für etwas Herzklopfen – sorgen Ein- und Ausstieg, beide senkrecht und recht luftig, während die acht Meter lange

»Seufzerbrücke« wohl eher als Gag zu verstehen ist. Oder sollte sie an die historischen Bindungen Innsbrucks mit Bella Italia erinnern? Immerhin, vom Kemacher aus hat man bei gutem Wetter einen klitzekleinen Blick über den Brenner nach Südtirol …

Keinen Seufzer wert – die Hängebrücke am »Innsbrucker«?

➔ **Anfahrt** Von Innsbruck (574 m) mit der Standseilbahn (Talstation Kettenbrücke) oder über die Höhenstraße zur Hungerburg (868 m); Parkplatz. Weiter mit der Seilschwebebahn über die Umsteigestation Seegrube (1905 m) zum *Hafelekar* (2269 m).

↑ **Innsbrucker Klettersteig** Von der Seilbahn in wenigen Minuten, den Markierungen folgend, westwärts zum eigentlichen Einstieg (Tafel), der gleich als Knaller angelegt ist: etwa zehn Meter an Eisenbügeln senkrecht hinauf (kann rechts umgangen werden). Hinter der *Seegrubenspitze* (2350 m) kurzer Abstieg in die gleichnamige Scharte, ehe es wieder rasant aufwärts geht. Am Grat entlang zur Östlichen Kaminspitze (2432 m), dann in anregendem Auf und Ab über die Mittlere und *Westliche*

Kaminspitze (2445 m) zur »Seufzerbrücke« (Notabstieg). Weiter mehr aussichts- als anforderungsreich; noch vor dem *Kemacher* (2480 m) zweiter Notabstieg. Jenseits des Gipfels folgen noch einige recht exponierte, aber durchwegs gut gesicherte Kletterpassagen, dann läuft der erste Abschnitt des »Innsbruckers« auf der weiten Gratsenke des *Langen Sattels* (2258 m) aus, *3 Std.* Markierter Abstieg zur Seegrube.

Die Fortsetzung beginnt mit dem gemütlichen Anstieg zur *Östlichen Sattelspitze* (2369 m), wo man unvermittelt vor einer wilden Felsszenerie steht: bizarre Felszacken, schartige Grate, Tiefe links wie rechts. Spannung vermittelt auch die Trassierung des Steiges, ein rasantes Auf und Ab hinüber zur Westlichen Sattelspitze (2339 m), dann – was für ein Finale! – an Eisenbügeln über einen senkrechten, 20 Meter hohen Wandabbruch hinunter zum Ausstieg (ca. 2240 m) am Fuß der Frau Hitt. Die Wegspur leitet nördlich um die sagenumwobene Felsgestalt herum in den *Frau-Hitt-Sattel* (2234 m), *4.30 Std.* vom Hafelekar.

An Schönwettertagen herrscht viel Verkehr auf dem Innsbrucker Klettersteig.

Tipp

Julius-Pock-Weg
Bereits am Innsbrucker Klettersteig wandelt man auf den Spuren von Julius Pock, der mehrere Gipfel der Nordkette als Erster bestieg, so auch die Vordere Brandjochspitze (2559 m). Wer noch genügend »Luft« hat, besteigt ihn im Anschluss an den Innsbrucker Klettersteig, 1 Std. vom Frau-Hitt-Sattel über den mit einigen alten Sicherungen versehenen Julius-Pock-Weg. Leicht, vom Gipfel bemerkenswertes Panorama.

↘ Abstieg Aus der Scharte auf dem Schmidhuberweg über einen Schrofenhang abwärts, unter den Felsen der Sattelspitzen hindurch in die Karmulde am Fuß des Kemacher und fast eben, am Grubegg (1966 m) nochmals kurz ansteigend, zur Seilbahnstation *Seegrube, 1.15 Std.*

Pfeiserspitz-Steig

58

Pfeiserspitze, 2347 m
Aussichtsreiche Überschreitung

K 2

6 ¾ Std.

1300 m

Routencharakter: Große, aussichtsreiche Überschreitung mit gesicherten Passagen im Bereich der Pfeiserspitze. Neue, mit Plastik ummantelte Drahtseile. Sehr brüchiges Gestein; Vorsicht bei Nässe auf den abschüssigen Grashängen!
Ausgangspunkt: Wanderparkplatz im Halltal (ca. 1260 m), unterhalb von St. Magdalena. Zufahrt mautpflichtig; Ticketautomat
Gehzeiten: St. Magdalena – Lattenspitze 4.15 Std., Pfeiserspitz-Steig 45 Min., Abstieg 1.45 Std.; gesamt 6.45 Std.
Markierung: Weiß-rote Kreismarkierungen, blaue Tupfer, rot-weiß-rote AV-Markierungen
Landkarte: Österreichische Karte 1:25 000 bzw. 1:50 000, Blatt 118 »Innsbruck«
Highlights: Gesicherte Passagen an der Pfeiserspitze, Tiefblicke ins Inntal, Fernsicht zum Alpenhauptkamm
Stützpunkt: Unterwegs keiner
Hinweis: Kombination mit den ⇨ Bettelwurfsteigen und dem ⇨ Innsbrucker Klettersteig möglich, jeweils mit Hüttenübernachtung
Fototipps: Action am Klettersteig, Karwendelberge, Spuren des Bergbaus im Halltal

Wer ins Halltal fährt, hat als Gipfelziel meistens den Großen Bettelwurf vor Augen, vielleicht auch den Großen Lafatscher (2696 m). Weniger Beachtung findet neben diesen Karwendel-Riesen der lang gestreckte Grat, der südlich über dem innersten Isstal von der Wildangerspitze (2153 m) über die Lattenspitze (2330 m) zur *Pfeiserspitze* zackt. Dabei bietet er eine durchaus reizvolle Kammüberschreitung, die man am besten gleich mit dem Anstieg zum *Hochmahdkopf* startet. Das ergibt dann fünf Gipfel(chen), jede Menge Aussicht und an der Pfeiserspitze einige hübsche, mit Drahtseilen und ein paar Eisenhaken gesicherte Kletterstellen. Insgesamt eine runde Sache, die man mit einer Brotzeit in St. Magdalena angemessen ausklingen lassen kann – Blick zum ⇨ Bettelwurf inklusive.

➔ Anfahrt Von der alten Salzstadt Hall in Tirol (574 m) auf einer schmalen und extrem steilen Straße ins Halltal; Parkplatz knapp unterhalb von *St. Magdalena*.

➚ Zustieg Der Aufstieg zum Zunterkopf beginnt nur ein paar Schritte westlich von St. Magdalena, an dem flach taleinwärts führenden Fahrweg (keine Tafel, aber rot-weiße Kreismarkierungen). Im Wald steil bergan, dann nach links und in Kehren auf den Hochmahdkopf (1738 m). Nun am Kamm entlang, über eine

Am Gipfel der Pfeiserspitze

kleine Felsstufe (Drahtseil) und durch Latschengassen auf den *Haller Zunterkopf* (1966 m), *2.15 Std.* Aussichtsreich am Kamm hinüber zum Thaurer Zunterkopf (1918 m) und rechtshaltend hinunter ins Törl (1773 m). Gleich jenseits der Scharte kräftig bergan, dann in längerer Querung, nur mehr mäßig steigend, durch die Südhänge der Wildangerspitze (2153 m) zum Grat und an ihm auf die *Lattenspitze* (2330 m), *4.15 Std.* von St. Magdalena.

↑ **Pfeiserspitz-Steig** Eine dünne Wegspur führt zurück in die steilen Südhänge. Drahtseile leiten in einen schrofigen Graben, aus ihm über brüchige Felsen auf den Vorgipfel und mit kleinem Zwischenabstieg zum Kreuz auf der *Pfeiserspitze*. Jenseits des Gipfels mit Drahtseilhilfe in einer bizarren Felskulisse hinab ins Geröll und rechtshaltend ins *Stempeljoch* (2215 m), *45 Min.*

↘ **Abstieg** Auf gutem Steig im Zickzack hinunter ins Stempelkar, auf der Geröllunterlage (Spur) in den Wald und am Issjöchl vorbei in das ehemalige Bergwerksgelände. Auf einem Fahrweg hinunter zu den *Herrenhäusern* (1482 m). Man verfolgt die Zufahrtsstraße talabwärts bis zu einem Parkplatz; hier rechts und auf breiter Spur zurück nach *St. Magdalena, 1.45 Std.*

Bettelwurf-Gratsteig 59
Großer Bettelwurf, gesicherter Steig 60

Großer Bettelwurf, 2726 m
Große Gipfelüberschreitung

Routencharakter: Anstrengendes Tagespensum (1700 Höhenmeter!) mit knackigen Klettersteigpassagen. Im Hochsommer sehr heiß, am Normalweg viel feines Geröll.
Ausgangspunkt: Wanderparkplatz (ca. 1070 m) im Halltal. Anfahrt mautpflichtig, Ticketautomat.
Gehzeiten: Aufstieg 5.45 Std., Abstieg 3.15 Std.; gesamt 9 Std.
Markierung: Gut markierte Wege
Landkarte: Österreichische Karte 1:25 000 bzw. 1:50 000, Blatt 118 »Innsbruck«
Highlights: Die knackigen Kletterstellen am Gratsteig, das Gipfelpanorama, hinterher ein kühles Radler auf der Hütte ...
Stützpunkt: Bettelwurfhütte (2079 m), Mitte Juni bis Mitte Oktober, Tel.: 05223/533 53
Fototipps: Action am Gratsteig, Karwendelketten, Tiefblicke ins Inntal. Mit einer Übernachtung in der Bettelwurfhütte ergeben sich natürlich viele Möglichkeiten zu stimmungsvollen Bildern (Sonnenaufgang am Kleinen Bettelwurf).

K 4
K 1
9 Std.
1680 m

Steil, schweißtreibend. Damit sind die *Bettelwurf-Südanstiege* hinreichend charakterisiert, und steil geht's bereits los, bevor man auch nur einen Schritt getan hat: über die Halltalstraße, die auf einem kurzen Stück – so behauptet es wenigstens ein Schild – mit 32 Prozent Steigung aufwartet. Die Hänge unter- und oberhalb der Bettelwurfhütte sind allerdings noch erheblich steiler; rund 1700 Meter Höhenunterschied auf eine Horizontaldistanz von gerade mal zwei Kilometern ergibt ein mittleres Gefälle von etwa 80 Prozent! Doch Bergsteiger sind mit so etwas vertraut, dennoch scheint hier ein Hinweis angebracht: Die Tour über die beiden »Würfe« verlangt eine ordentliche Kondition, am Gratsteig auch ordentlichen Krafteinsatz. Und früh aus den Federn sollte man auf jeden Fall, denn wer schon in den Latschen unterhalb der Bettelwurfhütte von der Sommersonne erwischt wird, verliert leicht den Gipfel aus dem Blickfeld ...

Durch den Bau des Gratsteigs ist die Bettelwurftour nicht kürzer, aber um einiges interessanter geworden; statt

59
60

der ermüdenden Schinderei auf dem Normalweg wartet ein zwar recht kurzer, aber knackiger Klettersteig.

➔ **Anfahrt** Von Hall in Tirol (574 m) auf schmaler, steiler Straße ins Halltal; Wanderparkplatz am *Bettelwurfeck* (ca. 1070 m).

➚ **Zustieg** Auf solider Brücke über den Weißenbach und über die Bettelwurfreise in steilem Zickzack in einen wilden, felsumstandenen Kessel. Links auf ein Band (Drahtseil) und über den alten Schlag, zunächst noch angenehm schattig, im Links-rechts-Takt bergan. Zuletzt in einem Linksbogen zur *Bettelwurfhütte* (2079 m), *2.45 Std.*

Hoch – tief: das Inntal vom Großen Bettelwurf

↑ **Bettelwurf-Gratsteig** Hinter dem Schutzhaus, von roten Farbtupfern geleitet, über den grasigen Rücken bergan zum ersten Drahtseil (ca. 2410 m). Nun abwechselnd über die schräg gestellten Schichtbänder und kurze Aufschwünge (Drahtseilsicherungen) bis zu der Weggabelung knapp unterhalb des Grates (links zum *Kleinen Bettelwurf*, 2650 m). Rechts leitet die dünne Spur zum Felsfuß des markant geschichteten Hauptgipfels. Die Ferrata nutzt das Gelände optimal, leitet von Absatz zu Absatz; fest verankerte Drahtseile sichern und entschärfen die Steilstufen dazwischen. Am Westgipfel (2688 m) des *Großen Bettelwurf* läuft der Klettersteig aus; am schmalen, nach Norden jäh abfallenden Grat wandert man hinüber zum Kreuz, *3 Std.*

➘ **Bettelwurf, gesicherter Steig** Klettersteigler nehmen den gesicherten Normalweg für den Abstieg; er verläuft über den *Eisengatterergrat*, mit leichten Felsstufen, schrägen Platten und Gehgelände im Wechsel.

➘ **Abstieg** Rund 300 Meter unter dem Gipfel enden die Sicherungen; die Spur folgt dem Grat noch ein Stück abwärts, dreht dann nach rechts in die Karmulde unter den Bettelwürfen. An der Weggabelung (Tafeln) geradeaus zur Bettelwurfhütte oder links direkt zum Anstiegsweg. Auf ihm hinunter ins *Halltal*, *3.15 Std.* vom Gipfel.

Felix-Kuen-Weg

61

Hundskopf, 2243 m
Markantes Profil über dem Inntal

Routencharakter: Halbtagstour mit viel Aussicht und kleinem Klettersteig – ideal für Einsteiger. Abgeschmierter Fels und nordseitige Querung am Zustieg, die auf jeden Fall schneefrei sein muss (nur teilweise Sicherungen, unter dem Weg Felsabbrüche).
Ausgangspunkt: Hinterhornalm (1522 m)
Gehzeiten: Aufstieg 2.30 Std., Abstieg 1.15 Std.; gesamt 3.45 Std.
Markierung: Gut bezeichnete Wege
Landkarte: Österreichische Karte 1:25 000 bzw. 1:50 000, Blatt 118 »Innsbruck«
Highlights: Querung über dem Vomper Loch, Kraxelei am Gipfelkopf
Einkehr: Hinterhornalm (1522 m)
Fototipps: Action an den Gipfelfelsen, Tiefblicke ins Inntal

K 1

km 3 ¾ Std.

720 m

Die Gleirsch-Halltal-Kette hat im ⇨ Großen Bettelwurf (2725 m) ihre höchste Erhebung, im *Hundskopf* ihren letzten Gipfel, bevor sie an der Mündung des Vomper Lochs zum Inntal absinkt. Dieser letzte »Kopf« ist eine bemerkenswerte Aussichtswarte, mit markiertem Normalweg und einem kleinen Klettersteig, nach dem Tiroler Alpinisten Felix Kuen benannt.

➔ **Anfahrt** Von Hall (574 m) ins Erholungsgebiet Gnadenwald und über die Mautstraße hinauf zur *Hinterhornalm* (1522 m), 12 km.

➚ **Zustieg** Vom Parkplatz auf der Hinterhornalm über Wiesenhänge bergan, dann in lichtem Wald zu den Geröllhängen unter dem Ostgrat des Hundskopfs und über leichte Felsen zum Kammrücken (1918 m). Mit viel Aussicht am Grat, der ein paar leichte Felsstufen aufweist, bis zu einer Weggabelung (ca. 2150 m), *2 Std.*

🡑 **Felix-Kuen-Weg** Hier rechts (Wegzeiger) in die felsig-steile Nordflanke des Berges. Hoch über dem Vomper Loch quert man auf schmaler Spur ohne Höhengewinn auf die Westseite des Hundskopfs. Einige etwas ausgesetzte Stellen sind mit Drahtseilen gesichert. An der Mannl-und-Weibele-Scharte (ca. 2190 m) zweigt rechts ein unmarkierter Weg zur Walderkampspitze (2566 m) ab. Der Klettersteig überwindet zwei kurze, fast senkrechte Felsabsätze mit ein paar Eisenbügeln und einer Leiter. Zuletzt über den Westgrat zum »Kopf des Hundes«, *30 Min.*

➘ **Abstieg** Am felsigen Ostgrat entlang, teilweise etwas luftig (I). Über eine steile Felsstufe hilft ein Drahtseil hinunter zur Abzweigung des Klettersteigs. Weiter auf dem Anstiegsweg zur *Hinterhornalm, 1.15 Std.*

62 Lamstunnel – Lamsenspitze

Lamsenspitze, 2508 m
Durchs Loch auf den Gipfel

K 2
6 ¾ Std.
km
1300 m

Routencharakter: Abwechslungsreiche, genussvolle Gipfeltour mit ein paar überraschenden Szenenwechseln. Total sanierte Route, Selbstsicherung im Anstieg zum Lamstunnel ratsam.
Ausgangspunkte: Großer Ahornboden (In der Eng, 1203 m) bzw. Gramaialm (1263 m). Ab Lenggries fährt im Sommer ein Bergsteigerbus in die Eng.
Gehzeiten: Aufstieg 4.15 Std., Abstieg 2.30 Std.; gesamt 6.45 Std. Wählt man die Gramaialm als Ausgangspunkt (Anfahrt von Maurach am Achensee via Pertisau), verkürzt sich die Gesamtgehzeit auf 6 Std.
Markierung: Gut markierte Wege
Landkarte: Österreichische Karte 1:25 000 bzw. 1:50 000, Blätter 118 »Innsbruck« und 119 »Schwaz«
Highlights: Ganz klar der rassige Anstieg zum Lamstunnel; sehr schön auch das Panorama vom Gipfel.
Stützpunkt: Lamsenjochhütte (1953 m), 🕒 Anfang Juni bis Mitte Oktober, Tel.: 05244/620 63
Fototipps: Lamsenjochhütte mit Kulisse, Action im Anstieg zum Lamstunnel

Total saniert: der Klettersteig auf die Lamsenspitze. Steile Passage unterhalb des Lamstunnels.

Münchnern braucht man den *Lamstunnel* (Brudertunnel) nicht vorzustellen; die Lamsentour gehört seit jeher zum bayrischen Bergsteiger-Abc. Das belegen die ziemlich glatt polierten Felsen sehr eindrucksvoll, und bis vor kurzem begegnete man auf dem

Tipp

Gratsteig zum Hochnissl, 2547 m
Abschnittweise gesichert ist auch die Gratroute über die Rotwandlspitze (2322 m) und die Steinkarlspitze (2460 m) zum Hochnissl. Sinnvollerweise wird man anschließend ins Inntal absteigen, Nächtigung in der Lamsenjochhütte und Nutzung der öffentlichen Verkehrsmittel ratsam. Der Übergang vom Lamstunnel zum Hochnissl wartet mit einigen reizvollen Felspassagen auf; die recht angejahrten Sicherungen wurden jüngst erneuert. Lamsenjochhütte – Lamstunnel – Hochnissl 3.30 Std., Abstieg nach Vomp 4 Std. Mäßig schwierig, nur bei sicherem Wetter gehen – der Grat mit seinen Sicherungen ist recht gewitteranfällig!

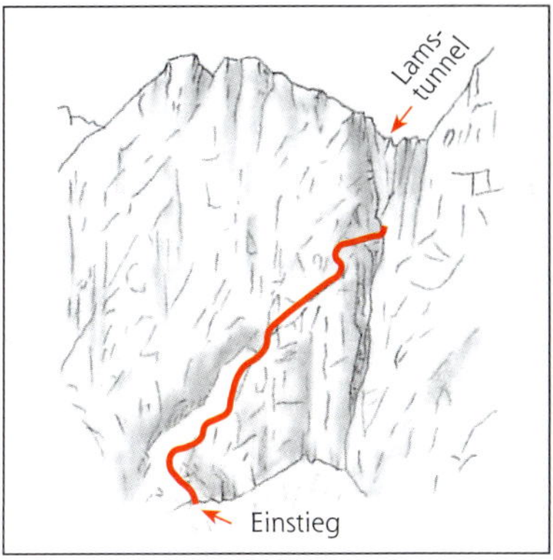

Weg zum Gipfel einem ganzen Sortiment von Sicherungseisen jeden Alters und unterschiedlicher Herkunft.
Tempi passati. Im Sommer 2003 wurde die gesamte Route total saniert, unterhalb des Lamstunnels teilweise sogar neu trassiert. Geblieben ist der Reiz dieses recht originellen Anstiegs, der klar in die Kategorie »genussvoll« gehört. Und oben am Gipfel, als das berühmte Tüpfchen aufs »i«, gibt's mit ein wenig (Wetter-)Glück eine herrliche Rundschau, hinaus bis ins Alpenvorland, hinein bis zum Alpenhauptkamm reichend.

➔ **Anfahrt** Von Bad Tölz auf guter Straße nach Vorderriß, dann im Rißtal aufwärts bis zum *Großen Ahornboden* (1203 m); große Parkplätze.

➚ **Zustieg** Vom Großparkplatz führt ein markierter Anstieg – teilweise mit Sandstraßen – über das Westliche Lamsenjoch (1940 m) zur *Lamsenjochhütte* (1953 m); etwa auf halber Wegstrecke steht die bewirtschaftete Binsalm (1645 m), *2.30 Std.*

🡡 **Lamstunnel – Lamsenspitze** Kurz mit dem Normalweg (Abstieg) Richtung Lamsscharte, dann links und über steinige Wiesen und Geröll zum Einstieg. Den Drahtseilen folgend über die plattigen Felsen rechts der Originalroute (Verschneidung) aufwärts zu einer Schulter und querend (Haken) zur Mündung des *Lamstunnels*. Feucht-erdig durch das Loch zur Ausstiegswand und über eine Klammernreihe zurück ans Tageslicht (ca. 2160 m). Hier rechts auf deutlicher Geröllspur bergan unter die Südwand der *Lamsenspitze*. Mit den neuen Sicherungen zunächst in die

Ein stolzer Karwendelgipfel: die Lamsenspitze

felsige »Turnerrinne«, dann rechts hinaus und auf der Begrenzungsrippe mit Drahtseilen auf die Gipfelabdachung. Wegspuren leiten gegen den Grat, ein paar leichte Kraxelstellen zum großen Kreuz, *1.45 Std.*

➘ Abstieg Auf dem Anstiegsweg hinunter ins Geröll, dann mit kleiner Gegensteigung (Tafel) in die *Lamsscharte*. Gut gesichert, aber recht luftig unter mächtigen Felsen abwärts, dann der Zickzackspur folgend hinunter zur *Lamsenjochhütte*. Schneller geht es, wenn man die Einladung zu einer staubigen Schussfahrt über den Schutthang annimmt. Vom Schutzhaus auf dem Anstiegsweg zurück zum Großen Ahornboden, zuletzt vielleicht mit einem Einkehrumweg über die *Engalm* (1227 m), *2.30 Std.*

Sagzahn-Steig

63

Sagzahn, 2228 m
Schroffer Zacken – kleiner Steig

K 1

4 ¼ Std.

600 m

Routencharakter: Kurze gesicherte Passage in der felsigen Westflanke des schroffen Zahns; Selbstsicherung nicht notwendig. Wird man in der Regel mit einer Rofan-Gipfelrunde (mehrere Varianten) verbinden.
Ausgangspunkt: Bergstation der Rofan-Seilbahn (1831 m); Infos über Betriebszeiten Tel.: 05243/52 92
Gehzeiten: Aufstieg 2.15 Std., Abstieg 2 Std., gesamt 4.15 Std.
Markierung: Gut bezeichnete Steige
Landkarte: Österreichische Karte 1:25 000 bzw. 1:50 000, Blatt 119 »Schwaz«
Highlights: Klettersteigpassage, Aussicht und Tiefblicke vom Vorderen Sonnwendjoch. Die Runde vermittelt einen guten Eindruck von der ganz besonderen, ausgeprägt kleinteiligen Topografie des Rofan: Minimundus alpinum.
Stützpunkt: Erfurter Hütte (1831 m), Pfingsten bis Mitte Oktober, Tel.: 05243/55 17
Fototipps: Die Runde bietet viele hübsche Motive: Rofangipfel, Grubasee, Klettersteigpassage (Nachmittagslicht), Almidylle, Blumen.

Um es gleich vorwegzunehmen: Im *Rofan* gibt's (noch?) keine richtige Ferrata, verteilt übers Massiv aber da und dort ein paar Sicherungsseile. Die einzige etwas längere gesicherte Passage bietet der *Sagzahn*, und das ist angesichts seines schroffen Profils keine Überraschung. Die Überschreitung des felsigen Zahns lässt sich leicht in eine Rofanrunde einbauen, mit Startpunkt bei der Erfurter Hütte und verschiedenen möglichen Wegvarianten.

➔ **Anfahrt** Maurach (975 m) am Achensee erreicht man von Lenggries/Tegernsee bzw. aus dem Inntal über gut ausgebaute Straßen. Mit der Rofanseilbahn in wenigen Minuten zur *Erfurter Hütte* (1831 m).

↗ **Zustieg** Auf markiertem Weg über Almböden und Karren nordöstlich in die Grubascharte (2115 m), dann unter der Rofanspitze querend in den Schafsteigsattel (2174 m). Hier rechts am grasigen Kammrücken zu einer Weggabelung, *2 Std.*

↑ **Sagzahn-Steig** Halblinks aufwärts zum Felsfuß und dann ge-

Tipp

Guffert, 2195 m
Der Guffert gehört zu den attraktivsten Gipfelzielen der Region, und wenn er auf der Fahrt zum Achensee ins Blickfeld kommt, versteht man das sehr gut: als elegante, frei stehende Felspyramide ragt er über bewaldeten Hügeln auf. Seine Besteigung ist wenig schwierig, am schönsten als Überschreitung, mit Aufstieg über die Nordflanke und Abstieg südwärts nach Steinberg. Da kommt dann sogar etwas Ferrata-Feeling auf, sind an der Nordflanke und am Grat doch ein paar (recht antiquierte) Sicherungen montiert. Ein Klettersteiggipfel ist der Guffert deshalb noch lange nicht – ein lohnendes Tourenziel aber allemal. Gehzeit ab Oberbergalm (1029 m; an der Straße nach Steinberg) etwa 6.30 Std., **K 1–2**, markierte Wege.

63

sichert durch eine steile Rinne auf das Wiesendach des Sagzahns, *15 Min.*

Abstieg Mit den Tuxer und Zillertaler Alpen im Vorblick flach zum *Vorderen Sonnwendjoch* (2224 m). Auf markiertem Weg kurz abwärts zu einer Verzweigung, dann rechts hinunter zur Schermsteinalm (1855 m), deren Hütte sich unter einen Felsüberhang schmiegt. Mit Gegenanstieg in den Krahnsattel (2002 m) und dahinter bergab zur *Erfurter Hütte*, zuletzt auf dem Hinweg, *2 Std.*

Beliebtes Gipfelziel am bayerischen Nordalpenrand ist der Guffert.

Julius-Mayr-Steig

64

Brünnstein, 1619 m
Felsiger Zahn über dem Inntal

K 1
5 Std.
920 m

Routencharakter: Leichter, originell angelegter Klettersteig; Selbstsicherung nicht erforderlich. Sicherungen 2006 optimal (übertrieben?) saniert.
Ausgangspunkt: Wanderparkplatz knapp einen halben Kilometer vor dem Berggasthof Buchau (699 m)
Gehzeiten: Aufstieg 3 Std., Abstieg 2 Std.
Markierung: Bezeichnete Wege
Landkarte: Bayerisches Landesvermessungsamt 1:25 000, Blatt 8338 »Bayrischzell«
Highlights: Klettersteig mit Durchschlupf hinter einem abgespalteten Felsturm, stimmungsvolle Aussicht vom Gipfel
Stützpunkt: Brünnsteinhaus (1342 m), Mai bis Februar, Mitte November bis Weihnachten nur an Wochenenden, Tel.: 08033/14 31
Fototipps: Hübsche Motive am Klettersteig (Felsspalt, Band), Kapelle am Gipfel, Felsflanke des Brünnsteins vom Brünnsteinhaus

Der *Brünnstein*, vom Inntal aus als markanter Felszahn erscheinend, gehört zu den Münchner Hausbergen und entsprechend regen Besuch verzeichnet er auch. Als Ausgangspunkte bieten sich neben Buchau der Berggasthof Rosengasse (1125 m) und der Tatzelwurm an, bei jeweils etwa gleicher Gesamtgehzeit.

→ Anfahrt Von Oberaudorf im Inntal auf einer Asphaltstraße zum Berggasthof *Buchau* (699 m).

↗ Zustieg Vom Gasthaus zunächst auf einer Sandstraße leicht steigend zu einer Verzweigung, dann rechts (Hinweis) mit einer brutal ins Gelände gebaggerten Piste steil bergan ins Brünntal (ca. 900 m). Weiter auf einem Waldweg unter der Fritzenwand durch den Graben aufwärts zum *Brünnsteinhaus* (1342 m), *2 Std.*

↑ Julius-Mayr-Weg Gleich neben dem Haus weist ein Schild zum Julius-Mayr-Weg. Im Wald bergan zum Felsfuß, rechts aufwärts und mit einigen Sicherungen steil zu einem engen Spalt. Im Rücken des kompakten Felsturms etwa 20 Meter »durch« den Berg und über eine Stiege auf einen Schrofenhang. An ihm aufwärts zu einem drahtseilgesicherten Band. Es leitet in die Karmulde unter dem Gipfelgrat. Zuletzt über leichte Felsstufen (Drahtseile) zur winzigen Gipfelkapelle, *1 Std.*

↘ Abstieg Vom Ostgipfel (Westgipfel 1634 m) mit Drahtseilsicherung an der gestuften Felsflanke abwärts, dann im Zickzack über den licht bewaldeten Hang weiter bergab und zurück zum Brünnsteinhaus. Auf dem Anstiegsweg zurück nach *Buchau, 2 Std.*

Fels und Firn: Erlebnis Stubaier Alpen an der Rinnenspitze

Ötztaler und Stubaier Alpen

Blockiger Gneis, oft mit Flechten bewachsen, gilt ja nicht unbedingt als ideales Terrain für Vie ferrate – Kalk muss es sein! Das könnte man fast glauben, mit Blick auf die vielen Eisenwege in den Dolomiten, am Gardasee und in den Nördlichen Kalkalpen. Inzwischen haben uns die Klettersteigbauer eines Besseren belehrt. Über dem Reschenpass, im mittleren Ötztal und im Stubai gibt es eine ganze Reihe attraktiver Steige, deren Unterlage weder aus Kalk noch magnesiumsaurem Dolomit besteht: Tiroler Weg, Reinhard-Schiestl-Klettersteig, Fernau-Klettersteig. Etwas ungewohnt für manche Klettersteigler: wenige große Tritte statt vieler kleiner Griffe, plattige, dunkle Felsen, kein von der Sonne ausgebleichter Stein, in allen Karwinkeln blinkende Seeaugen, Firn und Eis am Horizont.

Insgesamt ist die Anzahl gesicherter Routen in diesem fast 1500 Quadratkilometer großen Revier nördlich des Alpenhauptkamms noch verhältnismäßig gering, zudem stark konzentriert auf ein einziges Tal: das Stubai. Denn hier erstreckt sich eine aus Sedimenten aufgebaute Zone von den Kalkkögeln über den Elfer und die Ilmspitze bis zu den Tribulaunen an der Grenze zu Südtirol – notabene mit einigen besonders schönen Ferrata-Klassikern: dem Schlicker-Klettersteig an der Großen Ochsenwand, den Elferrouten und dem Ilmspitz-Klettersteig.

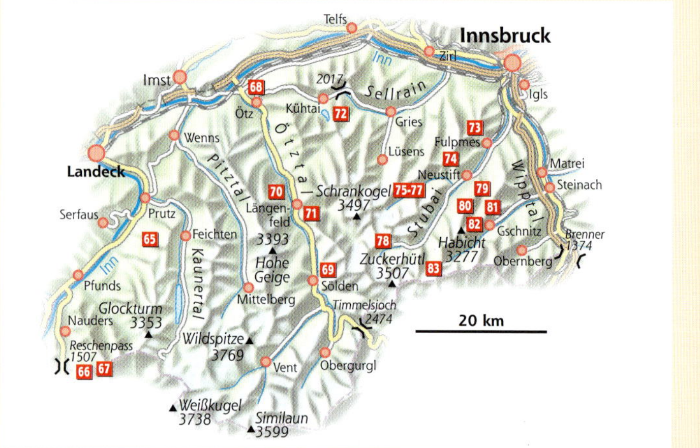

Auf einen Blick

65	**Renk-Klettersteig**	K 4 – 5, 5 Std.
66	**Tiroler Weg**	K 5, 5 ½ Std.
67	**Goldweg**	K 5– 6 , 4 ½ Std.
68	**Auerklamm**	K 2, 15 Min.
69	**Moosalm-Klettersteig**	K 4, 45 Min.
70	**Lehner-Wasserfall-Klettersteig**	K 3, 1 ½ Std.
71	**Reinhard-Schiestl-Klettersteig**	K 5, 2 ½ Std.
72	**Panoramaklettersteig Pockkogel**	K 5, 4 ½ Std.
73	**Lustige-Bergler-Steig**	K 1, 6 ½ Std.
74	**Schlicker Klettersteig**	K 5, 8 Std.
75	**Edelweiß-Klettersteig**	K 4, ¾ Std.
76	**Höllenrachen**	K 4, ¾ Std.
77	**Rinnenspitze, gesicherter Steig**	K 1, 7 ½ Std.
78	**Fernau-Klettersteig**	K 4, 2 ¾ Std.
79	**Elferturm-Klettersteig und**	K 4
80	**Elferkofelsteig**	K 3, 6 ½ Std.
81	**Kirchdachspitze**	K 1, 7 ¼ Std.
82	**Ilmspitz-Klettersteig**	K 4, 10 Std.
83	**Klettersteig Nürnberger Hütte**	K 4 – 5, 6 Std.

65 Renk-Klettersteig

Renkboden, 2250 m
Genussroute mit Wassermusik

K 4–5
5 Std.
650 m

Routencharakter: Bestens gesicherte, recht anspruchsvolle Route mit spektakulärem Verlauf unmittelbar neben den Renk-Wasserfällen. Verhältnis mäßig kurz, aber mit sehr exponierten Passagen. Landschaftlich reizvoller Zustieg (im Frühsommer herrliche Blumenwiesen). Eröffnung: Juni/Juli 2007. Schwierigkeits-Einstufung deshalb mit Vorbehalt!
Ausgangspunkt: Bergstation der von Fendels ausgehenden Gondelbahn beim Sattele (1870 m)
Gehzeiten: Zustieg 2 Std., Klettersteig 1.30 Std., Rückweg 1.30 Std.; gesamt 5 Std.
Markierung: Durchwegs gut bezeichnete Wege
Landkarte: Österreichische Karte 1:25 000 bzw. 1:50 000, Blatt 145 »Imst«
Highlights: Natürlich die Wasserfälle, daneben aber auch die weitgehend unberührte Berglandschaft des nördlichen Glockturmkamms.
Stützpunkt: Anton-Renk-Hütte (2260 m) für Selbstversorger, stets zugänglich.
Tipp: Auf der Stalanzalpe gibt's im Sommer einen feinen Käse.
Fototipps: Am Nachmittag bietet die nach Nordwesten orientierte Wand samt Wasserfällen die besten Lichtverhältnisse.

Wenn's in Tirol überhaupt noch alpine Geheimtipps gibt, dann gehört Fendels mit dem nördlichen Glockturmkamm dazu. Zwischen dem Mittagskopf (2616 m) und dem Pfroslkopf (3148 m) erstreckt sich ein ebenso interessantes wie abwechslungsreiches Tourengebiet: Höhenwege, spannende Übergänge (u. a. zum Gepatschhaus), Gipfel mit markierten Anstiegen (Gamsköpfe, 2808 m; Feichtener Karlspitze, 2916 m), einsame Karwinkel. Und unterhalb der Anton-Renk-Hütte – deren Name an den Tiroler Schriftsteller und Volkskundler Anton Renk (1871–1906) erinnert – stieben die Renk-Wasserfälle über eine imposante Felswand herab. Im Winter wird im Eis des »Fallenden Bachs« gerne geklettert, ab dem Sommer 2007 kann man auf Eisen neben den stürzenden Wassern aufsteigen zur Renkhütte – über einen neuen, spektakulären Klettersteig!

➔ **Anfahrt** Über die Inntal-Autobahn bzw. die Arlberg-Schnellstraße nach Landeck, dann weiter bis Prutz (864 m) und auf guter Straße bergan nach *Fendels* (1352 m). Mit dem Sessellift zur Bergstation am *Sattele* (1870 m).

➚ **Zustieg** Auf dem schönen Höhenweg in sanftem Anstieg über die Fendler Alpe (1970 m) zum Zirmesköpfle (2092 m), dann hoch

65

am Hang taleinwärts zur signalisierten Abzweigung des Klettersteig-Zustiegs (ca. 2150 m). Er führt über einen licht bewaldeten Hang hinunter zum Stalanzbach und unweit der Stalanzalpe (1931 m) über den Bach. Nun wieder bergan zum Einstieg der Ferrata (ca. 2020 m), *2 Std.*

Die Ferrata verläuft rechts der Wasserfälle.

↑ **Renk-Klettersteig** Rechts der *Renk-Wasserfälle* steil, aber mit Drahtseilen und Eisenbügeln bestens gesichert, an einem Pfeiler aufwärts. Vertikale Passagen wechseln mit kurzen, luftigen Querungen ab. Dabei hat man das Rauschen des Wassers nicht nur im Ohr, es bieten sich auch packende Nahblicke auf das Naturschauspiel. Nach etwa 250 atemberaubenden Höhenmetern läuft die Ferrata auf ein kleines Plateau aus, *1.30 Std.*

↘ **Abstieg** Die Markierungen leiten uns nordöstlich über Blockgelände und Wiesenflecken bis zur *Anton-Renk-Hütte* (2260 m). Auf dem schönen Höhenweg mit Aussicht übers Inntal bis zu den Lechtaler Alpen gemütlich zurück zur Seilbahnstation, *1.30 Std.*

66 Tiroler Weg

Plamorder Spitze, 2965 m
Steile Route im Ötztaler Gneis

K 5

5 ½ Std.

800 m

Routencharakter: Knackig fordernder Klettersteig von ausgeprägt alpinem Charakter. Da An- und Abstieg nordseitig verlaufen, muss unter Umständen mit Altschnee oder Eis gerechnet werden. Ganz wichtig: Bei Nässe wird der an sich griffig-raue Gneis zur total rutschigen Unterlage, was besonders gefährlich ist, da man am Tiroler Weg vielfach auf Reibung klettern muss. Also nur bei trockenem Wetter gehen! Insgesamt eine Spitzentour, sehr beeindruckend auch der Landschaftsrahmen.
Ausgangspunkt: Gondelbahn Bergkastelboden (2170 m); Betriebszeiten Tel.: 05473/873 27
Gehzeiten: Aufstieg 3.30 Std., Abstieg 2 Std.; gesamt 5.30 Std.
Markierung: Zu- und Abstieg ordentlich markiert
Landkarte: Österreichische Karte 1:25 000 bzw. 1:50 000, Blatt 171 »Nauders«
Highlights: Die schönen Kletterstellen, dann natürlich das ans Drahtseil gelegte Türmchen neben dem Grat. Fantastisch die Kulisse am Alpenhauptkamm.
Stützpunkt: Restaurant Bergkastelboden (2170 m)
Fototipps: Gute Actionmotive am Grat, Klettersteigler an dem abgesetzten Türmchen, Tiefblick zum Reschensee

Von »Weg« keine Spur, nicht am Zugang, wo Blockhüpfen angesagt ist, nicht im Abstieg – eine eklige Geröllrinne – und erst recht nicht am Drahtseil, das eine steile Linie aus dem Nauderer Gaisloch zum Gipfel des Fast-Dreitausenders vorgibt. Der »Tiroler« ist eine Ferrata der Spitzenklasse, anspruchsvoll, sparsam gesichert und landschaftlich ungewöhnlich reizvoll. Für Letzteres sorgt die Nähe der Ötztaler Gletscherberge, und ihr Gestein ist es auch, das der Tour eine besondere, ungewöhnliche Note verleiht: Gneis statt Granit, rauer, dunkler Fels, mächtige Blöcke, große Absätze, aber auch trittlose Platten. Die 1985 eröffnete Route verläuft über den ausgeprägten Nordgrat der *Plamorder Spitze*, abschnittweise exakt entlang der scharfen Gratkante; das straffe, in kurzen Abständen fixierte Drahtseil ist dabei zuverlässige, aber (fast) einzige Sicherung. Oben gibt's zur Belohnung ein phänomenales Panorama mit dem Tiefblick

Aussichtskanzel über dem Obervinschgau: die Plamorder Spitze. In der Tiefe der Reschensee.

66

zum Reschensee, über dem der mächtige, eisgepanzerte *Ortler* thront, als Highlight. Kleiner Schönheitsfehler ist der (bereits angesprochene) Abstieg aus der Scharte zwischen dem Westgipfel der Plamorder Spitze und der Klopaier Spitze, ein einziger Balanceakt auf sehr beweglichem Untergrund ...

➔ **Anfahrt** Nauders (1394 m), am Dreiländereck Österreich–Schweiz–Italien gelegen, erreicht man von Landeck auf guter Straße; Buslinie. Südlich, zum Reschenpass hin, liegt vor dem Ort die Talstation der *Bergkastelboden-Gondelbahn*.

Steile Route in blockigem Gneis: der Tiroler Weg

➚ **Zustieg** Vom Bergkastelboden (2170 m) zunächst mit einer Lifttrasse bergan, dann rechts in das Nauderer Gaisloch, ein mächtiges Geröllkar. Die Markierungen leiten quer über das grobe Blockwerk (sehenswerte Endmoräne eines verschwundenen Gletschers) zum Nordgrat der *Plamorder Spitze*. Rechts etwas oberhalb seines Fußpunktes entdeckt man den Einstieg (ca. 2650 m; Bronzetafel), *1.30 Std.*

🡅 **Tiroler Weg** Gleich der erste Aufschwung selektiert ordentlich: gut zehn Meter hoch, nahezu senkrecht und mit nur wenigen, dafür aber komfortablen Tritten. Anschließend leichter weiter, dann steilt der Grat mehr und mehr auf, wird die Kletterei zunehmend luftiger. Ein schlankes, abgesetztes *Türmchen* verleitet Könner – aber nur die! – zu einem kleinen, sehr luftigen Seitensprung. Weiter am Grat, nach kurzem Zwischenabstieg nochmals steil bergan, dann nach rechts, unter dem Hauptgipfel (2982 m) hindurch und zum Kamm. Wenige Meter weiter steht das große Gipfelkreuz (ca. 2965 m), *2 Std.*

➘ **Abstieg** Zunächst noch kurz am Grat entlang, dann schwierig am Rand einer großen, schon aus dem Gaisloch sichtbaren Platte hinab auf ein Horizontalband und in eine Scharte. Mit Sicherungen über eine Felskuppe hinab in einen nächsten, engen Grateinschnitt. Nun ungesichert durch die Geröllrinne mehr oder weniger elegant – rutschend, balancierend – abwärts ins Kar und auf dem Zustiegsweg zurück zum *Bergkastelboden, 2 Std.*

67 Goldweg

Bergkastelspitze, 2912 m
Der zweite Nauderer Klettersteig

K 5–6
4 ½ Std.
740 m

Routencharakter: Ausgeprägt alpine Route in blockigem Gneis mit sehr schwieriger Schlüsselstelle, aber auch leichteren Passagen. Große Kulisse, vom Gipfel feines Panorama.
Ausgangspunkt: Gondelbahn Bergkastelboden (2170 m); Betriebszeiten Tel.: 05473/873 27
Gehzeiten: Aufstieg 3 Std., Abstieg 1.30 Std.; gesamt 4.30 Std.
Markierung: Gut markierte Wege
Landkarte: Österreichische Karte 1:25 000 bzw. 1:50 000, Blatt 171 »Nauders«
Highlights: Schlüsselstelle, Tiefblick von der Bergkastelspitze zu den Goldseen, Panorama
Stützpunkt: Restaurant Bergkastelboden (2170 m)
Fototipps: Sehr fotogen ist die Schlüsselstelle; weiter Klettersteigler am Grat vor hochalpiner Kulisse, die Goldseen.

Obwohl die *Bergkastelspitze* nördlich von der Plamorder Spitze steht, ist auch sie ein Grenzgipfel zwischen Nord- und Südtirol, was sich aus der ziemlich eigenwilligen Grenzziehung über dem Reschenpass erklärt. Doch das kümmert heute kaum mehr – der EU sei Dank! Wanderer wissen den Gipfel als prächtige Aussichtswarte über den Goldseen zu schätzen, und seit 1990 turnen Klettersteigler über den Nordgrat herauf. Der ist zwar nicht ganz so steil wie jener an der Plamorder Spitze, mit Schrofenpassagen und etwas Grün dazwischen, dafür haben ihm die Ferratabauer eine Schlüsselstelle verpasst, die es in sich hat. »Krampf!«, werden die einen sagen, andere aber bestimmt ihren Gefallen daran finden. Jenen, die angesichts des senkrechten Aufschwungs der Mut (oder die Kraft) zu verlassen droht, sei verraten, dass man die Stelle auch umgehen kann ...

Tipp

Panoramablick-Klettersteig
Sehr fragwürdige Anlage zuhinterst im Kauner Tal. Die Fakten: rund 80 Kilometer Anfahrt von Landeck samt happiger Maut, ein ziemlich verdreckter Gletscher, überall Spuren des Massenskilaufs – und eine tolle Aussicht (ehrlich!). Daran darf man sich freuen, weniger an der unprofessionell angelegten Route in blockig-brüchigem Fels. Gletscherstraße (2750 m) – Joch (3047 m) – Hintere Karlesspitze (3160 m) – Dreiländerblick – Gletscherstraße, etwa 3 Std. Mäßig schwierig, keine schöne Kletterei, Steig in schlechtem Zustand.

Höher am Grat folgt dann nochmals eine senkrechte, aber nur kurze Wandstelle; der Rest ist vergleichsweise gemütliches Steigen vor einem sich immer schöner auffächernden Panorama. Zeigen sich zunächst die östlichen Samnaunberge und der vielgipflige, hohe Kamm der Lechtaler Alpen, treten später auch die Graubündner Berge ins Bild. Gut auszumachen sind rechts des Inn der Muttler, das dreigipflige Fluchthorn

67

und der Piz Linard (3411 m). Und vom Gipfel zeigt sich dann noch der mächtige, abgerundete Eisdom der Weißkugel (3738 m); in der Tiefe blinken die beiden *Goldseen*.

➔ **Anfahrt** Nauders (1394 m), am Dreiländereck Österreich–Schweiz–Italien gelegen, erreicht man von Landeck auf guter Straße; Buslinie. Südlich, Richtung Reschenpass, liegt die Talstation der *Bergkastelboden-Gondelbahn*.

➚ **Zustieg** Von der Bergstation (Hinweis) mit dem Wanderweg (Nr. 33) über Wiesen zu Liftmasten, dann, durchgehend rot bezeichnet, in längerer Diagonale über den mit vereinzelten Arven bestandenen Hang über dem Ganderbild weiter aufwärts. Man passiert einen schrofigen Felsvorbau und erreicht dahinter den Einstieg (ca. 2570 m), *1.15 Std.*

Dunkler Fels, gleißender Firn am Alpenhauptkamm: der Goldsee in den Ötztaler Alpen

Schlüsselstelle am Goldweg

↑ Goldweg Der Klettersteig startet recht moderat; an dem straff gespannten Drahtseil steigt man zügig bergan. Die Route folgt fast durchgehend dem Grat, was Steinschlag durch Vorausteigende weitgehend ausschließt. Nach einem flacheren Zwischenstück folgt die Schlüsselstelle: Das Sicherungsseil leitet über eine kleingriffige Wandstufe zu einem Vorsprung. Um ein paar Felstrümmer herum und mit einem Spreizschritt in die Vertikale. Mit Kraft und Geschick zu einem guten Stand, dann nach rechts, mithilfe einer etwas höher im Fels angebrachten Schleife um ein extrem ausgesetztes Eck herum und senkrecht in harmloses Gelände.

Nun vergleichsweise leicht am Grat weiter zu einem kurzen senkrechten Aufschwung. Dahinter legt sich der Grat zurück, leiten Drahtseile zum Gipfelkreuz, *1.45 Std.*

↘ Abstieg Mit Drahtseilen gesichert über die ersten 30 Meter am Grat abwärts, dann rechtshaltend durch die Schrofenflanke zu den beiden *Goldseen* (2585 m). Vom Abfluss des unteren Sees über die Steilstufe »Beim Stein« hinunter ins Ganderbild, an der Wegteilung (Hinweis) links flach zur Bergstation der Gondelbahn, *1.30 Std.*

Tipp

Pitztaler Gletschersteig
Die Ötztaler Gletscherwelt hautnah erleben kann man auf diesem Steig, der zum Auftakt ein paar gesicherte Passagen aufweist. Hinauf geht's auch an Drahtseilen: jenen des Pitz-Express und der Panoramabahn. Von der Bergstation über den Hinteren Brunnkogel (3438 m), dann westwärts abwärts, über den Taschachferner (Stangenmarkierung) zum Taschachhaus (2432 m) und talauswärts nach Mittelberg (1736 m), 5.30 Std. Leicht, Infos über Begehbarkeit der Route bei den Pitztaler Gletscherbahnen, Tel.: 05413/862 88.

Auerklamm 68
Moosalm-Klettersteig 69

Auerklamm, ca. 940 m/Moosalm, ca. 1700 m
Trainingsstrecken

Routencharakter: Der Abstieg in die Auerklamm ist optimal gesichert. Geübte können bei dem kurzen Vergnügen auf eine Selbstsicherung verzichten (nicht aber Anfänger!). *Die Auerklamm-Route wird im Sommer 2007 verlängert, führt dann neben dem Wasserfall steil hinauf ins Wiesengelände. Nur mit Klettersteigset, etwa K 4.* Recht anspruchsvoll ist der Moosalm-Klettersteig, mit (dünnen) Drahtseilen, zwei Leitern und ein paar Eisenbügeln gesichert.
Ausgangspunkt: Infocenter Ötztal in Ambach (762 m) bzw. Parkplatz oberhalb des Gasthauses Moosalm bei Sölden
Gehzeiten: Auerklamm 1.30 Std. (*nach Verlängerung etwa 2 Std.*), Moosalm-Klettersteig 45 Min.
Markierung: Auerklamm-Zustieg rote Punkte, Hinweistafel zum Klettergarten Moosalm
Landkarten: Österreichische Karte 1:25 000 bzw. 1:50 000, Blätter 146 »Oetz« und 173 »Sölden«
Highlights: Die Kulisse der Auerklamm mit ihrem schönen Wasserfall, ein paar schöne Klettermeter an der Moosalm-Ferrata.
Fototipps: Action und Landschaft an der Klammroute (am besten nachmittags).

K 2
K 4

km 1 ½ Std./ 45 Min.

300 m/ 100 m

Neben den beliebten Sportklettersteigen um Längenfeld (⇨ Routen 70 und 71) gibt es im Ötztal noch zwei kleine Trainings-Klettersteige: in der Auerklamm bei Oetz und oberhalb von Sölden. Etwas anspruchsvoller (auch nicht so professionell gesichert) ist die Route im Klettergarten oberhalb von Sölden.

→ Auf der Inntal-Autobahn zur Ausfahrt »Ötztal«, dann auf der Bundesstraße bis zum großen Infocenter bei *Ambach* (762 m).

↗ An der Straße nach Ebene weist ein Schild zur Ruine Auenstein. Auf Waldweg in Serpentinen links der Auerklamm bergan bis zur (unmarkierten) Abzweigung zum Schluchteinstieg (980 m; Spur).

↑ Am dicken Drahtseil bis hinunter zu dem herrlichen Gumpen am Fuß eines schönen Wasserfalls (940 m). Steilpassagen sind zusätzlich mit Krampen und Eisenstiften entschärft.

→ Auf der Talstraße weiter nach Sölden, dann hinauf zur Häusergruppe *Moos* (1495 m). Wenig oberhalb der Forststraße Parkplatz.

↗ Weiter auf der Sandpiste bis zu einer Linkskehre; hier rechts zum Klettergarten (Tafel).

↑ Die Trainingsroute verläuft über den rechten Wandteil. Zunächst über plattige Felsen, dann diagonal querend zu zwei Leitern und steil zum kleinen Ausstiegs-Überhang, *15 Min.*

↘ Den Steigspuren folgend hinab zum Wandfuß.

70 Lehner-Wasserfall-Klettersteig

Lehner Wasserfall, ca. 1450 m
Stiebende Wasser

K 3

1 ½ Std.

km

270 m

Routencharakter: Abwechslungsreicher, allerdings nur kurzer Sportklettersteig; mäßig schwierig, lässt sich bestens mit dem anspruchsvollen ⇨ Reinhard-Schiestl-Klettersteig kombinieren: viel Eisen garantiert!
Ausgangspunkt: Lehn (1159 m) bei Längenfeld (Freilichtmuseum)
Gehzeiten: Aufstieg 1 Std., Abstieg 30 Min.; gesamt 1.30 Std.
Markierung: Schautafel am Einstieg, Abstiegsweg schwach bezeichnet
Landkarte: Erübrigt sich, zur Groborientierung Österreichische Karte 1:50 000, Blatt 146 »Oetz«
Highlights: Einstiegswand, Querung unter Überhängen mit Tiefblick auf den flachen Talboden von Längenfeld, knackiger Überhang
Stützpunkt: Unterwegs keiner
Fototipps: Gute Motive entlang der Ferrata, mit und ohne stiebende Wasser im Hintergrund

Wer zum Wandern oder Bergsteigen ins Ötztal fährt, hat oft die großen Berge im Auge, träumt von Dreitausendern und Hüttenzauber. Dass es hier »ganz unten«, direkt im Tal bei Längenfeld gleich zwei Vie ferrate von sehr sportlichem Zuschnitt gibt, ist schon eine kleine Überraschung. Während der ⇨ Schiestl-Steig eher etwas für Experten ist, dürfen sich an den Jubiläums-Klettersteig auch weniger Erfahrene wagen: eine Stunde luftig-lustige Kraxelei, im Ohr das Rauschen des *Lehner Wasserfalls*. Den wohl als Gag gedachten knackigen Überhang am Ausstieg (Variante) kann man sich getrost schenken.

➔ **Anfahrt** Längenfeld (1180 m) liegt im mittleren Ötztal, 17 km von Oetz. Vor dem Ort rechts (Tafel »Freilichtmuseum«) und nach *Lehn* (1159 m). Große Schautafel zum Klettersteig.

↗ **Zustieg** Zunächst mit dem Kreuzweg im Wald bergan zur Lourdeskapelle, dann rechts und auf einer Hängebrücke über den Lehnbach zum Einstieg, *15 Min.*

↑ **Jubiläums-Klettersteig »Lehner Wasserfall«** Fulminant der Auftakt: Eisenbügel leiten über eine 20-Meter-Wand nahezu senkrecht auf eine Kanzel. Anschließend links leichter am sichernden Drahtseil über gestufte Felsen und anschließend unter mächtigen Überhängen auf plattigen Felsen (Tritteisen) schräg bergan in Richtung Wasserfall. Der bleibt links; rechts leicht oder ganz schwierig (Überhang) zum Ausstieg, *45 Min.*

↘ **Abstieg** Auf einem Waldweg hinunter nach Lehn, *30 Min.*

Reinhard-Schiestl-Klettersteig

71

Burgstein, 1424 m
Steil und luftig

Routencharakter: Sehr steiler und entsprechend anstrengender Sportklettersteig, mit Drahtseilen und vielen künstlichen Griffen bzw. Tritten gesichert, teilweise extrem luftig. Nicht zu schnell gehen, Pausen einlegen. Lässt sich bestens mit dem Klettersteig drüben am ⇨ Lehner Wasserfall verbinden.
Ausgangspunkt: Parkplatz an der Ötztaler Straße, etwa einen Kilometer südlich von Längenfeld
Gehzeiten: Aufstieg 1.30 Std., Abstieg 1 Std.
Markierung: Vom Ausstieg nach Burgstein rote Punkte
Landkarte: Erübrigt sich; zur Groborientierung evtl. Österreichische Karte 1:50 000, Blatt 146 »Oetz«
Highlights: Elegant-steile Kletterpassagen in großer Exposition
Stützpunkt: Einkehrmöglichkeiten in Burgstein
Fototipps: Wenn man sein »Model« dabeihat und dazu die Sonne scheint, wird auf dieser Route wohl mindestens ein ganzer Film draufgehen …

K 5
km 2 ½ Std.
330 m

Nicht so anspruchsvoll wie der »Schiestl«, aber ebenfalls sehr reizvoll: der Klettersteig zum Lehner Wasserfall.

Von ganz anderem Kaliber als die Route am Lehner Wasserfall ist der Reinhard-Schiestl-Klettersteig, 1999 an die *Burgsteinwand* geheftet und benannt nach dem einheimischen Extremkletterer Reinhard Schiestl. Hier dominiert die Vertikale, vom ersten Meter an, und einige Querungen verdienen das Prädikat »ausgesetzt« mit drei Ausrufezeichen dahinter. Da sehr viele künstliche Tritte (über 300) gesetzt sind, halten sich die technischen Schwierigkeiten aber in (relativen) Grenzen. Und nach dem Ausstieg auf die Terrasse von Burgstein bietet sich die Möglichkeit, bei einer Tiroler Jause die strapazierten Nerven wieder ins Lot zu bringen. Prost!

➔ **Anfahrt** *Längenfeld* (1180 m) liegt im mittleren Ötztal, 17 km von Oetz. Durch den Ort und auf der Bundesstraße zum Parkplatz am Fuß der Burgsteinwand. Wer mit öffentlichen Verkehrsmitteln unterwegs ist, startet gleich in Längenfeld.

➚ Zugang Über den Bach und mit dem Wasser links zum Einstieg, *3 Min.*

↑ Reinhard-Schiestl-Klettersteig Die Einstiegswand setzt gleich Maßstäbe: senkrecht hinauf, allerdings – wie auch in der Folge – gut mit Griff- und Tritteisen versehen. Auf einen kleinen Überhang folgt erneut eine steile Wandstufe, dann wird's vorübergehend etwas leichter. Ein bequemes Band leitet nach rechts, bevor die Route wieder in die Vertikale geht. Nach dem Wandbuch folgt nochmals eine maximal ausgesetzte Querung; über plattige Felsen und eine letzte Steilstufe gewinnt man schließlich den Ausstieg an der Wandoberkante, *1.30 Std.*

Der Schiestl-Klettersteig

➘ Abstieg Den Markierungen folgend zu den Häusern von *Burgstein* (1424 m). Auf dem Sträßchen nordwärts hinunter nach Längenfeld und parallel zur Staatsstraße zurück zum Parkplatz, *1 Std.*

Tipp

Himmelsleiter zur Hochstubaihütte
Nur wenig Eisen, dafür aber ein Hochgebirgspanorama der Spitzenklasse bietet der lange Anstieg vom Gasthaus Fiegl (1956 m; Taxi ab Sölden) über den Seekarsee (2658 m) und die »Himmelsleiter« zur Hochstubaihütte (3174 m), 4 Std. Klettersteiglern wird man hier allerdings nur selten begegnen, Bergsteigern mit größerem Gepäck schon eher. Für sie ist das Schutzhaus am Wütenkarferner nur Etappe auf dem Weg zu einem Dreitausender der Stubaier Alpen. Abstieg über den Laubkarsee und die Kleblealm (1993 m) nach Sölden, 4 Std.

Panoramaklettersteig Pockkogel

72

Pockkogel, 2807 m
Spannende Route in den Sellrainer Bergen

K 5

4 ½ Std.

790 m

Routencharakter: Schwieriger Klettersteig in blockigem Gneis mit einigen stark fordernden Einzelstellen. Im Frühsommer muss man aufgrund der nordseitigen Lage mit Schnee, evtl. auch Eis rechnen (Steigeisen und Pickel empfehlenswert). Schönes Panorama vom Gipfel.
Ausgangspunkt: Bergstation des Drei-Seen-Liftes (2311 m), Talstation Kühtai (2017 m)
Gehzeiten: Zustieg 40 Min., Klettersteig 2.15 Std., Abstieg 1.30 Std.; gesamt 4.30 Std.
Markierung: Zu- und Abstieg weiß-rot-weiß bezeichnet, am Klettersteig einige rote Punkte
Landkarte: Österreichische Karte 1:25 000 bzw. 1:50 000, Blatt 146 »Oetz«
Highlights: Die knackigen Passagen im unteren Routenabschnitt.
Stützpunkt: Unterwegs keiner; Dortmunder Hütte (1949 m) an der Straße von Oetz nach Kühtai, ⌚ Juni bis Oktober, Tel. 05239/52 02
Fototipps: Wegen der nordseitigen Exposition hat man in den Steilpassagen selten gute Lichtverhältnisse, am ehesten zum Gipfel hin.

➔ **Anfahrt** *Kühtai* (2017 m) erreicht man von Oetz (812 m) bzw. Kematen über gut ausgebaute Straßen. Parkplätze im Ortsbereich.

➚ **Zustieg** Von der Liftstation zunächst auf dem Wanderweg in Richtung Gaiskogelscharte, vorbei am oberen Plenderlessee. Der Hinweistafel »Panorama-Klettersteig« folgend rechts zum Einstieg am Wandfuß (ca. 2450 m), *40 Min.*

➔ **Panoramaklettersteig** Ein bequemes Band leitet rechts zum Beginn der Sicherungen. Sie führen aufwärts zum »Gaudiwandl«, der ersten knackigen Passage der Ferrata. Anschließend leichter zum »Frühstücksplatzerl«, über eine tiefe Rinne und wieder steiler zur Schlüsselstelle. Mit vollem Krafteinsatz meistert man den Überhang (Klammern), mit dem der erste Abschnitt des Klettersteigs endet. Nun den roten Markierungen folgend zum zweiten Teil der Route (etwa 15 Min.). Steil in dem kompakten Fels aufwärts zum Grat, etwa in halber Höhe lädt die »Skilehrerbank« zu einer Verschnaufpause mit toller Aussicht. Weiter am schartigen Kamm bzw. knapp darunter zum Gipfelaufschwung. Schwierig durch eine Verschneidung zum Kreuz am *Pockkogel, 2.15 Std.*

➘ **Abstieg** Ein markiertes Steiglein leitet am Südwestrücken hinunter in die Steintalscharte. Hier rechts und durch das Blockkar weiter bergab zum Speicher Finstertal. Am seinem Ostufer zur Staumauer und dann zurück zur Liftstation, *1.30 Std.*

73 Lustige-Bergler-Steig

Marchreisenspitze, 2620 m
Erlebnis Kalkkögel

K 1

6 ½ Std.

1550 m/ 800 m

Routencharakter: Abwechslungsreicher Kammsteig mit viel Aussicht und einigen gesicherten Passagen, leicht. Selbstsicherung nur für weniger Geübte. In der Gipfelrinne (oft Schnee bis in den Sommer) Steinschlaggefahr durch Voraussteigende. Am Gsallerweg, der nach dem Erstbesteiger der Marchreisenspitze (C. Gsaller, 1879) benannt ist, einige Drahtseilsicherungen. Zwischenabstieg zwischen Ampferstein und Marchreisenspitze zur Axamer Lizum.
Ausgangspunkt: Axamer Lizum (1564 m); Infos über Betriebszeiten der Bergbahnen Tel.: 05234/681 78
Gehzeiten: Aufstieg 3.30 Std., Abstieg 3 Std.; gesamt 6.30 Std.
Markierung: Ordentlich markierte Steige
Landkarte: Österreichische Karte 1:25 000 bzw. 1:50 000, Blatt 147 »Axams«
Highlights: Die bizarre Felskulisse rund um den Ampferstein und am Gsallerweg, Aussicht von der Marchreisenspitze
Stützpunkt: Einkehrmöglichkeiten am Hoadl (2340 m)
Fototipps: Eine Fülle lohnender Motive bieten sowohl der Lustige-Bergler-Steig als auch der Gsallerweg.

»Lustig« ist er, der gesicherte Steig auf die *Marchreisenspitze*. Ob allerdings die »Lustigen Bergler«, die ihn Anfang der 1980er-Jahre anlegten, ihrem Anspruch gerecht werden, ob es da gar BerglerInnen gibt, weiß ich nicht. Eine Begehung des Steigs macht auf alle Fälle Spaß; über der Landschaft liegt eine heitere Note, und die bizarren Türme und Zinnen rund um den *Ampferstein* wirken sehr dekorativ, und wenn man den Rückweg bzw. Abstieg über den Gsallerweg nimmt, wird es zu einer richtig runden Sache. Der Verlauf ist sehr originell; listig nutzt das Steiglein die Gegebenheiten des Terrains, und die gesicherten Passagen sind anregend, aber nie wirklich fordernd. Vom Gipfel bietet sich ein stimmungsvolles Panorama, das nach Norden übers Inntal, im Süden bis zum Firnsaum des Alpenhauptkamms reicht – grün, grau, weiß. Über den nahen Widdersberg geht der Blick zum *Hoadl* (2340 m), und an diesem Skiberg samt Standseilbahn endet die Tour.

➔ **Anfahrt** Aus dem Inntal auf guter Straße zur Axamer Lizum (1564 m); großer Parkplatz, Bus. Wer den Aufstieg etwas verkürzen möchte, nimmt hier gleich den Lift zur *Birgitzköpflhütte* (2035 m).

➚ **Zustieg** Auf markiertem Weg von der Axamer Lizum zum *Halsl* (1992 m), *1 Std.*, von der Liftstation *30 Min*.

↑ **Lustige-Bergler-Steig** Aus der Scharte (Tafel »Lustige-Bergler-Steig«) im Zickzack etwas monoton auf eine Gratkuppe (2367 m).

73

Nun teilweise gesichert an dem mit vielen Türmen besetzten Nordgrat des *Ampfersteins* entlang. Nach kurzem Zwischenabstieg leiten die Drahtseile auf ein überdachtes Band; dann geht es über leichte Felsstufen bergan. Einer Steilrinne entsteigt man auf einen flachen Rücken; ein Felsabsatz wird mithilfe einiger Eisenbügel überwunden. Durch eine schmale Scharte gelangt man auf die schrofige Ostflanke des *Ampfersteins* (2556 m) und über Kehren bis knapp unter das Gipfelkreuz (5 Min.). Dahinter leitet die markierte Spur hinab in die Doppelscharte (Drahtseile; Notabstieg ins Lizumer Kar) zwischen Ampferstein und Marchreisenspitze. Unter den Felsen links abwärts zur Mündung einer Geröllrinne (Abzweig zum Gsallerweg). In ihr mit Drahtseilhilfe aufwärts, dann rechts auf ein schmales Band, um ein Eck herum in gestuftes Gelände und im Zickzack über eine letzte Felsstufe (Drahtseil) zum Gipfel, *2.30 Std.*

➘ **Gsallerweg** Vom Gipfel aus lässt sich der Weg ein Stück überblicken: südlich abwärts, dann im Bogen, die Malgrubenscharte (2401 m) tangierend, um die Malgrube herum in einen sehr schmalen Riss (Drahtseile) im Grat der Schlicker Zinnen. Dahinter quert der Gsallerweg einen weiteren felsumrahmten Kessel; über eine grüne Schulter im Ostgrat des Steingrubenkogels (2633 m) gelangt man ansteigend in die *Alpenklubscharte* (2451 m), *1.45 Std.*

➘ **Rückweg** Westlich der Scharte in Kehren abwärts, dann unter den Felsen flach in den Hoadlsattel (2264 m) und zur Bahnstation am *Hoadl* (2340 m), *1.15 Std.*

Lustiges Bergerlebnis für Bergler-Innen in den Kalkkögeln

Tipp

Glungezer-Klettersteig
Gesicherte Route an der Nordflanke des Glungezer (2677 m), schlängelt sich über die Trümmerfelsen an der Nordflanke des Bergstocks, dazwischen Geröll und Blockwerk – frei nach dem Motto: »Wo ein Wille, da ein Weg!« Viel abzugewinnen ist der Route (überdies schlecht gesichert) nicht. Anfahrt mit der Glungezerbahn zur Tulfeinalm (2035 m), Aufstieg über den Klettersteig 2 Std., Abstieg 1.15 Std. Mäßig schwierig, am Gipfel die bewirtschaftete Glungezerhütte, vom Gipfel prächtiges Panorama.

74 Schlicker Klettersteig

Große Ochsenwand, 2700 m
Ein Klassiker in den Kalkkögeln

K 5

8 Std.

1340 m

Routencharakter: Langer, anstrengender Klettersteig, durchaus mit großen Vie ferrate der Dolomiten zu vergleichen, auch was die Kulisse angeht. Im Hochsommer aufgrund der südseitigen Exposition schweißtreibender Anstieg (ausreichend Getränke mitnehmen); auch der Abstieg ist gesichert. Insgesamt eine Supertour
Ausgangspunkte: Liftstationen Froneben (1362 m) oder Kreuzjoch (2100 m); Infos über Betriebszeiten Tel.: 05225/629 70
Gehzeiten: Aufstieg 5 Std., Abstieg 3 Std.; gesamt 8 Std.
Markierung: Zu- und Abstieg gut markiert
Landkarte: Österreichische Karte 1:25 000 bzw. 1:50 000, Blatt 147 »Axams«
Highlights: Die ersten 300 Höhenmeter der Ferrata, das Panorama vom Gipfel, der romantische Abstieg in die Alpenklubscharte – und das Bier (kühl, schäumend) auf Froneben, hinterher.
Stützpunkt: Gasthaus Schlicker Alm (1643 m), Tel.: 05225/624 09
Fototipps: Jede Menge Motive am Klettersteig, bei Sonne fast durchgehend gutes Licht

Eigentlich stehen die *Kalkkögel* ja auf der »falschen« Seite des Inntals, das als Grenze zwischen den Nördlichen Kalkalpen und den aus Eruptivgesteinen aufgebauten Zentralalpen bildet. Doch nomen est omen: Obwohl zu den Stubaier Alpen gehörend, bestehen diese wildzerklüfteten Zacken aus Kalk. »Piccole Dolomiti« im Ausflugsbereich der Tiroler Landeshauptstadt? Bergsteiger stört das überhaupt nicht, ist doch gerade dieses Nebeneinander von Kalk- und Erstarrungsgesteinen, von grünen Matten, Schuttreisen und glitzernden Firnfeldern besonders reizvoll. Die Ochsenwand-Tour bietet beides: einen Aufstieg nach »Dolomitenart« und eine Aussicht, die dominiert wird von den Dreitausendern der Stubaier Alpen und ihren Gletschern. Bevor man allerdings in den Genuss dieses Panoramas kommt, sind immerhin 1340 Höhenmeter zu bewältigen, und hinterher wartet noch ein gesicherter Steilabstieg. Der Schlicker Klettersteig – etwa eine Ochsentour?

➔ **Anfahrt** Fulpmes (937 m) im Stubaital erreicht man von Innsbruck über die Brenner-Autobahn; Busverbindung.

74

Durch den Ort zur Talstation der Kreuzjochbahn. Mit der Bahn bis zur Mittelstation *Froneben* (1362 m) oder gleich zur Bergstation (2100 m).

↗ Zustieg Auf einer Sandstraße angenehm schattig zur *Schlicker Alm* (1643 m) und weiter taleinwärts bis zur beschilderten Abzweigung (ca. 1820 m). Alternativ vom *Kreuzjoch* (Seilbahn) im Abstieg durch eine vom Wintersport stark gezeichnete Landschaft. Über den teilweise mit Latschen bewachsenen Hang hinauf zum Felsfuß (ca. 2020 m), *2 Std.* von Froneben, *1 Std.* vom Kreuzjoch. Große Farbmarkierung.

Eine große Via ferrata: der Schlicker Klettersteig

↑ Schlicker Klettersteig Die leicht überhängende Einstiegswand setzt gleich den Tarif; wer den senkrechten, leicht abdrängenden Aufschwung mit Anstand meistert (Schlüsselstelle), darf dem Folgenden einigermaßen gelassen entgegensehen. Die Steilheit nimmt zwar nur wenig ab, nähert sich noch zwei-, dreimal der Vertikalen, doch der feste Kalkfels bietet ausreichend Haltepunkte; an den schwierigsten Stellen sind neben dem Drahtseil zusätzlich Klammern und Eisenstifte gesetzt. Durch Kamine und Rinnen, über luftige Wandstufen und Verschneidungen zieht die Route eine spannend-steile Linie über den Ostpfeiler der Großen Ochsenwand. Die Kulisse lässt einen unwillkürlich an die Dolomiten denken. Aus einer winzigen Scharte leiten die Sicherungen schließlich steil zu einem markanten Felszacken; um ihn herum und aus dem Steilgelände heraus auf den flacheren Ostrücken der Ochsenwand (ca. 2320 m). Nun

Fast wie weiland Schillers Tell

abwechselnd Gehgelände und Felsstufen. Einen Felsspalt überspringt man wie weiland Wilhelm Tell. Ungesichert über Schrofen zum Gipfelaufbau und zuletzt nochmals überraschend rasant zum Gipfel, *3 Std.*

Eine Wegspur läuft am »Dachfirst« entlang zum Nordgipfel (ca. 2685 m; Routenbuch). Rechtshaltend in einigen Kehren (Spur) abwärts zu einem Band und weiter mit Drahtseilhilfe über ein kleines Schartl. Nach kurzem Gegenanstieg fast durchgehend »am Seil« in wildromantischer Felskulisse steil hinunter in die Scharte zwischen Großer und Kleiner Ochsenwand (ca. 2460 m). Aus dem schmalen Einschnitt auf einem Band um die Kleine Ochsenwand (2553 m; Abstecher, mark., 15 Min.) herum in die nahe *Alpenklubscharte* (2451 m), wo die große Ferrata ausläuft, *1 Std.*

Tipp

Übungsklettersteig Kreuzjoch
Im Bereich des »Alpin-Erlebnisparks« am Kreuzjoch wurde 2001 auch ein Trainingsklettersteig angelegt, nur kurz zwar, aber mit einigen sehr knackigen Einzelstellen (teilweise Varianten). Zusammen mit den anderen Attraktionen des alpinen Parks (Lehrpfad, Klettergarten, Panoramaweg usw.) lohnend, auch für Familien, mit hohem Erlebniswert.

↘ Abstieg Auf dem Gsallerweg zu einer Verzweigung, dann rechts hinunter in die Roßgrube und weiter zur Schlicker Alm (1643 m), wo man auf den Anstiegsweg stößt. Auf der Sandstraße zurück zur Liftstation *Froneben, 2 Std.*

Edelweiß-Klettersteig 75
Höllenrachen 76
Rinnenspitze, gesicherter Steig 77

Rinnenspitze, 3000 m
Sportlich oder alpin, kurz oder lang

K 4
K 1

3/4 Std. – 7 1/2 Std.

50 m/
1260 m

Routencharakter: Edelweißsteig steil und ausgesetzt, mit Plastik ummantelte, recht locker gespannte Drahtseile. Zustieg schlecht bezeichnet, reichlich Erde an der Route.
Höllenrachen teils unterirdisch, mental stark fordernd mit knackiger Schlüsselstelle (zusätzlich Bandschlinge mit Karabiner sehr angenehm). Bei Hochwasser nicht begehbar; Selbstsicherung unerlässlich, ein Sturz endet im Wildbach!
Rinnenspitze alpiner Steig mit felsigem Finale (Drahtseile) und toller Rundschau.
Ausgangspunkt: Oberisshütte (1742 m), Anfahrt aus dem Stubaital
Gehzeiten: Edelweiß-Klettersteig und Höllenrachen ab Franz-Senn-Hütte je 45 Min.; Rinnenspitze ab Oberisshütte Aufstieg 4.30 Std., Abstieg 3 Std.; gesamt 7.30 Std.
Markierung: Weg auf die Rinnenspitze gut bezeichnet; Zustieg zum Edelweiß-Klettersteig schwach markiert
Landkarte: Österreichische Karte 1:25 000 bzw. 1:50 000, Blatt 147 »Axams«
Highlights: Bergblumen und alpine Kulisse am Edelweiß-Klettersteig, feuchtes Spektakel im Höllenrachen, Stubaier Panorama von der Rinnenspitze.
Stützpunkt: Franz-Senn-Hütte (2147 m), 🕒 Mitte Juni bis Anfang Oktober, Tel.: 05226/22 18
Fototipps: Viel Action auf den beiden Hüttenferrate; im Höllenrachen Blitzgerät vorteilhaft. Fotogene Kulisse am Anstieg zur Rinnenspitze.

Vorsicht Hochwasser!

Ein höchst attraktiver Mix an Tourenzielen erwartet den Bergsteiger auf der Franz-Senn-Hütte. Neben klassischen Gletschertouren und ein paar Wandergipfeln lockt die *Rinnenspitze* als Dreitausender (exakt!) mit gesichertem Anstiegsfinale. Und in Hüttennähe bestehen nicht weniger als drei Vie ferrate: luftig und mit allerlei botanischen Raritäten garniert der Edelweißsteig, so originell wie spannend der Höllenrachen, eine hübsche Trainingsroute vor hochalpiner Kulisse der kurze Sommerwandsteig. Genug für zwei ausgefüllte Tage, natürlich mit einer Übernachtung in der *Franz-Senn-Hütte*: Bergerlebnis Stubai.

Steiler Fels vor großer Kulisse: am Edelweiß-Klettersteig

➔ **Anfahrt** Ins Oberbergtal von Innsbruck über die Stubai-Talstraße; von Milders (1026 m) talaufwärts zur *Oberisshütte* (1742 m).

➚ **Zustieg** Auf gutem Weg zur schön gelegenen Franz-Senn-Hütte (2149 m), *1.15 Std.*

↑ **Edelweiß-Klettersteig** Vom Schutzhaus über den Bach und mit einer dünnen Spur hinauf zum Fuß der stark gegliederten nordseitigen Felszone. Den Sicherungen folgend erst steil zu luftiger Rechtsquerung, dann weiter aufwärts zum Ausstieg. Über die Wiese kurz zum markierten Rinnenspitzweg und auf ihm zurück zur Hütte, *45 Min.* für die ganze Runde.

↑ **Höllenrachen** Am Alpeiner Bach entlang etwa 15 Minuten taleinwärts, dann links (Tafel »Klettergarten«) zum Einstieg am Bach. Hinunter in den verblockten Schlund und über dem tosenden Wasser nach nerviger Querung zurück ans Tageslicht. Unter mächtigen Felstrümmern in einen düsteren Winkel, hangelnd übers Wasser (Bandschlinge, Karabiner!) und zuletzt an Klammern zum Ausstieg, *15 Min.*

↑ **Rinnenspitze, gesicherter Steig** Von der Franz-Senn-Hütte talauswärts zu einer Verzweigung; linkshaltend in einer langen Diagonale hinauf zur Rinnengrube. Hier gabelt sich der Weg erneut: links kurz zum schön gelegenen *Rinnensee* (2646 m), rechts steil aufwärts gegen den Ostgrat der Rinnenspitze und über ihn (Drahtseile) zum Gipfel mit tollem Panorama der Stubaier Alpen, *3 Std.*

➘ **Abstieg** Auf dem Anstiegsweg zur Franz-Senn-Hütte und weiter zur *Oberisshütte, 3 Std.*

Tipp

Sommerwand-Übungsklettersteig
Kleine Trainingsferrata im Bereich des Klettergartens, vom Einstieg in den Höllenrachen noch ein Stück weit taleinwärts, dann links. Ziemlich schwierig, von der Franz-Senn-Hütte etwa 1.30 Std. (hin und zurück), **K 3**.

Fernau-Klettersteig

78

Egesengrat, 2631 m
Klettersteiggenuss vor großer Bergkulisse

K 4

km 2 ¾ Std.

320 m

Routencharakter: Optimal gesicherte, anspruchsvolle Gratroute vor einer eindrucksvollen Fels- und Gletscherkulisse
Ausgangspunkt: Dresdner Hütte (2308 m), Zwischenstation der Stubaier Gletscherbahn; Infos über Betriebszeiten Tel.: 05226/81 51
Gehzeiten: Aufstieg 2 Std., Abstieg 45 Min.; gesamt 2.45 Std.
Markierung: Zu- und Abstieg bezeichnet
Landkarte: Österreichische Karte 1:25 000 bzw. 1:50 000, Blätter 147 »Axams« und 174 »Timmelsjoch«
Highlights: Spannende, teilweise auch sehr ausgesetzte Passagen am Klettersteig
Stützpunkt: Dresdner Hütte (2308 m), Juli bis September, Tel.: 05226/81 12 20
Hinweis: Geplant ist für 2007 der Bau eines Sportklettersteigs im Bereich der Fernau-Route.
Fototipps: Gute Actionmotive unterwegs, mit oder ohne Stubaier Gipfel

Nun hat auch die *Dresdner Hütte* ihren Klettersteig. Das freut den Wirt – und natürlich ebenso die Seilbahnbetreiber im Stubai. Gerechterweise muss allerdings gesagt werden, dass die Route am *Egesengrat* – luftig und mit recht spektakulären Passagen – durchaus ein weiteres Highlight in dem reichhaltigen Klettersteigangebot der Region bildet. Keine Maximalschwierigkeiten, viel Landschaft (mit den wohl unvermeidlichen Narben des Wintergeschäfts) und eine Route, die nach modernsten Sicherheitsstandards angelegt ist. Im Gegensatz zu den Vie ferrate an der Ochsenwand oder an der Ilmspitze klettert man hier nicht in griffig-kantigem Kalk, sondern über raue, vielfach mit Flechten bewachsene Gneisfelsen. Die bieten optimale Reibung – allerdings nur, wenn es nicht nass ist. Aber dann verstecken sich ja auch die Stubaier Gletschergipfel in dicken Wolken ...

Gut gesichert in steilem Gneis: am Fernau-Klettersteig

➔ **Anfahrt** Von Innsbruck über die Brenner-Autobahn ins Stubai und auf der Talstraße bis zur Talstation der

78 *Stubaier Gletscherbahn* (Mutterbergalm, 1725 m). Am dicken Drahtseil zur Dresdner Hütte (2308 m).

↗ **Zustieg** Vom Schutzhaus mit dem Hüttenweg kurz talauswärts, dann links (Hinweis) zum Felsfuß (ca. 2320 m), *10 Min.*

↑ **Fernau-Klettersteig** Die Ferrata startet steil, läuft dann im Wechsel von Aufschwüngen und (teilweise sehr luftigen) Querungen über den Grat, einmal kurz absteigend, mit nach oben eher abnehmenden Anforderungen. Zuletzt ungesichert zum höchsten Punkt, *1.30 Std.*

↘ **Abstieg** Auf markierter Spur erst in westlicher Richtung am Kamm entlang, dann links hinunter zur *Dresdner Hütte, 45 Min.*

Hochbetrieb am Fernau-Klettersteig

Elferturm-Klettersteig 79
Elferkofelsteig 80

Elferturm, 2480 m, und Elferkofel, 2505 m
Mini-Dolomiten im Stubai

K 5
K 3

6 ½ Std.

800 m

Routencharakter: Elferturm-Klettersteig kurz und knackig, auch sehr luftig, ausreichend gesichert. Die interessante Elferkofel-Überschreitung bietet einen Mix zwischen rasanten Ferrata-Passagen und Kletterstellen (bis II–). Da Selbstsicherung nur beschränkt möglich ist (Stifte und Eisenbügel, aber kaum Drahtseile), ist die Route für Anfänger nur beschränkt tauglich. Eine Sanierung des Elferkofelsteigs bzw. ein Ausbau der Sicherungen ist für 2008 geplant.
Ausgangspunkt: Bergstation der Elferlifte (1812 m); Infos über Betriebszeiten Tel.: 05226/2270
Gehzeiten: Aufstieg zum Elferturm 2.30 Std., Überschreitung des Elferkofels 2.30 Std., Abstieg 1.30 Std.; gesamt 6.30 Std. Begeht man nur den Elferturm-Klettersteig, ergibt sich eine Gesamtgehzeit von 4 Std.
Markierung: Rot-weiß-rote, gelbe und blaue Bezeichnungen
Landkarte: Österreichische Karte 1:25 000 bzw. 1:50 000, Blatt 147 »Axams«
Highlights: Luftiger Anstieg zum Elferturm, originelle Passagen und bizarre Felskulisse am Elfergrat, Aus- und Tiefblicke
Stützpunkt: Elferhütte (2004 m), 🕒 Juni bis Mitte Oktober, Tel.: 05226/28 18
Fototipps: Mit Ausnahme der schattigen Nordwandroute hat man bei der Überschreitung fast durchwegs gutes Licht. Und an Motiven, mit oder ohne Action, fehlt es in den Stubaier »Cadinispitzen« gewiss nicht.

Neben dem mächtigen Habicht (3277 m), dessen markantes Profil das mittlere Stubai dominiert, wirken die *Elfertürme* ziemlich mickrig. Doch der erste Eindruck trügt, beim Näherkommen erst löst sich das Felsgrau in einen fantastischen Steingarten auf, mit veritablen Türmen, filigranen Türmchen und Zinnen und dazwischen – von Titanenhand? – gestreuten Trümmern: Piccole Dolomiti vor den Gletscherbergen der Stubaier Alpen? Mehr noch, auch ein Klettersteigrevier, ein besonders lohnendes dazu, mit einer knackigen Wandroute und einer Überschreitung, die den Berg- und Naturfreund besonders ansprechen wird. Nicht überliefert ist, ob sich die Architekten der *Elferhütte*, Baujahr 1933, von all den Klötzen rundum etwa inspirieren ließen ...

➔ Anfahrt Von Innsbruck über die Brenner-Autobahn ins Stubai bis Neustift und mit den *Elferliften* hinauf zur Bergstation (1812 m).

➚ Zustieg Ein bequemer Serpentinenweg führt von der Liftstation hinauf zur *Elferhütte* (2004 m). Eine halbe Stunde oberhalb des Berghotels, am Normalweg zum Elferkofel (ca. 2200 m; Bank),

79
80

weist ein Schild rechts auf den »Gamssteig«. Man folgt dem schmalen Pfad, der, mehrere Rinnen querend (Vorsicht!), unter den Felsen der Elfertürme bis zur Mündung der markanten Nordwandschlucht führt, zuletzt links hinauf zum Einstieg (ca. 2310 m), *1.15 Std.*

Elferturm-Klettersteig Über Felsstufen (Sicherungen) in das verschattete Couloir, das nach links gequert wird (Steinschlaggefahr!), und an seinem Rand sehr steil, aber gut gesichert aufwärts. Ein beängstigend schmaler Spalt stellt für reichlich Bepackte (vorn oder hinten) ein ernstes Hindernis dar; in der Folge wird es dann extrem luftig. Oberhalb eines mächtigen Klemmblocks quert die Route in einen Geröllkessel. Über kleine Felsstufen und Geröll zum südostseitigen Wandfuß des *Westlichen Südturms* (was für eine verzwickte Topografie!). Eisenbügel leiten senkrecht auf den »Torre Undici«, *1 Std.*

Dolomiten im Stubai? Die Elfertürme

An den Krampen wieder herunter vom Turm und quer durch die danteske Trümmerlandschaft (Felsdurchschlupf, Kamin) hinüber zum Elferkofel-Normalweg, *30 Min.* Direkter Zustieg von der Elferhütte, *1.30 Std.*

Elferkofelsteig Bei einem Holzhüttchen (Materialdepot) beginnt der mit Eisenstiften und Klammern gesicherte Anstieg zum *Elferkofel* (2505 m). Zunächst durch einen senkrechten Kamin, dann luftig über den scharfen Felskamm in eine Minischarte und schließlich direkt an der Kante (Bügelreihe) auf das Gipfeldach (Umgehung auf gelb markiertem Steig möglich.). Ungemein reizvoll der Weiterweg an dem bizarren Südgrat des Elfermassivs, viel Auf und Ab und einige sehr originelle Passagen, etwa eine senkrechte Bügelreihe, die man im Abstieg begeht oder ein ganz enger Felsspalt an einem abgesplitterten Turm. Zuletzt über eine steile Felsstufe, nur wenig gesichert, hinunter ins Grüne und zum nahen *Zwölfernieder* (2335 m), *2 Std.*

Linke Seite: Stelles Finale am Nordwand-Klettersteig

Abstieg Aus der Scharte kurz Richtung Karalm bergab, dann links auf dem Panoramaweg zurück zur Elferhütte und zur Bergstation der *Elferlifte*, *1.30 Std.*

81 Kirchdachspitze

Kirchdachspitze, 2840 m
Das höchste Kirchdach Österreichs?

K 1
7 ¼ Std.
1280 m/ 1870 m

Routencharakter: Lohnende Gipfeltour mit einigen gesicherten Passagen, sehr steiler An- und Abstieg; gute Kondition und absolute Trittsicherheit sind wichtig.
Ausgangspunkt: Pinnisalm (1560 m), Anfahrt von Neustift-Neder mit dem Jeep-Taxi; Infos bei Franz Hofer, Tel.: 05226/23 80
Gehzeiten: Aufstieg 3.30 Std., Abstieg 3.45 Std.; gesamt 7.15 Std.
Markierung: Ordentlich bezeichnete Wege
Landkarte: Österreichische Karte 1:25 000 bzw. 1:50 000, Blatt 147 »Axams«
Highlights: Wilde Felskulisse am Jubiläumsweg, Panorama vom Gipfel; insgesamt eine sehr dankbare, alpine Tour.
Einkehr: Pinnisalm (1560 m), Herzebner Almwirt (1338 m)
Fototipps: Die wilde Felskulisse bietet gute Motive, allerdings liegt die Westflanke der Kirchdachspitze vormittags im Schatten. Sehr schön aus dieser Perspektive dafür der mächtige Habicht.

Kirchdächer sind oft riesig, fast immer steil und darüber thront in der Regel eine Spitze, samt Kreuz natürlich. So gesehen hat die *Kirchdachspitze* durchaus einen passenden Namen. Solide vermauert ist der mächtige Bau ebenfalls; das bekommt zu spüren, wer ihn von Westen her angeht, über den Jubiläumsweg. Bei dem handelt es sich – trotz einiger Sicherungen – zwar um keinen richtigen Klettersteig, vielmehr um eine Art Direttissima: aufwärts, kompromisslos, durch die Steilflanke auf den Nordgrat und weiter über Schrofen und ein paar Felsstufen zum Kirchturm-, nein: Gipfelkreuz.
Da ist eine ordentliche Kondition sehr hilfreich, ein wenig gemindert wird die Fron durch die Ausblicke, die sich mit zunehmender Höhe immer schöner entfalten: zur Kalkbastion der ⇨ Ilmspitze, auf den mächtigen Habicht und hinüber zum Elfermassiv. Oben verbinden sich diese Bilder zum großen Panorama: Gipfel ohne Zahl im Zackenrund, besonders auffallend im Südosten der Pflerscher Tribulaun.

➔ Anfahrt Von Innsbruck über die Brenner-Autobahn ins Stubaital und nach Neustift-Neder (970 m). Ab Bushalt mit dem Jeep zur *Pinnisalm* (1560 m).

➚ Jubiläumsweg Von der Alm kurz taleinwärts, dann links (Tafel) und im Zickzack über einen mächtigen Murkegel hinauf zu den Felsen. Weiter sehr steil, aber überraschend problemlos durch die

81

Wand; einige Drahtseile sichern etwas exponierte Stellen. Faszinierend die Kulisse; besonders schön der Ausguck (mit Bank!) im oberen Abschnitt der »Direttissima« (ca. 2560 m). Weiter über Geröll und Schrofen zum Nordostgrat der *Kirchdachspitze* (Tafeln; 2760 m). Am felsigen Kamm (Sicherungen) zum Gipfel, *3.30 Std.*

➘ Abstieg Zurück zur Mündung des Jubiläumsweges, dann weiter knapp rechts des Grats in die Scharte (2428 m) vor der Hammerspitze (2634 m; Verzweigung, rechts zum Padasterjochhaus). Nach kurzer, ruppiger Gegensteigung aussichtsreich durch die Westflanke des Berges (Edelweiß). Knapp unterhalb der *Hammerscharte* stößt man auf den Rohrauersteig; er zieht steil hinab zum Pinnisbach; zwei heikle Querungen (Geröllrinnen) sind gesichert. Bei der Issenangeralm stößt man auf das Talsträßchen. Mit ihm hinaus nach *Neustift-Neder, 3.45 Std.*

Hoher First über tiefem Tal: die Kirchdachspitze

82 Ilmspitz-Klettersteig

Ilmspitze, 2692 m
Traumroute im Schatten des Habicht

K 4
10 Std.
1700 m

Routencharakter: Sehr attraktive Via ferrata, eine absolute Genussroute ohne extreme Schwierigkeiten; mit rund 900 Metern Drahtseil und zahlreichen Eisenbügeln bestens gesichert. Wegen der Länge des Zustiegs Übernachtung in der Innsbrucker Hütte ratsam.
Ausgangspunkte: Gasthaus Feuerstein (1281 m) im Gschnitztal; Gepäcktransport mit der Materialseilbahn zur Innsbrucker Hütte möglich. Pinnisalm (1560 m), Jeep-Taxi von Neustift-Neder; Infos bei Franz Hofer, Tel.: 05226/23 80.
Gehzeiten: Aufstieg 5.30 Std.; Abstieg 4.30 Std.; gesamt 10 Std.
Markierung: Zu- und Abstiege bezeichnet
Landkarte: Österreichische Landkarte 1:25 000 bzw. 1:50 000, Blatt 147 »Axams«
Highlights: Die spektakuläre Ferrata inklusive Abstieg, dann die stimmungsvolle Rundschau vom Gipfel
Stützpunkt: Innsbrucker Hütte (2367 m), 🕒 Mitte Juni bis Anfang Oktober, Tel.: 05276/295
Hinweis: In den Felsen oberhalb des Pinnisjochs gibt es einen hübschen kleinen Übungsklettersteig.
Fototipps: Die Route bietet jede Menge schönster Motive: im Steilfels, Spreizschritt, Kamin mit Klemmblock, Bänder usw. Viel Stimmung kann einfangen, wer auf der Innsbrucker Hütte übernachtet.

Tipp

Habicht, 3277 m
Ist man auf der Innsbrucker Hütte, lockt natürlich der Habicht, ein stolzer Dreitausender mit markiertem (und stellenweise gesichertem!) Anstieg, 2.30 Std. vom Schutzhaus. Kurze Passagen I. Vorsicht: Beim Abstieg keinesfalls über das Firnfeld und die steile Rinne links des Weges abfahren – darunter lauert ein Felsabbruch!

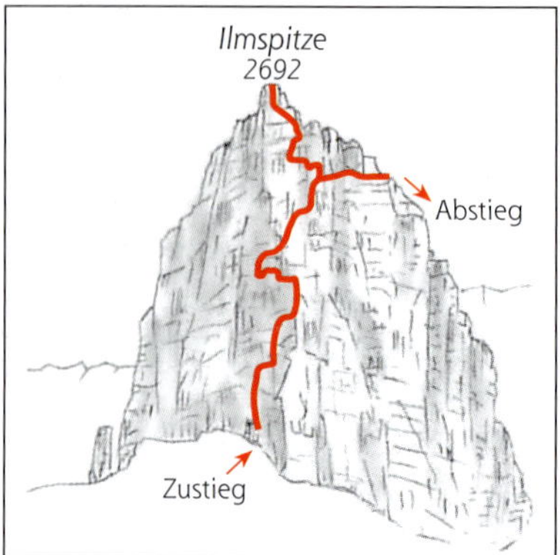

Da könnte man sich ja fast in den Dolomiten wähnen: senkrechter, markant geschichteter Fels, Eisenbügel, ein straff gespanntes Drahtseil. Doch die *Ilmspitze*, ein schroffer Kalkklotz, steht in den Stubaier Alpen, in Nachbarschaft firnbedeckter Dreitausender, von denen der Habicht (3277 m) gleich jenseits des innersten Pinnistals in den Himmel ragt. Das schmälert den Reiz dieser »eisernen« Gipfelüberschreitung überhaupt nicht, beweist höchstens, dass es Klettersteige der Spitzenklasse nicht nur rund um Tofane, Civetta und Pala gibt. Und in diese Kategorie gehört die Ilmspitz-Ferrata ganz klar: in den Steilfels trassiert, mit einigen originellen Passagen, aber nirgends mit zu viel Eisen gegen den Berg angelegt.

82

Einen kleinen Schönheitsfehler hat die Ferrata allerdings: der lange und umständliche Zustieg. Wer sie als Tagestour machen will, muss zeitig aus den Federn und über eine gute Kondition verfügen. Etwas verkürzen lässt sich der Anstieg, wenn man das Jeep-Taxi zur *Pinnisalm* nimmt; besser ist allerdings, gleich eine Übernachtung in der *Innsbrucker Hütte* zu planen. Die steht im Pinnisjoch und ist auch Stützpunkt bei einer Besteigung des *Habicht*. Und so ein stolzer Dreitausender macht sich doch gut im Tourenbuch ...

Artistische Einlage an der Ilmspitze

➔ **Anfahrt** Von Innsbruck aus über die Brenner-Autobahn ins Gschnitztal bis zum Straßenende beim Gasthaus *Feuerstein* (1281 m).

➚ **Zustieg** Auf erst jüngst saniertem Weg im Zickzack an dem Steilhang über die aufgelassene Alfairalm zur *Innsbrucker Hütte* (2367 m), *3 Std.*

Vom Pinnisjoch in flacher Hangquerung gegen die *Kalkwand* (2564 m), dann steil hinauf zu einer Scharte. Dahinter mehr oder weniger am Kamm und mit einigem Höhenverlust zum Felsfuß der Ilmspitze mit kleinem Holzhüttl, *1 Std.* von der Innsbrucker Hütte.

↑ **Ilmspitz-Klettersteig** Der Einstieg befindet sich in einer kleinen Schlucht (ca. 2450 m) hinter einem Felsvorbau. Rasant gleich der Auftakt: an Eisenbügeln nahezu senkrecht hinauf. Nach etwa 50 Metern gelangt man in gestufteres Gelände. Nun im Wechsel von Aufschwüngen und Querungen weiter aufwärts; über ein ausgesetztes Steilstück gewinnt man eine schmale Scharte. Kurz abwärts, dann mit Spreizschritt über einen tiefen Spalt (gute Sicherungen) und gleich wieder steil aufwärts. In leichterem Gelände zur Abzweigung der Abstiegsferrata (ca. 2610 m).

82

Über ein schroffes Wandl, dann links absteigend in eine tiefe Rinne. Durch sie zunehmend steil hinauf, unter einem Klemmblock hindurch und über die letzten Aufschwünge gut gesichert zum abgeplatteten Gipfel, *1.30 Std.*

Zurück zur Verzweigung (Hinweis), dann über luftig-verwegene »Brenta-Bänder« flach zu einer Felsschulter und an einem Geröllhang abwärts zu einem Pfeiler. Solide Eisenklammern helfen hinunter in eine steile Rinne. An ihrer Mündung rechts und am Felsfuß ansteigend (etwas ausgesetzte Querung) zum Einstieg, *1.30 Std.*

Geschichteter Kalkfels: »Brenta-Bänder« an der Ilmspitze

➘ Abstieg Auf dem Hinweg (nochmals leichter Gegenanstieg) zurück zur *Innsbrucker Hütte* und hinab ins Gschnitztal, *3 Std.*

Klettersteig Nürnberger Hütte

83

Seitengrat Urfallspitze, ca. 2480 m
Noch eine Hüttenferrata ...

Routencharakter: Durchgehend gesicherte Route (Drahtseile, Bügel) im festen Gneis eines Seitengrates der Urfallspitze. Die schiefe Relation zwischen (langem) Zustieg und (kurzer) Ferrata lässt den Klettersteig als selbstständiges Tourenziel wenig attraktiv erscheinen. Aber vielleicht wird die Route ja noch über die Urfallspitze (2805 m) hinaus verlängert ...
Ausgangspunkt: Parkplatz Ranalt (1369 m) an der Stubaier Talstraße; Busverbindung mit den Ortschaften im Tal
Gehzeiten: Aufstieg 3.30 Std., Abstieg 2.30 Std.; gesamt 6 Std.
Markierung: Zu- und Abstiege gut bezeichnet
Landkarten: Österreichische Karte 1:25 000 bzw. 1:50 000, Blätter 147 »Axams« und 174 »Timmelsjoch«
Highlights: Bergkulisse der Nürnberger Hütte
Stützpunkt: Nürnberger Hütte (2278 m), Mitte Juni bis Anfang Oktober, Tel.: 05226/24 92
Fototipps: Schöne Motive am Hüttenzustieg, Action an der Ferrata

K 4–5
km 6 Std.
1110 m

Wer zur *Nürnberger Hütte* aufsteigt, hat normalerweise einen Dreitausender im Stubaier Hauptkamm zum Ziel; beliebtester und meistbesuchter Gipfel ist der *Wilde Freiger* (3418 m), eine nur wenig schwierige Hochtour. Seit jüngstem gibt es auch eine Hüttenferrata; knapp 150 Höhenmeter im braunen Steilfels südwestlich über der Hütte – mit Aussicht auf die großen Berge rundum.

Gipfelziel im Stubaier Hauptkamm: der Wilde Freiger

➔ Anfahrt Von Innsbruck über die Brenner-Autobahn ins Stubai und taleinwärts bis zum Wanderparkplatz hinter *Ranalt* (1369 m).

➚ Zustieg Auf viel begangenem Weg durch das Langental hinauf zur *Nürnberger Hütte* (2278 m). Der Einstieg zur Ferrata befindet sich wenig oberhalb des Schutzhauses (Hinweistafel), *2.45 Std.*

↑ Klettersteig Nürnberger Hütte Den Sicherungen folgend steil auf den Grat und über ihn zum Ausstieg, *45 Min.*

➘ Abstieg Kurz am Kamm entlang, dann rechts zum Niederl-Weg (lohnender Abstecher in den Pass, 30 Min.) und auf ihm hinunter zur *Nürnberger Hütte*. Auf dem Anstiegsweg zurück ins Tal, *2.30 Std.*

Kaisergebirge, Kitzbüheler Alpen, Loferer und Leoganger Steinberge, Berchtesgadener Alpen

Beim Stichwort Kaisergebirge kriegen vor allem jene Kletterer, die ihr Seil noch selbst mit auf den Berg tragen, glänzende Augen, die Kitzbüheler Alpen sind eher etwas für Skifahrer, und im Berchtesgadener Land steht der Watzmann mit seiner riesigen, alpinhistorisch befrachteten Ostwand, die so schön ihr Echo auf den noch berühmteren Königssee zurückwirft. Kein echtes Klettersteigrevier also?
Ganz im Gegenteil! Zwischen Kufstein und der Mozartstadt stehen nicht nur herrliche Berge, da ist auch eine ganze Palette gesicherter Routen zu entdecken, von fast schon historischen Wegen wie etwa dem Gamsängersteig an der Ellmauer Halt und dem Gratweg oben an den Watzmanngipfeln über ein paar Klassiker (Persailhorn, Mannlgrat, Kaiserschützensteig) bis zu echten Zeitgeist-Routen wie der Citywall-Ferrata mitten in Salzburg, dem »Pidinger« (in Bayern!) und der Superferrata an den Teufelshörnern im Hochkönigmassiv (»Königsjodler«).
Daneben gibt es eine Reihe gesicherter Steige, bei denen das Landschaftserlebnis ganz klar vor dem Eisengehalt kommt; zu erwähnen sind da interessante Wege im Wilden Kaiser (Eggersteig, Jubiläumssteig, Meiklsteig) und die Routen in den Loferer Stein-

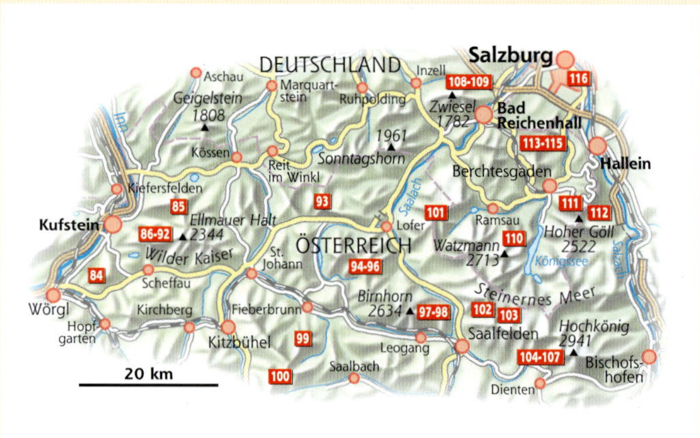

bergen. Insgesamt also ein Angebot, das viele »Unebenheiten« aufweist, aber vielleicht gerade deshalb auf Liebhaber gesicherter Steige ganz besonders anziehend wirkt.

Auf einen Blick

84 Simwel-Klettersteig	K 1, 3 ½ Std.
85 Pyramidenspitz-Steig	K 1–2, 5 ¾ Std.
86 Widauersteig	K 1–2, 7 ¼ Std.
87 Gamsängersteig	K 2–3, 6 ½ Std.
88 Kaiserschützensteig	K 3, 13 Std.
89 Kopftörlgrat/	K 1
90 Eggersteig/	K 1
91 Jubiläumssteig	K 1, 8 ½ Std.
92 Meiklsteig	K 1, 3 ½ Std.
93 s'Schuastagangl	K 4, 3 ¼ Std.
94 Mitterhorn-Klettersteig/	K 2
95 Nackerter-Hund-Klettersteig/	K 4
96 Röthörnl-Klettersteig	K 2, 8–12 Std.
97 Klettersteig Leogang Süd	K 6, 8 ½ Std.
98 Klettersteig Leogang Nord	K 4, 8 Std.
99 Henne-Klettersteig	K 1/2/4, 3 ¾ Std.
100 Tristkogel-Klettersteig	K 4, 4 ¾ Std.
101 Wagendrischlhorn-Klettersteig	K 2, 8 ½ Std.
102 Wildental-Klettersteig/	K 3
103 Südwand-Klettersteig	K 2–3, 8 Std.
104 Mooshammersteig	K 2, 9 Std.
105 Grandlspitz-Klettersteig	K 4, 5 Std.
106 Königsjodler	K 5
107 Birgkarsteig	K 1, 10 ¼ Std.
108 Pidinger Klettersteig	K 5, 8 Std.
109 Zwiesel, Überschreitung	K 1, 7 ¾ Std.
110 Watzmanngrat	K 2, 13 Std.
111 Schustersteig/	K 2
112 Mannlsteig	K 2, 6 ¾ Std.
113 Hochthron-Klettersteig	K 4, 7 Std.
114 Dopplersteig	K 1
115 Mittagschartensteig	K 1, 7 ½ Std
116 Citywall-Klettersteig	K 6, 1 Std.

84 Simwel-Klettersteig

Pölvenkreuz, 1478 m
Waldrücken mit steiler Stirn

K 1

3 ½ Std.

780 m

Routencharakter: Kurzer und leichter Klettersteig an der Westflanke des Großen Pölven; Selbstsicherung nicht notwendig, Helm dagegen ratsam.
Ausgangspunkt: Bad Häring (590 m), Parkplatz bei den Häusern von Burg (710 m)
Gehzeiten: Aufstieg 2.15 Std., Abstieg 1.15 Std.; gesamt 3.30 Std.
Markierung: Rot-weiß-rote und gelb-schwarze Markierungen, Wegzeiger
Landkarte: Österreichische Karte 1:25 000 bzw. 1:50 000, Blatt 90 »Kufstein«
Highlights: Gesicherte Passage, Tiefblick vom Pölvenkreuz
Stützpunkt: Unterwegs keiner
Fototipps: Hübsche Motive an den Klettersteigpassagen

Bei der Anfahrt durchs Inntal herauf kann man den bewaldeten Rücken leicht übersehen; Bergsteiger gucken nach dem Kaiser, nach Felsen, schroff und grau. Nur wenigen dürfte bewusst sein, dass der *Große Pölven* (1595 m) geologisch durchaus zum Kaisergebirge gehört, von dem ihn der Weissachgraben trennt. Seine steile, nach Westen gerichtete Felsstirn verrät ihn: Kalk wie drüben um Fleischbank und Totenkirchl, um Ellmauer Halt und Scheffauer. Der Pölven fußt auf einem Sockel aus Sandstein und Konglomeraten, in das Kohlevorkommen eingelagert sind. Da verwundert es nicht, dass in der Umgebung von *Bad Häring* über Jahrhunderte hinweg Kohle abgebaut wurde. Zu schaffen machten den Knappen die fast ständig schwelenden Flözbrände; so heißt es schon in einem Dokument von 1558, dass »bay Kufstein ain Perg prinnen thuet«. Die erhöhten Bodentemperaturen (vor Jahren wurden in der Nähe des aufgelassenen Ferdinand-Stollens noch 50° C gemessen!) machte sich ein gewitzter Bauer zunutze. Er legte einen Garten an und versorgte auf diese Weise den Innsbrucker Hof mit Frühgemüse.

Der Bergbau wurde erst 1954 endgültig aufgegeben; im benachbarten Kirchbichl wird dafür der Plöven Stück für Stück zu Beton verarbeitet ...

Der riesige Steinbruch knabbert am Westabbruch des bedauerns-

Tipp

Wasserwand (1367 m)
Um fast 1000 Meter überragt der mehrgipflige Heuberg (Kitzstein, 1398 m) das breite Unterinntal, und das macht ihn zu einem hübschen Guck-ins-Land. Ein markierter Weg führt vom Gasthof Duft (785 m; einst die höchstgelegene Brauerei Deutschlands – Duftbräu) am Samerberg über die Daffnerwaldalm in den Sattel südlich unter der Wasserwand. Hier rechts in die Felsen und am sichernden Drahtseil zum Gipfel, knapp 2 Std., **K 1**.

werten Berges. Das kleine gesicherte Steiglein verläuft südlicher, überwindet einen harmlosen Felsriegel und führt dann zum *Pölvenkreuz*. Wer mag, kann anschließend den Hauptgipfel überschreiten, mit Abstieg zum Pölven-Rundweg ergibt das eine Gehzeit von etwa 5.15 Std.

Eine leichte gesicherte Route: der Simwel-Klettersteig

➔ **Anfahrt** Bad Häring (590 m) erreicht man von Kirchbichl im Inntal auf einer guten Straße; Bus ab Wörgl. Durch den Ort und kurz in das Tälchen zwischen Pölven und Paisslberg bis zu den Häusern von *Burg* (710 m).

➚ **Zustieg** Auf der Straße über ein paar Kehren in dem bewaldeten Tälchen bergan (Pölven-Rundweg), nach knapp einer halben Stunde erreicht man die Abzweigung des eigentlichen Zustiegs (ca. 870 m; Tafel). Im Wald steil aufwärts gegen die Felsen (ca. 1270 m; Tafel), *1.30 Std.*

↑ **Simwel-Klettersteig** Zunächst nach links über eine abschüssige Rinne (Steinschlag!), dann unter der senkrechten Südwand des Pölven aufwärts. Das Weglein verläuft über die mächtige Terrasse, die den Felsriegel diagonal schneidet. Drahtseile sichern die Mini-Ferrata; eine 36-Sprossen-Leiter hilft über einen Aufschwung hinweg. Durch eine Rinne gewinnt man den Ausstieg. Über den allmählich abflachenden Rücken ist bald einmal das bewaldete »Dach« des Pölven erreicht. An der Weggabelung links flach zum *Pölvenkreuz* (1478 m) unmittelbar am Wandabbruch, *45 Min.*

➘ **Abstieg** Über den Klettersteig, *1.15 Std.*

85 Pyramidenspitz-Steig

Pyramidenspitze, 1997 m
Belvedere vor dem Wilden Kaiser

K 1–2

km 5 ¾ Std.

1300 m

Routencharakter: Recht langer, überraschend alpiner Anstieg mit felsigem Finale. Selbstsicherung nicht notwendig, dafür eine ordentliche Kondition. Alternativer Abstieg über die Vorderkaiserfeldenhütte (1388 m) nach Kufstein möglich, etwa 3 Std.
Ausgangspunkt: Parkplatz am Südrand von Durchholzen (ca. 720 m); Bus von Niederndorf bzw. Kufstein
Gehzeiten: Aufstieg 3.30 Std., Abstieg 2.15 Std.; gesamt 5.45 Std.
Markierung: Rot-weiß-rote Bezeichnung
Landkarte: Österreichische Karte 1:25 000 bzw. 1:50 000, Blatt 90 »Kufstein«
Highlights: Aufstieg aus dem Winkelkar zum Gipfel, die Schau auf die Zacken und Grate des Wilden Kaisers
Stützpunkt: Unterwegs keiner
Fototipps: Action am Klettersteig, die berühmten Klettergipfel des Wilden Kaisers

Eigentlich müsste man all jenen, die sich Ziele im Wilden Kaiser vorgenommen haben, erst einmal einen Abstecher auf die *Pyramidenspitze* empfehlen – zur richtigen Einstimmung. Denn der zweithöchste Gipfel des Zahmen Kaisers bietet einen echten »Kaiserblick« auf die längst legendären Klettergrate, Gipfel und Zacken: Totenkirchl, Fleischbank, Predigtstuhl, Ellmauer Halt usw.

➔ **Anfahrt** Durchholzen (690 m) erreicht man vom Inntal aus über Niederndorf auf guter Straße. Im Ort halbrechts und zum Wanderparkplatz am *Winkelbach* (ca. 720 m).

➚ **Zustieg** Das Sträßchen führt weiter talein zur Großpointner Alm (928 m), dann steiler bergan zur *Winkelalm* (1193 m). Hier mündet ein markierter Zugang von der Aschinger Alm bzw. der Bergstation des Liftes zum Gruberberg (1060 m). Von der Alm in das malerische Winkelkar, über dem sich die Nordabstürze des Roßkaisers aufbauen, und im Zickzack westlich zum Fuß der Jovenspitzen (ca. 1620 m), *2.30 Std.*

↑ **Pyramidenspitz-Steig** Über Schrofen weiter bergan zu mäßig steilen Wiesenhängen, dann in kurzen Kehren durch eine Grasrinne bis knapp unter den Kamm. Nach links querend (Drahtseile), gelangt man in die Senke zwischen Jovenspitzen (1890 m) und Pyramidenspitze. Am Grat entlang, links um einen Vorgipfel herum, kurz in die Nordostflanke und über eine mit Eisenklammern versehene Platte zum höchsten Punkt, *1 Std.*

➘ **Abstieg** Auf dem Anstiegsweg, *2.15 Std.*

Widauersteig

86

Scheffauer, 2111 m
Auf den Westgipfel des Wilden Kaisers

K 1

7 ¼ Std.

1200 m

Routencharakter: Sehr abwechslungsreiche Gipfelrunde mit nordseitigem, leichtem Klettersteig (Drahtseile, Bügel und Eisenstifte). Selbstsicherung nicht erforderlich, sehr zu empfehlen aber ein Helm! Abstieg mit vielen leichten Kletterstellen (I) und zwei gesicherten Passagen. Wer ungern im (ungesicherten) Felsgelände absteigt, wählt die Südroute für den Aufstieg.
Ausgangspunkt: Hintersteiner See (883 m), Anfahrt von Scheffau am Wilden Kaiser; Bus ab Kufstein bis Scheffau.
Gehzeiten: Aufstieg 4.45 Std., Abstieg 2.30 Std.; gesamt 7.15 Std.
Markierung: Rot-weiß-rot markierte Bergwege
Landkarte: Österreichische Karte 1:25 000 bzw. 1:50 000, Blatt 90 »Kufstein«
Highlights: Anstieg über den Widauersteig, Blick vom Scheffauer zu den Hohen Tauern, erfrischendes Bad im Hintersteiner See
Stützpunkt: Kaindlhütte (1293 m), 🕒 Anfang Mai bis Anfang November, Tel.: 0173/195 89 10
Fototipps: Schöne Motive bereits am Zustieg, Action am Klettersteig, Hintersteiner See

Westlicher Eckpfeiler des Wilden Kaisers und erster Zweitausender der Hauptkette ist der *Scheffauer*, ein dankbarer Aussichtsberg. Er besitzt zwei markierte Anstiege, wobei der nordseitige Widauersteig, bereits 1911 angelegt, gesichert ist. Dadurch ergibt sich die Möglichkeit zu einer sehr reizvollen Überschreitung bzw. Umrundung des Bergstocks mit Startpunkt am Hintersteiner See.

➔ Anfahrt Von Kufstein bzw. der Inntal-Autobahn nach Scheffau und weiter zum Hintersteiner See; Bus bis Scheffau.

↗ Zustieg Auf markierten Wanderwegen zur Walleralm (1171 m) und auf der Nordseite des Bergkamms über das Hocheck (1470 m) zur *Kaindlhütte* (1293 m), *2.30 Std.*

↑ Widauersteig Auf markiertem Weg aus dem Almgelände linkshaltend zum Einstieg (ca. 1680 m), zuletzt über einen Geröllhang. In einer Zone schräg gestellter Platten durch Verschneidungen steil hinauf, dann über Bänder, teilweise ziemlich ausgesetzt (Drahtseile) rechts zu der markanten, schon von der Kaindlhütte aus gut sichtbaren Rinne. An ihrem linken Rand über leichte Felsstufen bergan, teils gesichert, dann zurück in den Geröllgraben (Achtung Steinschlaggefahr!) und im Zickzack zum Grat, wo auch der südseitige Weg mündet. Rechts zum Gipfelkreuz, *2.15 Std.*

↘ Abstieg/Rückweg Zurück zur Weggabelung und dann steil abwärts ins Almgelände und zurück zum *Hintersteiner See, 2.30 Std.*

87 Gamsängersteig

Ellmauer Halt, 2344 m
Auf das »Dach« des Kaisergebirges

K 2–3
6 ½ Std.
1240 m

Routencharakter: Recht alpiner, abschnittweise durch Steinschlag gefährdeter Anstieg auf den höchsten Kaiser-Gipfel. Wichtiger als eine Selbstsicherung ist in diesem Fall der Helm auf dem (klugen) Kopf! Viele leichte, ungesicherte Kletterstellen (I), teilweise unangenehm glatt polierter Fels.
Ausgangspunkt: Parkplatz auf der Wochenbrunner Alm (1064 m), an Wochenenden oft hoffnungslos überfüllt. Mautpflichtige Zufahrt von Ellmau.
Gehzeiten: Aufstieg 4 Std., Abstieg 2.30 Std.; gesamt 6.30 Std.
Markierung: Rot-weiß-rot, rot
Landkarte: Österreichische Karte 1:25 000, Blatt 90 »Kufstein«
Highlights: Felskulisse im Anstieg, einige originelle Passagen (Stiege, Platte); Panorama vom Gipfel
Stützpunkt: Gruttenhütte (1620 m), 🕒 Anfang Juni bis Mitte Oktober, Tel.: 05358/22 42; Babenstuberhütte am Gipfel, Notbiwak.
Fototipps: Action am Klettersteig, Aussichten

Die *Ellmauer Halt* ist der Klettersteigberg des Wilden Kaisers, zwei gesicherte Routen führen auf seinen Gipfel, eine schon fast historische, der Gamsängersteig, und der sehr viel jüngere ⇨ Kaiserschützensteig. Viel hat vermutlich nicht gefehlt, und auch der berühmte Kopftörlgrat wäre vor Jahren ans Drahtseil gebunden worden, obwohl entsprechende Gerüchte umgehend dementiert worden sind ...
Einen Wanderpfad auf den höchsten Gipfel des Wilden Kaisers gibt es nicht, gab es nie, und so wurde der Normalweg bereits früh gesichert. Natürlich herrscht bei Schönwetter jeweils viel »Verkehr« auf dieser Route, auch – bedingt durch den Wegverlauf – erhebliche Steinschlaggefahr, vor allem auf der langen Querung unter der Südwand, den Gamsängern.

➔ **Anfahrt** Von Ellmau auf mautpflichtiger Strecke zum Großparkplatz auf der Wochenbrunner Alm (1064 m).

➚ **Zustieg** Ein guter, viel begangener Weg führt hinauf gegen den Gruttenkopf (1584 m) und links zur schön gelegenen *Gruttenhütte* (1620 m), *1.30 Std.*

↑ **Gamsängersteig** Von der Gruttenhütte auf gutem Weg ins Hochgrubachkar. Über Bergsturztrümmer und Geröll bergan gegen den Felsfuß und links zu den Gamsängern. Mit diesen schmalen, grasigen Bändern im Sockelbereich der Südwand (Steinschlaggefahr!) startet der Klettersteig; ein paar Drahtseile sichern

87

etwas ausgesetzte Stellen, dann folgt die originelle »Stiege« (Trittbügel, Drahtseile) an der gelben Jägerwand. Wenig höher folgt links die Abzweigung in die *Rote-Rinn-Scharte*. Auf dem Gamsängersteig über gestufte, stark abgetretene Felsen weiter zur »Achselrinne«, einem engen Spalt, dem man über eine Leiter entsteigt. Der (im Frühsommer meistens mit Schnee gefüllte) Kamin kann rechts über eine steile, aber gut gesicherte Platte umgangen werden (viel schöner!). Über die »Maximilianstraße«, ein breites Geröllband, gelangt man leicht in Gipfelnähe, ein letzter Aufschwung (Drahtseil) leitet zum großen Kreuz, *2.30 Std.*

Abstieg Auf dem Anstiegsweg, *2.30 Std.*

Steile Passage unter dem Gipfel der Ellmauer Halt. Fehlt da nicht der Helm?

88 Kaiserschützensteig

Ellmauer Halt, 2344 m
Halt-Stationen im Kaiser

K 3

13 Std.

1850 m

Routencharakter: Ausgeprägt alpiner, auch des sehr langen Zustiegs wegen anspruchsvoller Klettersteig. Nur sparsam gesichert, dazwischen immer wieder leichte freie Kletterpassagen (I). Steinschlaggefahr auf der Route; Vorsicht im Frühsommer in den schattseitigen Schneerinnen (Steigeisen und Pickel ratsam). Großartige Felskulisse! Ausdauer und Bergerfahrung unerlässlich.
Ausgangspunkt: Kufstein-Sparchen (496 m) an der Mündung des Kaisertals
Gehzeiten: Aufstieg 8 Std., Abstieg 5 Std.; gesamt 13 Std.
Markierung: Gut bezeichnete Wege
Landkarte: Österreichische Karte 1:25 000 bzw. 1:50 000, Blatt 90 »Kufstein«
Highlights: Romantisch der »Anlauf« durchs Kaisertal, spannend dann der recht verwinkelte Anstieg über den Klettersteig; großes Panorama
Stützpunkte: Anton-Karg-Haus (829 m), ⌚ Mai bis Oktober, Tel.: 05372/625 78; Hans-Berger-Haus (936 m), ⌚ Mitte Mai bis Mitte Oktober, Tel.: 05372/625 75.
Hinweis: Startet man die Tour auf der Wochenbrunner Alm (⇨ Gamsängersteig), ergibt sich eine Gesamtgehzeit von etwa 10 Std. bei 1800 Höhenmetern.
Fototipps: Bereits der Anmarsch durchs Kaisertal bietet sehr schöne Kaisermotive, besonders am späten Nachmittag. An der Ferrata dann vor allem Action, mit oder ohne große Felskulisse.

Der längste (und schönste?) Weg auf die *Ellmauer Halt* startet im Inntal, in Sichtweite der Kufsteiner Burg: langsame Annäherung nennt man so etwas. Genießer wissen das zu schätzen, sie kennen den Reiz, einen Berg von ganz unten anzugehen. Im Fall des Kaiserschützensteigs wird die Annäherung in der Regel von einem Übernachtungs-Halt unterbrochen; Konditionsbolzen machen die Tour schon mal an einem Tag, dann aber von der *Wochenbrunner Alm* aus mit Abstieg aus der Rote-Rinn-Scharte zum Kaiserschützensteig. Der leitet über den gesamten Haltegrat zum höchsten Gipfel; dabei kann man leicht die Kleine Halt und die Gamshalt »mitnehmen«. Oben ist bei schönem Wetter dann buchstäblich kein »Halten« mehr: Ein grandioses Panorama tut sich auf, Berge rundum und darüber spannt sich azurblau der Himmel.

➔ **Anfahrt** Kufstein (499 m) erreicht man mit der Bahn (München – Innsbruck) bzw. über die Inntal-Autobahn.

➚ **Zustieg** Von Kufstein-Sparchen (496 m) auf schön angelegtem, viel begangenem Weg in das malerische Kaisertal, bis zum *Hans-Berger-Haus* (936 m), *2.30 Std.* Auf einem Fahrweg über den Kaiserbach und in lichtem Wald, später zwischen Latschen

88

ansteigend, vorbei am »Mirakelbrünndl« (1239 m) hinauf in den oberen Scharlinger Boden (ca. 1670 m). Hier links (Tafel) zum Einstieg, *5 Std.* ab Kufstein.

↑ **Kaiserschützensteig** Die Ferrata folgt in etwa einer alten Kletterroute über den Haltestock. Spektakulär gleich der Auftakt: Von Drahtseilen geleitet und gesichert quert man die mächtige Halteplatte über schwindelnden Abgründen; durch einen kurzen, steilen Riss ist dabei abzuklettern. Um ein exponiertes Eck gelangt man auf schmale Bänder (Drahtseile). Sie münden in die zwischen Kleiner Halt und Gamshalt herabziehende »Grüne Rinne«. In ihr über Schrofen und brüchige Felsen aufwärts; keine Steine lostreten! An der 2000-Meter-Marke gabelt sich die Route: links, teilweise mit Drahtseilsicherungen, zur *Kleinen Halt* (2116 m), rechts, ebenfalls gesichert, quer über eine (meist ausgetrocknete) Rinne aus blankem Fels. Im Geröll (bis in den Hochsommer hinein Altschnee) weiter bergan zu einem Felsaufschwung (Drahtseil), dann rechts durch eine weitere Rinne auf eine Schulter (ca. 2140 m) hoch über dem Scharlinger Boden. Markantes Gegenüber ist das Sonneck, von dem ein hoher Kamm zum Treffauer (2304 m) zieht.

In den Schattenwinkeln des Haltestocks liegt oft noch bis weit in den Sommer hinein Altschnee.

Nun nicht weiter aufwärts (trotz verführerischer Spur), sondern leicht bergab, auf Bändern über (nicht sichtbaren) Felsabbrüchen zu einer Rippe, die mit Drahtseilhilfe zur großen Wiesenmulde zwischen Gamshalt und Ellmauer Halt überstiegen wird. Das Ziel vor Augen, steigt man im Zickzack gegen den Kamm auf. Knapp unterhalb zweigt links eine Spur zur *Gamshalt* (2292 m) ab. Der Kaiserschützensteig führt am Grat entlang zum felsigen Gipfelaufbau; eine anregende Kletterei, gut gesichert, bildet das Finale. Faszinierend der Blick auf den mit mehreren bizarren Türmen besetzten Kopftörlgrat; *3 Std.*

↘ **Abstiege** Von der Ellmauer Halt über den ⇨ gesicherten Gamsängersteig abwärts zur Verzweigung unterhalb der *Rote-Rinn-Scharte*. Hinauf in den Einschnitt und nordseitig, zuerst mit Drahtseilen, durch die steile Geröllrinne hinab in die Scharlinger Boden und weiter nach *Hinterbärenbad* (829 m), bis Kufstein *5 Std.*

89 Köpftörlsteig
90 Eggersteig
91 Jubiläumssteig

Kopftörl, 2058 m, Ellmauer Tor, 1995 m
Ins steinerne Herz des Kaisergebirges

K 1

8 ½ Std.

1780 m

Routencharakter: Drei landschaftlich sehr reizvolle, viel begangene Steige im Zentrum des Wilden Kaisers; sie lassen sich zu einer großen Runde verbinden, die packende Einblicke in die Kletterzacken an Kopftörlgrat, Karlspitzen und Goinger Halten vermittelt. Wildromantisch das Finale am Jubiläumssteig. Ein Klassiker – und ein absolutes Muss für alle Kaiserfans (und davon gibt es viele)! Selbstsicherung nicht notwendig; im Frühsommer nördlich des Kopftörls abschüssige Schneefelder (Steigeisen, Pickel). Aus dem Kübelkar kann man auch über die Gaudeamushütte (1263 m) direkt zur Wochenbrunner Alm absteigen, den Jubiläumssteig auslassend.
Ausgangspunkt: Parkplatz auf der Wochenbrunner Alm (1064 m), an Wochenenden oft hoffnungslos überfüllt. Mautpflichtige Zufahrt von Ellmau.
Gehzeiten: Aufstieg Kopftörl 2.45 Std., Abstieg Stripsenjoch 1.45 Std., Aufstieg Ellmauer Tor 2 Std., Jubiläumssteig – Wochenbrunner Alm 2 Std.; gesamt 8.30 Std.
Markierung: Gut bezeichnete Wege
Landkarte: Österreichische Karte 1:25 000 bzw. 1:50 000, Blatt 90 »Kufstein«
Highlights: Die Fülle schönster Kaiserbilder!
Stützpunkt: Gruttenhütte (1620 m), ⌚ Anfang Juni bis Mitte Oktober, Tel.: 05358/22 42; Stripsenjochhaus (1577 m), ⌚ Mitte Mai bis Mitte Oktober, Tel.: 05372/625 79.
Fototipps: Passagen an den gesicherten Steigen, vor allem in der Steinernen Rinne und am Jubiläumssteig, berühmte Kletterfelsen, Hochbetrieb am Stripsenjoch

Tipp

Ackerlspitze, 2329 m
Ganz wenig Eisen – ein paar Griffeisen und Haken – entdeckt man auch am Südanstieg zur Ackerlspitze; von einem gesicherten Steig zu reden, wäre allerdings weit übertrieben. Eine dankbare Gipfeltour ist es aber allemal, vor allem in Verbindung mit einer Überschreitung der Maukspitze (2231 m), ab Wochenbrunner Alm etwa 7.30 Std.

Kaiser total! Das bietet diese wenig schwierige, landschaftlich aber umso reizvollere Runde auf gut markierten, abschnittweise gesicherten Steigen. Knackige Felspassagen darf man allerdings nicht erwarten, doch das tut dem Vergnügen keinen Abbruch: Zu viel gibt's auf dieser langen, aber nie langweiligen Tour zu sehen, und dass exakt am Wendepunkt gleich noch eine bewirtschaftete Hütte steht, stört nun wirklich nicht. So kann man vor dem Anstieg zum Ellmauer Tor nochmals »auftanken«, und das gleich mit Blick auf ein paar der berühmtesten Kletterzacken des *Wilden Kaisers*: Fleischbank, Totenkirchl, Predigtstuhl. Kaiserlich, fürwahr!

➔ **Anfahrt** Von Ellmau – mautpflichtig– zum Großparkplatz auf der *Wochenbrunner Alm* (1064 m).

89
90
91

Zustieg Ein guter, viel begangener Weg führt hinauf gegen den Gruttenkopf (1584 m) und links zur schön gelegenen *Gruttenhütte, 1.30 Std.*

Kopftörlsteig Von der Gruttenhütte auf markiertem Steig über steinige Wiesen ins Hochgrubachkar und rechtshaltend in die namenlose Scharte im Rücken der Köpfeln (2028 m). Links in die Felsen und gut gesichert, zuletzt durch einen schmalen Felsspalt, ins *Kopftörl* (2058 m), *1.15 Std.*

Abstieg Jenseits der Scharte zwischen den Felsen steil hinunter in den Hohen Winkel und unter den Felsenmauern der Hinteren Karlspitze (2281 m) und des Totenkirchls (2190 m) weiter abwärts zu einer Weggabelung (1416 m). Hier rechts und hinauf ins *Stripsenjoch* (1577 m), *1.45 Std.*

Wildromantische Kulisse am Jubiläumssteig

Eggersteig Auf dem Hüttenweg kurz abwärts ins Kaiserbachtal, dann rechts (Tafeln). Der Eggersteig quert zunächst im Geröll hinüber zu den Sockelfelsen der Fleischbank und leitet dann leicht fallend in die *Steinerne Rinne* (ca. 1460 m). Nun durch den felsigen Schlund zwischen himmelhoch ragenden Felsen im Zickzack aufwärts (künstliche Stufen, Drahtseile). Nach oben hin wird die Rinne allmählich weiter, nimmt auch die Steigung ab, und bald schon steht man im *Ellmauer Tor* (1995 m), *2 Std.*

Jubiläumssteig Südseitig über Geröll (Spuren) hinunter zur Wegteilung *Im Kübel*; hier rechtshaltend zu den Felsen. Durch engen Spalt im Rücken abgespaltener Felsen, dann flach, teilweise auf Bändern (Drahtseile) in eine kleine Scharte. Dahinter steil (Drahtseile, Leitern) hinab in die Felsschlucht des »Wilden Gschloß«, wo es heftig nach Steinschlag riecht, nach kurzer Querung steil aus dem Graben (Drahtseile) und flach hinüber zur *Gruttenhütte, 1 Std.*

Abstieg Auf dem Hüttenweg zurück zur Wochenbrunner Alm, *1 Std.*

92 Meiklsteig

Schatterberg, 1274 m
Im Schatten des Wilden Kaisers

K 1
3 ½ Std.
580 m

Routencharakter: Kurzer, mit Drahtseilen, Eisenbügeln und ein paar Leitern gesicherter Steig am schroffen Südabsturz des Niederkaisers. Bietet viel Abwechslung; reizvoll auch Kammüberschreitung und Abstieg via Gmailkapelle zur ehemaligen Einsiedelei.
Ausgangspunkt: Parkplatz etwa 300 m vor dem Gasthof Rummlerhof
Gehzeiten: Aufstieg zum Grat 1.30 Std., Kammweg 45 Min., Abstieg/Rückweg 1.15 Std.; gesamt 3.30 Std.
Markierung: Ordentlich markierte Wege, Wegzeiger
Landkarte: Österreichische Karte 1:25 000 bzw. 1:50 000, Blatt 91 »St. Johann«
Highlights: Hübsche leichte Kraxelpassagen, Tief- und Ausblicke vom Niederkaiser
Stützpunkt: Unterwegs keiner
Fototipps: Viele schöne Motive, in der Wand und am Grat; Gmailkapelle und Einsiedelei

Der »Meiklsteig« schaut nach Süden, zur Sonne hin und zu den Bergketten der Kitzbüheler Alpen und der Hohen Tauern: eine hübsch angelegte kleine Ferrata, die sich listig über den breiten Felsriegel des *Niederkaisers* schwindelt.

➔ **Anfahrt** Von St. Johann (Umfahrungsstraße) Richtung Hinterkaiser und, zuletzt ansteigend, zu dem Parkplatz etwa 300 Meter vor dem Gasthaus *Rummlerhof* (ca. 750 m; Wegzeiger).

➚ **Zustieg** Den Markierungen folgend im Wald bergan, dann links (Pfeil) und in steilem Zickzack bis zum Felsfuß (Bank).

Leitern führen zum Ausstieg des Meiklsteigs.

↑ **Meiklsteig** Unter den senkrechten Felsen nach links und gut gesichert (neue Trittbügel, Krampen, Drahtseile) an ihrem Fuß schräg bergan zu einem Latschenrücken. Über ihn zurück gegen die Felsen. Eine steile Leiter hilft über einen ersten Aufschwung hinweg, in der anschließenden Steilrinne weitere Eisenleitern. Ausstieg am bewaldeten Rücken (ca. 1230 m), *1.30 Std.* ab Parkplatz.

➘ **Kammweg/Abstieg** In anregendem Auf und Ab über den *Schatterberg*, dann steil und kurz etwas ausgesetzt (Drahtseilgeländer) hinunter zur Gmailkapelle und im Zickzack weiter bergab zur ehemaligen Einsiedelei. Hier rechts und flach über Wiesen zum Anstiegsweg, *2 Std.*

s'Schuastagangl

93

Steinplatte, 1869 m
Kurz und knackig

K 4

3 ¼ Std.

500 m

Routencharakter: Kurzer, aber recht anspruchsvoller Klettersteig, bestens gesichert (Drahtseile, Eisenstifte, Bügel). Vorsicht, Steinschlag durch Vorsteigende nicht auszuschließen!
Ausgangspunkt: Endpunkt der Steinplattenstraße (1374 m); alternativ auch mit der Gondelbahn direkt bis zum Berggasthaus Kammerkör (1658 m); Infos über Betriebszeiten Tel.: 05353/53 30
Gehzeiten: Aufstieg 2.15 Std., Abstieg 1 Std.; gesamt 3.15 Std.
Markierung: Zu- und Abstieg markiert
Landkarte: Österreichische Karte 1:25 000 bzw. 1:50 000, Blatt 91 »St. Johann in Tirol«
Highlights: Knackig-steile Klettersteigpassagen, Blick hinüber zu den Loferer Steinbergen
Einkehr: Gasthaus Kammerkör (1658 m)
Fototipps: Action am Klettersteig

Die *Steinplatte* kennt man ja vor allem als Skigebiet und so sieht es da auch aus: Pisten, Liftmasten und viele Drahtseile. Ein paar wenige Seile sind seit kurzem auch in jene helle Kalkmauer gespannt, die sich wie ein Stirnband südseitig um den abgeflachten Rücken legt: der Schuastagangl-Klettersteig.

➔ **Anfahrt** Von Waidring (778 m) auf der mautpflichtigen Straße hinauf zum Gasthaus *Steinplatte* (1374 m; Parkplatz).

↗ **Zustieg** Zum Berggasthaus *Kammerkör* (1658 m), *1.15 Std.*

↑ **Gamssteig** Vom Gasthaus auf breitem Weg flach etwa 100 m zu den Felsabbrüchen (hier Tafel). Steil über eine Felsstufe hinunter (Bügel), dann am Fuß der kompakten Felsmauer hinüber zum eigentlichen Einstieg (Tafel), *30 Min.* Drahtseile leiten nach links in einen Felsspalt, Eisenbügel helfen über den ersten Aufschwung hinweg. Weiter den Fixseilen nach (einige künstliche Tritte) durch die markante, teilweise erdige Rinne steil aufwärts, dann nach rechts in eine winzige Scharte. Kurz vorher zweigt rechts eine luftige Variante ab (Seilbrücke). Oberhalb der Scharte, auf die sowohl Originalroute als auch »Knieschläderer« münden, folgt die etwas knifflige Schlüsselstelle (überlegt angehen!), gleich anschließend helfen ein paar Eisenbügel auf ein Band. Schräg nach rechts zum Ausstieg bei dem Kreuz am Wandabbruch, *1 Std.* von Kammerkör.

↘ **Abstieg** Kurz zum Gipfel, dann links auf dem markierten Pfad hinunter zum Gasthaus Kammerkör und auf dem Anstiegsweg zurück zum Parkplatz (1436 m), *1 Std.*

94 Mitterhorn-Klettersteig
95 Nackerter-Hund-Klettersteig
96 Rothörnl-Klettersteig

Mitterhorn, 2506 m
Mondlandschaft über grünen Tälern

K 2
K 4

8–12 Std.

1600–
1800 m

Routencharakter: Durchwegs lange Zustiege und verhältnismäßig kurze Klettersteige unterschiedlicher Schwierigkeit: Mitterhorn und Rothörnl höchstens mittel, »Nackerter Hund« schwierig mit ungesicherten Kletterstellen (I–II). Verschiedene Kombinationen möglich, jeweils am besten mit einer Übernachtung in der Schmidt-Zabierow-Hütte.
Ausgangspunkte: Wanderparkplatz am Eingang ins Lastal (ca. 910 m) bzw. im Loferer Hochtal (ca. 830 m); Linienbusse nach St. Ulrich bzw. Lofer
Gehzeiten: Lastal – Mitterhorn-Klettersteig – Mitterhorn 5 Std., Loferer Hochtal – Klettersteig Nackerter Hund – Mitterhorn 6.30 Std.; Abstiege über den Nuaracher Höhenweg 5.30 Std., ins Lastal bzw. ins Loferer Hochtal 3 Std.; gesamt 8–12 Std.
Markierung: Rot-weiß-rot bezeichnete Wege, Mitterhorn-Klettersteig grün bezeichnet, Nackerter-Hund-Klettersteig und Rothörnl-Klettersteig rot
Landkarte: Österreichische Karte 1:25 000 bzw. 1:50 000, Blatt 92 »Lofer«
Highlights: Die Mondlandschaft der Loferer Steinberge, hübsche Kletterpassagen
Stützpunkt: Schmidt-Zabierow-Hütte (1963 m), ⌚ Ende Juni bis Ende September, Tel.: 06588/72 84
Fototipps: Die bizarre, talferne Felslandschaft bietet vielfältige Motive, Action am Klettersteig. Stimmungsvolles kommt einem vors Objektiv, wenn man in der Schmidt-Zabierow-Hütte übernachtet.

Loferer und *Leoganger Steinberge*: alpinistischer »Nebenschauplatz« zwischen Wildem Kaiser und Berchtesgadener Alpen, zwischen Totenkirchl & Co. und Watzmann: keine eleganten Kletterzacken, keine Riesenwände wie über dem Königssee. Aber Steine, jede Menge heller, von der Sonne gebleichter, von Wind und Wasser zernagter Kalk, Schicht über Schicht bis hinauf zu den Trümmergipfeln, Mondlandschaft über grünen Tälern. Und wie drüben am Steinernen Meer wird einem auch hier eindringlich vorgeführt, wie dünn die Haut unseres Planeten ist, wie begrenzt (und verletzlich) der Lebensraum des Homo sapiens. Kaum zwei Kilometer über den fruchtbaren Ackerböden nur mehr nackter Fels, Geröll. Und im Sommer brennt die Sonne gnadenlos hernieder, Schatten gibt es kaum, auch kein Wasser weit und breit, höchstens ein paar Schneeflecken in den nordseitigen Schattenkaren.
Schön? Man kann sie mögen, die Berge, ihre Kargheit. Wie eine Insel stehen die *Loferer* über den umliegenden Tälern, ihre Gipfel

94
95
96

bieten ein großes Panorama, das vom Alpenrand bis zu den Firngraten der Hohen Tauern reicht. Doch erst einmal muss man hinauf, und dazu braucht es vor allem eines: Ausdauer. Denn die relative Höhe der Loferer Steinberge ist beachtlich; fünf Stunden auf dem kürzesten Weg zum *Mitterhorn*, deutlich mehr, wenn man sich für eine Begehung des Nuaracher Höhenweges entschließt. Da empfiehlt es sich schon, eine Übernachtung in der *Schmidt-Zabierow-Hütte* – dem einzigen Stützpunkt des Massivs – einzuplanen; als Tagestour sind die Loferer ausgesprochen »happig«, ganz bestimmt nichts für Gelegenheitsbergsteiger!

➔ Anfahrten Von St. Ulrich (847 m), das am Südende des seichten Pillersees liegt, führt eine Asphaltstraße zu den Ferienhäusern von *Weißleiten* (910 m). Knapp westlich von Lofer (626 m) zweigt eine Zufahrt in das als militärisches Übungsgebiet genutzte *Loferer Hochtal* ab, zwei Kilometer bis zu einem Parkplatz (ca. 830 m).

➚ Zustiege Vom Wanderparkplatz auf breitem Weg ins *Lastal*, dann über den schmalen Rücken des Spanneggs zu einer Jagdhütte und weiter unter den Westabstürzen der Geislhörner (2291 m) zu der Weggabelung in der Ulricher Grube (1878 m): rechts zum Wehrgrubenjoch bzw. zum Nackerter-Hund-Klettersteig, *3.45 Std.*, links in die Schneegrube und im Zickzack über leichte Felsstufen zum Einstieg des Mitterhorn-Klettersteigs (ca. 2310 m), *4 Std.*

Kurze, senkrechte Aufschwünge charakterisieren den Mitterhorn-Klettersteig.

Aus dem Loferer Hochtal führt ein markierter Weg in vielen Kehren über das untere, mittlere und obere Tret zur *Schmidt-Zabierow-Hütte* (1963 m). Vom Schutzhaus durch die Große Wehrgrube, zuletzt über plattige Felsen (Drahtseile), ins *Wehrgrubenjoch* (2218 m), *4.45 Std.*

↑ Mitterhorn-Klettersteig Der wenig schwierige Klettersteig verläuft über den Südwestgrat des Mitterhorns, tangiert bzw. kreuzt den Normalweg mehrfach. Steile Aufschwünge, durch Leitern entschärft, wechseln dabei mit flacheren Passagen ab. Vom Vorgipfel

94 95 96

(2483 m) zuletzt über eine etwas knifflige Stelle in eine Scharte und nochmals steil (Drahtseile) aufs *Mitterhorn* (2506 m), *1 Std.*

↑ Nackerter-Hund-Klettersteig Aus dem Wehrgrubenjoch (2218 m) über einen Schrofenrücken, bei zwei großen Steinmännern auf die Nordseite des Grats und über Bänder in leichtem Auf und Ab zunehmend luftiger in die winzige Scharte zwischen dem doppelgipfligen Nackerten Hund und dem Mitterhorn. Ein Felssporn muss schwierig (I–II) überstiegen werden. In der Scharte steht ein kleiner Felszacken, dessen Silhouette – von der Schmidt-Zabierow-Hütte aus gesehen – einem sitzenden Hund ähnelt.

Aus der Scharte über den in mehreren senkrechten Aufschwüngen ansteigenden Grat. Nach sechs Absätzen und einigem Armeinsatz gelangt man in flacheres Gelände; zuletzt über Schrofen und Geröll zum Gipfel, *1.45 Std.*

↑ Rothörnl-Klettersteig Im Bereich des Rothörnl bietet sich als Variante zum Nurracher Höhenweg ein kleiner »eisenhaltiger« Abstecher an. Aus der Scharte (2329 m) zwischen dem Großen Rothorn (2409 m) und dem *Rothörnl* (2395 m) über Schrofen und Geröll zum Gipfel. Westlich leiten Drahtseile steil hinab in ein grandios-wildes Felslabyrinth. Die Route bietet keine nennenswerten Schwierigkeiten, dafür umso tollere Eindrücke. Nach knapp 300 »Tiefenmetern« gabelt sich der Weg (ca. 2080 m; Hinweis am Fels). Hier verlässt man den nach Waidring führenden Weg und quert durch die schrofigen Nordhänge hoch über dem »Kleinen G'sand« zurück zum Kamm und zum Nuaracher Höhenweg. Nur bei sichtigem Wetter ratsam, die Flanke muss auf jeden Fall schneefrei sein (Stellen I). Nicht absteigen, sondern die Höhe halten, zuletzt (nach Passage einer winzigen Scharte) in leichtem Anstieg zur Grathöhe, etwa *1.30 Std.* von der Scharte unter dem Rothörnl.

↘ Abstiege Der schönste Abstieg verläuft über den mehrgipfligen Grat, der sich vom Mitterhorn bis zum *Ulrichshorn* (2030 m) erstreckt. Als Nuaracher Höhenweg durchgehend gut markiert, mit einigen ganz leichten Kletterstellen (I) und wenigen Sicherungen, vom Mitterhorn bis St. Ulrich etwa *5.30 Std.*

Auf dem Mitterhorn-Normalweg durchs Lastal hinunter nach Weißleiten *3 Std.*

Nördlich vom Gipfel über die Schmidt-Zabierow-Hütte (1963 m) ins Loferer Hochtal *3 Std.*

Klettersteig Leogang Süd

97

Westliche Mitterspitze, 2160 m
Spitzenroute für Könner

K 6

8 ½ Std.

1300 m

Routencharakter: Superferrata mit einer maximal ausgesetzten Schlüsselstelle. Langer Zustieg, Abstieg ebenfalls über einen Klettersteig. Insgesamt ein Pensum, das sich nur wirkliche Könner zutrauen dürfen. Expressschlingen für die Schlüsselstelle zur Entlastung der Armmuskeln. Die nordseitige Abstiegsroute sollte unbedingt schneefrei sein, und sicheres Wetter (Gewitter!) ist ebenfalls ganz wichtig.

Ausgangspunkt: Wanderparkplatz im Tälchen des Birnbachs, hinter Ullach (ca. 870 m)

Gehzeiten: Zustieg 3 Std., Klettersteig Leogang Süd 2.30 Std., Klettersteig Leogang Nord 1 Std., Abstieg 2 Std.; gesamt 8.30 Std.

Markierung: Hüttenweg gut bezeichnet, Hinweise zu den Klettersteigen

Landkarte: Österreichische Karte 1:25 000 bzw. 1:50 000, Blatt 123 »Zell am See«

Highlights: Mehrere atemberaubende Passagen an der Route. Große Felskulisse, auch rund um die Passauer Hütte.

Stützpunkt: Passauer Hütte (2051 m), 🕒 Mitte Juni bis Ende September, Tel.: 0664/337 85 29

Fototipps: Durch die südseitige Lage der Ferrata hat man fast den ganzen Tag ordentliche Lichtverhältnisse für Actionbilder. Besonders spektakulär der »Bergführer-Quergang«.

Neue Klettersteige made in Austria warten öfters mit Superlativen auf: noch schwieriger, noch exponierter. Das gilt auch für die Ferrata in den Leogangern, zumindest für den maximal ausgesetzten, extrem Kraft raubenden »Bergführer-Quergang«. Zusätzlich erschweren der lange Anmarsch (gut 1000 Höhenmeter) und der nicht zu unterschätzende Abstieg über den Klettersteig »Leogang Nord« die Aufgabe. Da ist durchaus zu überlegen, ob man nicht nach einer Nacht in der Passauer Hütte ausgeruht in die Extremferrata einsteigen will.

➔ **Anfahrt** *Leogang* (788 m) erreicht man von St. Johann in Tirol bzw. Saalfelden auf guten Straßen (auch Bahnlinie). Im Ort Abzweigung nach Ullach und auf schmaler Straße weiter ins Tälchen des Birnbachs. Wanderparkplatz (ca. 870 m) an einer Brücke.

➚ **Zustieg** Auf dem markierten Hüttenweg bergan, zuerst teilweise im Wald, bis zum so genannten »Hochtor« (Kreuz), wo man eine Hinweistafel zum Klettersteig entdeckt. Rechts haltend unter den Felsen zum Einstieg (ca. 1920 m), *3 Std.*, von der *Passauer Hütte* absteigend etwa *20 Min.*

🡑 **Klettersteig Leogang Süd** Erster Prüfstein der Route ist die »Räuberleiter«, ein senkrechter Pfeiler wenig oberhalb des Einstiegs.

97

Danach geht's über das Südwandbandl weiter, wobei anspruchsvolle mit leichteren Passagen abwechseln. Das »Liebeseck«, ein markanter Absatz, lädt dann zum Verschnaufen ein. Anschließend wird's wieder steiler; über ein senkrechtes Wandl gewinnt man das so genannte Grasband. Hier kurz rechts, dann schwierig zum »Z-Quergang« und über die »Tax-Platte« zur eigentlichen Schlüsselstelle der Route, dem »Bergführer-Quergang«, einer stark überhängenden Querung (zwei kurze Expressschlingen zum Entlasten der Arme!). Anschließend durch den Ausstiegskamin zur Gipfelwand und über sie auf die *Westliche Mitterspitze, 2.30 Std.*

Die Schlüsselstelle am Klettersteig Leogang Süd

Abstieg Über den Klettersteig Leogang Nord (⇨ Tour 98), 1 Std. Von der *Passauer Hütte* (2051 m) hinab ins Tal, *2 Std.*

Klettersteig Leogang Nord

98

Westliche Mitterspitze, 2160 m
Nicht extrem, aber trotzdem sehr lohnend

K 4

8 Std.

1300 m

Routencharakter: Anspruchsvolle, eher aufwändig gesicherte Route (viele Klammern), die auch im Abstieg begangen werden muss. Landschaftlich sehr eindrucksvoll, auch der (lange!) Zustieg. Nach schneereichen Wintern kann eine Begehung erst verhältnismäßig spät im Jahr gefahrlos möglich sein.
Ausgangspunkt: Wanderparkplatz im Tälchen des Birnbachs, hinter Ullach (ca. 870 m)
Gehzeiten: Zustieg 3.30 Std., Klettersteig Leogang Nord 1.15 Std., Abstieg 3.15 Std.; gesamt 8 Std.
Markierung: Hüttenweg gut bezeichnet, Hinweise zu den Klettersteigen
Landkarte: Österreichische Karte 1:25 000 bzw. 1:50 000, Blatt 123 »Zell am See«
Highlights: chöne Klettersteigpassagen und die Variante durch das Teufelsloch.
Stützpunkt: Passauer Hütte (2051 m), ⌚ Mitte Juni bis Ende September, Tel.: 0664/337 85 29
Fototipps: Die üppig gesicherte Route bietet sehr schöne Motive (Steilpassagen, Seilbrücke, Teufelsloch). Zu beachten ist der nordwestseitige Verlauf (vielfach schattig).

Der nordseitige Klettersteig an der Westlichen Mitterspitze eröffnet nicht nur die Möglichkeit zu einer grandiosen Überschreitung (Aufstieg über den Klettersteig Leogang Süd ⇨ Tour 97), er bietet gleichzeitig einem etwas breiteren Publikum ein sehr lohnendes Tourenziel. Dabei ist aber zu berücksichtigen, dass über den Klettersteig auch wieder abgestiegen werden muss. Im Frühsommer können zudem Altschnee und Eis eine Begehung erheblich erschweren. Vorab Infos auf der Passauer Hütte einholen!

➔ **Anfahrt** *Leogang* (788 m) erreicht man von St. Johann in Tirol bzw. Saalfelden auf guten Straßen (auch Bahnlinie). Im Ort Abzweigung nach Ullach und auf schmaler Straße weiter ins Tälchen des Birnbachs. Wanderparkplatz (ca. 870 m) an einer Brücke.

↗ **Zustieg** Auf dem markierten Hüttenweg bergan, zuerst teilweise im Wald, bis zum so genannten »Hochtor« (Kreuz), wo man eine Hinweistafel zum Klettersteig Leogang Süd entdeckt, und weiter in die Mittagsscharte (2033 m). Links etwas oberhalb steht die *Passauer Hütte*; rechts leiten rote Markierungen zum nahen Wandfuß.

↑ **Klettersteig Leogang Nord** Die Einstiegswand – steil, aber bestens gesichert – setzt gleich den Tarif. Dann geht es etwas leichter

98

weiter, bevor ein »Überhangl« Kraft und Psyche gleichermaßen testet. Über die »Lange Wiese« (Gehgelände) und die so genannte »Wendeltreppe« (Pfeiler) erreicht man die »Passauer Brücke«, eine spektakuläre Dreiseilkonstruktion, wo rechts der neue »Hauslweg« abgeht. Er führt ins Teufelsloch, das durch einen Spalt betreten wird, ein paar Meter in ihm hoch und dann am Grat zur Gipfelwand – eine großartige Variante. Hier mündet der direkte Anstieg über die steile, mit Klammern entschärfte »Hennerleiter«. Solide Sicherungen erleichtern auch die letzten Höhenmeter bis zum Gipfel, *1.15 Std.*

Abstieg Nur über den Klettersteig Nord, wobei man unter dem Gipfel wahlweise den Direktweg oder die Variante nimmt, 1 Std. Von der *Passauer Hütte* bzw. der Mittagsscharte hinab ins Tal, *2 Std.*

Seilbrücke am Klettersteig Leogang Nord

Henne-Klettersteig

99

Henne, 2078 m
Mini-Ferrata in den Kitzbüheler Alpen

Routencharakter: Kurzer, nur wenig schwieriger Klettersteig, mit Drahtseilen, Eisenbügeln und einer Leiter (Variante) bestens gesichert. Route A leicht (K 1), Route B wenig schwierig (K 2), Variante ziemlich schwierig (K 3–4).
Ausgangspunkt: Lärchfilzkogel (1654 m), Bergstation der Fieberbrunner Bergbahnen; Infos über Betriebszeiten Tel.: 05354/563 04
Gehzeiten: Aufstieg 2.45 Std., Abstieg 1.15 Std.; gesamt 4 Std.
Markierung: Markierte Wege
Landkarte: Österreichische Karte 1:25 000 bzw. 1:50 000, Blatt 122 »Kitzbühel«
Hinweis: Man kann die Henne auch von Süden, aus dem Hörndlinger Graben, besteigen. Anfahrt von Fieberbrunn bis zu dem Wanderparkplatz (1240 m) an der Mündung des Röckwandgrabens, etwa 2.45 Std. zum Gipfel.
Highlights: Kurzer Zackengrat unter dem Gipfel, Tiefblick auf den Wildsee, Panorama
Stützpunkt: Wildseeloderhaus (1854 m), 🕒 Juni bis September, Tel.: 0664/325 45 83; Einkehr in der Hochhörndlhütte (1809 m) knapp südlich unterhalb der Liftstation Reckmoos.
Fototipps: Hübsche Actionmotive am felsigen Grat, Aus- und Tiefblicke vom Gipfel

K 1
K 3–4

4 Std.

600 m

2003 eröffnet: der Klettersteig am Ostgrat der Henne

Ein Klettersteig in den Kitzbüheler Alpen – und nicht einmal am Großen Rettenstein (2366 m)? Das verwundert, zeigt die überwiegend aus Schiefer aufgebaute Gebirgsgruppe doch nur wenige schroffe Felsen, vielmehr sanfte, selbst bis in Gipfelhöhen begrünte Bergflanken. Drahtseile sind fast überall hier gespannt, sie dienen aber in erster Linie dem Massenskilauf: Seilbahnen, Lifte. Doch seit dem Herbst 2003 hängen auch ein paar (dünnere) Fixseile am Ostgrat der *Henne*, kann man vom (Winter-)Lift am

Reckmoos über den Ostgrat hinaufturnen zu dem hübschen Gipfel: keine Route der Superlative, aber immerhin mit einer recht anspruchsvollen Variante im unteren Teil des Grates. Mit dem Abstieg zum Wildsee ergibt sich eine sympathische Runde, zu der man auch größere Kinder mitnehmen darf.

➔ **Anfahrt** Nach Fieberbrunn (790 m) kommt man von Kitzbühel und Saalfelden per Bahn oder über ordentliche Straßen. Mit der Gondelbahn hinauf zum *Lärchfilzkogel* (1654 m).

Variante »B« wartet mit hübschen Kletterpassagen auf.

➚ **Zustieg** Auf dem Weg zum Wildsee schräg abwärts zur Wildalm (1579 m), hier scharf links und auf einer Sandstraße mit etwas Höhenverlust in die licht bewaldete Mulde unterhalb vom Reckmoos. Durch den seichten Graben steil bergan zur Liftstation (1869 m), *1.30 Std.* Zur Liftstation Reckmoos kommt man auch vom Wildseeloderhaus: zunächst Richtung Henne bis zur Linkskehre, hier geradeaus über den Sattel im Rücken der Hochhörndlerspitze (1981 m) und absteigend zum Henne-Ostgrat, *1.45 Std.*

↑ **Henne-Klettersteig** Beim Liftgebäude (Hinweis) rechts und der deutlichen Spur folgend gegen den mit Latschen bewachsenen Kamm.

Der leichteste Anstieg (»A«) verläuft am bzw. knapp links des Grates und führt völlig problemlos (einige kurze gesicherte Passagen) zum Gipfel. Am Beginn der Sicherungen zweigt rechts die schwierige Variante ab (Hinweis): hinunter zu Lawinenverbauungen und hinüber zu einer Leiter. Anschließend folgt eine recht knifflige Querung, bevor die Ferrata steil zum Grat ansteigt. Man folgt ihm bis zur Abzweigung der Route »B«, die nochmals etwas Ferrata-Feeling aufkommen lässt (hübsche Schlusswand). Zuletzt wieder mit dem Weg »A« zum Gipfel, *1.15 Std.* mit Variante.

➘ **Abstieg** Über die Westflanke, den Markierungen folgend, hinunter zum Wildsee und am Ufer entlang zum schön gelegenen *Wildseeloderhaus* (1854 m). Über einen recht steilen Schrofenhang weiter bergab zur Wildalm und auf dem Hinweg zurück zur Gondelbahn, *1.15 Std.*

Tristkogel-Klettersteig

100

Fels oder Gras?
Tristkogel, 2095 m

K 4

4 ¾ Std.

800 m

Routencharakter: Kurzer Klettersteig mit sehr anspruchsvoller Strecke im oberen Wandbereich. Die frei aufgehängten Leitern sind sehr gewöhnungsbedürftig, eine überhängende Passage verlangt vollen Krafteinsatz. Im Frühsommer liegt im Bereich der Nordwand oft noch Schnee. Keinesfalls bei Nässe gehen – viel steiles (und dann extrem rutschiges) Gras!
Ausgangspunkt: Wanderparkplatz unterhalb der Bochumer Hütte (ca. 1210 m)
Gehzeiten: Zustieg 2 Std., Klettersteig 1 Std., Abstieg 1.45 Std.; gesamt 4.45 Std.
Markierung: Gut bezeichnete Wege
Landkarte: Österreichische Karte 1:25 000 bzw. 1:50 000, Blatt 122 »Kitzbühel«
Highlights: Ganz klar die luftigen Leiternpassagen im Mittelteil der Route.
Stützpunkt: Bochumer Hütte (1340 m), 🕒 Mitte April bis Ende Oktober, Tel.: 0664/415 05 75. 10 Min. vom Auf- bzw. Abstiegsweg.
Fototipps: Aufgrund der nordseitigen Lage hat man kaum gutes Licht im Bereich des spektakulären Wandabschnitts. Trotzdem lassen sich hier gute Action-Motive fotografieren.

Ein Klettersteig in den (grasigen) Kitzbüheler Alpen, und ein sehr originell angelegter noch dazu? Seit 2004 kann man durch die Nordwand des Tristkogels turnen – und sich dabei fast wie in Frankreich fühlen. Die frei aufgehängten Leitern erinnern stark an Fun-Parcours in den Alpes Françaises. Weniger Freude macht dann der zweite Teil der Route: überwiegend Steilgras – halt typisch für die Kitzbüheler Alpen. Auf jeden Fall eine lohnende Tour, und vom Gipfel gibt's ein herrliches weites Panorama mit Kalk im Norden und gleißendem Firn im Süden.

➔ **Anfahrt** Von Kitzbühel auf der Pass-Thurn-Straße nach Aurach (797 m). Durch den Ort und beim Gasthof Hechenmoos links in den Graben des Wieseneggbachs und in ihm auf einer Sandstraße bergan bis zu dem Wanderparkplatz der *Bochumer Hütte* (ca. 1210 m).

↗ **Zustieg** Auf der Almstraße weiter zur Oberkaseralm (1740 m; Infotafel). Steigspuren folgend (gelbe Mark.) über den steilen Wiesenhang zum Einstieg (ca. 1930 m), *2 Std.*

↑ **Tristkogel-Klettersteig** Die Route startet mit zwei Leitern, anschließend geht's durch eine Verschneidung (Eisenstifte) steil auf ein Grasband. Hier kurz rechts, dann über eine Doppelleiter auf das markante Band in der Wandmitte. Nach kurzer Querung sehr

100

luftig auf frei verankerte (!) Leitern weiter; Schlüsselstelle ist eine abdrängende Stelle in der nach außen hängenden Wand. Der spektakuläre Routenabschnitt endet auf einer Schrofenterrasse. Weiter über leichte Felsen und steile Grashänge zum Ausstieg knapp unter dem Gipfel, *1 Std.*

↘ Abstieg Auf einem markierten Steig über den Südwestgrat (eine drahtseilgesicherte Passage) hinunter ins Almgelände und zum Tor (1933 m). Hier rechts abwärts zur Oberkaseralm und auf der Straße zurück zum Parkplatz, *1.45 Std.*

Schlüsselstelle am Tristkogel-Klettersteig

Wagendrischlhorn-Klettersteig

101

Wagendrischlhorn, 2251 m
Große Runde mit felsigem Höhepunkt

K 2

8 ½ Std.

1500 m

Routencharakter: Landschaftlich sehr reizvolle, große Überschreitung am Südrand der Reiteralpe. Faszinierend die Karstlandschaft des Plateaugebirges, schönes Panorama vom Gipfel. Bis auf eine kurze Passage in der Rinne unterhalb der Mayrbergscharte leichter Klettersteig. Insgesamt verlangt die Runde aber eine gute Kondition und absolute Trittsicherheit. Bei Nebel kann die Orientierung beim Abstieg zur Traunsteiner Hütte problematisch werden.
Ausgangspunkt: Gasthaus Mayrberg (895 m), Anfahrt von Lofer; Parkplatz
Gehzeiten: Aufstieg 4 Std., Abstieg/Rückweg 4.30 Std.; gesamt 8.30 Std.
Markierung: Ordentlich bezeichnete Wege
Landkarte: Österreichische Karte 1:25 000 bzw. 1:50 000, Blatt 92 »Lofer«
Highlights: Gesicherter Anstieg, Einblicke in die Klettergipfel am Rand der Reiteralpe, Karstplateau
Stützpunkt: Traunsteiner Hütte (1570m), 🕒 Mitte Mai bis Ende Oktober, Tel.: 0171/437 89 19
Fototipps: Die Felskulisse rund um das Wagendrischlhorn bietet viele Motive, ebenso das Karstplateau.

Ein Grenzgang ist die Besteigung des Wagendrischlhorns auf jeden Fall; egal, welchen Ausgangspunkt man auch wählt, sie wird zu einer (schönen) bayrisch-salzburgischen Runde. Doch im Europa des 21. Jahrhunderts spielt diese Grenze keine Rolle mehr, zumindest für Bergsteiger. Zu dem Gipfel am Rand der Reiteralpe kommt man auf verschiedenen, durchwegs interessanten Wegen; die Zustiege von Ramsau – Schaflsteig und Böslsteig – weisen kurze gesicherte Abschnitte auf. Am meisten Eisen bietet der von der AV-Sektion Lofer zu ihrem Hundertjährigen angelegte kleine Klettersteig. Von Mayrberg aus ergibt sich eine besonders abwechslungsreiche Runde, in die das von der Erosion zerfurchte, ins Latschengestrüpp absinkende Plateau der Reiteralpe einen eigenwilligen Akzent setzt.

➔ **Anfahrt** Lofer (626 m) liegt im Tal der Saalach unweit der deutsch-österreichischen Grenze. Eine schmale Straße führt hinauf zum Gasthof *Mayrberg* (895 m); Parkplatz.

➚ **Zustieg** Auf der Sandstraße flach taleinwärts bis zum Jagdhaus Daxstein (933 m) und auf einem schön angelegten Weg abseits der Forstpiste bergan zur Jagdhütte Hochgscheid (1386 m). Dahinter über den Bach und mehr oder weniger in der Falllinie mühsam bergan gegen das Hochgscheid. Links am Kamm über ein paar

kurze Kehren weiter aufwärts (rechts mündet der Böslsteig), zuletzt kurz bergab zum Einstieg, *3.15 Std.*

↑ Wagendrischlhorn-Klettersteig Rechts in die steile, von der *Mayrbergscharte* (2053 m) herabkommende Rinne. Drahtseile und einige Eisengriffe erleichtern den Aufstieg; eine Stelle verlangt beherztes Zupacken. Nach oben hin öffnet sich der Graben, wird auch flacher. Aus der Scharte über Karstfelsen weiter aufwärts, dann nach links und den Seilsicherungen folgend leicht zum Gipfel, *45 Min.*

Genussvolles Finale am Wagendrischlhorn

↘ Abstieg Vom *Wagendrischlhorn* nördlich über leichte Felsen hinunter ins Roßkar, wo ein Verbindungsweg von der Mayrbergscharte mündet, und über das ausgedehnte Karstplateau (Vorsicht bei Nebel!) durch die Roßgasse hinunter und mit einer leichten Gegensteigung zur alten Traunsteiner Hütte (15 Min. weiter östlich steht die bewirtschaftete *Traunsteiner Hütte*). Nun links, an einem Weiher vorbei und ansteigend zu einer namenlosen Wasserscheide. Dahinter geht's auf dem Alpasteig in vielen Kehren hinunter zu der gleichnamigen, aufgelassenen Alm (1257 m). In einem Bogen bergab zu einer querenden Sandstraße. Weiter talwärts, dann mit dem Hinweis »Obermayrberg« links bergan zu dem Bauernhof. Zuletzt hinunter zum Gasthaus *Mayrberg, 4.45 Std.*

Wildental-Klettersteig Südwand-Klettersteig

102 103

Persailhorn, 2347 m
Eisernes Duo am Rand des Steinernen Meers

Routencharakter: Eine Genussrunde am Südrand des Steinernen Meeres mit zwei bestens gesicherten, nur mäßig schwierigen Klettersteigen. Etwas anspruchsvoller ist der Wildental-Steig, weshalb man ihn in der Regel für den Aufstieg nimmt. Im Frühsommer vorab in der (gut geführten) Wiechenthaler Hütte Infos über die Begehbarkeit der nordseitigen Ferrata einholen.
Ausgangspunkt: Wanderparkplatz beim Weiler Bachwinkl (ca. 870 m); Bahn- und Busverbindungen bis Saalfelden am Steinernen Meer
Gehzeiten: Aufstieg 4.30 Std., Abstieg 3.30 Std.; gesamt 8 Std.
Markierung: Gut bezeichnete Wege
Landkarte: Österreichische Karte 1:25 000 bzw. 1:50 000, Blatt 124 »Saalfelden«
Highlights: Die abwechslungsreiche Kletterei an beiden Steigen, Felskulisse und Fernsicht zu den Hohen Tauern
Stützpunkt: Peter-Wiechenthaler-Hütte (1707 m), Juni bis September durchgehend, Mai und Oktober an Wochenenden, Tel.: 06582/734 89
Fototipps: Viele Actionmotive an beiden Klettersteigen; nordseitiger Anstieg liegt morgens allerdings teilweise noch im Schatten. Im Sommer bemerkenswerte Flora am Weg zum Einstieg

K 3
K 2–3
8 Std.
1500 m

Ein schöner Gipfel, zwei propere Klettersteige, eine gemütliche Hütte – wenn das Wetter mitspielt, reicht das für einen Bergtag, an den man gerne zurückdenkt. Den Auftakt macht der – überwiegend schattige – Anstieg zur *Wiechenthaler-Hütte* mit Fernsicht bis zu den Hohen Tauern und erstem Blickkontakt mit dem markanten Felsdreieck des *Persailhorns*. Von dem gemütlichen Refugium ist es dann nicht mehr weit bis zum ersten Drahtseil: Auf ins »eiserne« Vergnügen! Das kann sich durchaus sehen lassen, bietet viele spannende Passagen, ohne wirklich zu fordern, sowohl Auf- wie Abstieg. Hoch am Westgrat treffen die beiden Routen zusammen, bis zum (Vor-)Gipfel mit Kreuz ist es dann nicht mehr weit. Statt über die Südwand-Ferrata abzusteigen, kann man die Tour über den Saalfeldener Höhenweg zum *Riemannhaus* fortsetzen, eine großartige Überschreitung, kaum gesichert, wie auch der Anstieg zum schönsten Gipfel des Steinernen Meers, der *Schönfeldspitze* (2653 m). Na, wie wär's?

➔ **Anfahrt** Saalfelden am Steinernen Meer (774 m) – an der Bahnlinie Kitzbühel–Zell am See gelegen – wird auch auf guten Straßen erreicht. Am nördlichen Ortsrand zweigt von der B 311 eine Zufahrt zu den Häusern von *Bachwinkl* an. Kleiner Wanderparkplatz.

Die schräge Leiter am Südwand-Klettersteig

↗ Zustieg Vom Parkplatz über den Öfenbach, dann in Schleifen angenehm schattig an der Südflanke des Kienberges aufwärts. Weiter steigend auf den bewaldeten Rücken und in vielen Kehren zum Schutzhaus, *2.15 Std.*

↑ Wildental-Klettersteig Am latschenbewachsenen Rücken bergan zu einer Verzweigung. Hier links in die Nordflanke des *Persailhorns*, dann an Drahtseilen mäßig steil aufwärts zur Einmündung des alten, aufgelassenen Normalweges (ca. 2110 m). Links kurz abwärts zu einem Felseck und luftig zur »Wastl-Promenade«. Am Ende der langen Querung gut gesichert über einen Steilaufschwung und plattige Felsen in einen schattigen Karwinkel. Neben einer markanten Verschneidung über drei Leitern in eine enge Rinne und zum Grat, wo die Südwandroute mündet. Links über kleine Felsstufe und am felsigen Kamm – teilweise gesichert – zum Gipfelkreuz, *2.15 Std.*

↘ Südwand-Klettersteig Zurück zur Verzweigung, dann links haltend den Drahtseilen entlang in gestuftem Felsgelände abwärts; zwei senkrechte Abbrüche sind durch Leitern entschärft. Eine weitere, »liegende« Leiter hilft um ein exponiertes Eck herum in eine kleine Grotte. Auf soliden Eisenbügeln quert man ein fast trittloses Wandl, anschließend leiten Drahtseile zum nahen Ausstieg. Am Wandfuß zurück zur Abzweigung des Wildental-Steigs und hinunter zur *Peter-Wiechenthaler*-Hütte, *2 Std.*

↘ Abstieg Auf dem Hüttenweg zurück zum Ausgangspunkt beim Weiler Bachwinkl, *1.30 Std.*

Tipp

Saalfeldener Höhenweg
Einmal oben am Persailhorn, bietet sich als Alternative eine Überschreitung von Mitterhorn (2491 m) und Breithorn (2504 m) auf dem Saalfeldener Höhenweg an, 3.30 Std. bis zum Riemannhaus, markiert, aber nur an ganz wenigen Stellen gesichert, mit (kurzen) Kletterstellen im II. Grad. Vom Schutzhaus Abstieg über die Bilgerirast (Sicherungen) und den Ramseidersteig, insgesamt etwa 11 Std.
Das Riemannhaus ist günstiger Stützpunkt für eine Besteigung der Schönfeldspitze (2653 m) über die Westflanke, etwa 2 Std., ganz wenige Sicherungen, lohnend!

Mooshammersteig

104

Hochseiler, 2793 m
Im Schatten des Hochkönigs

Routencharakter: Ausgesprochen alpine Gipfelüberschreitung, sparsam gesichert, Abstieg über den »Mooshammersteig« ungesichert, mit Kletterstellen I–II. Die Tour setzt solides bergsteigerisches Können und Topkondition voraus. Wer sich den Hochseiler nicht zutraut, kann den Gipfel ostseitig über den Herzogsteig umgehen (einige Sicherungen, leicht). Nur bei sicherem Wetter gehen! Von den Teufelslöchern Aufstieg über den Firn der Übergossenen Alm zum Matrashaus am Hochkönig (2941 m), 1 Std. Selbstsicherung nicht möglich, Helm sehr empfehlenswert!
Ausgangspunkt: Hinterthal (1016 m), Anfahrt von Saalfelden (Bahnhof); Buslinie
Gehzeiten: Aufstieg 5.30 Std., Abstieg 3.30 Std.; gesamt 9 Std.
Markierung: Markierte Steige, Wegzeiger
Landkarte: Österreichische Karte 1:25 000 bzw. 1:50 000, Blatt 124 »Saalfelden am Steinernen Meer«
Highlights: Auf- und Abstieg in großer Felskulisse, die Teufelslöcher und der Szenenwechsel am Rand der Übergossenen Alm, hübsche Klettereinlagen
Stützpunkt: Bergtenhütte (1846 m), unbewirtschaftet, stets zugänglich
Fototipps: Klettermotive mit und ohne sicherndes Eisen, dann die fantastischen Teufelslöcher; Übergossene Alm mit Hochkönig, Steinernes Meer

K 2
km 9 Std.
1780 m

Er stand schon immer im Schatten des »Königs«, der *Hochseiler,* und seitdem drüben der ⇨ »Königsjodler« erschallt und Klettersteigler en masse anzieht, ist es um den Gipfel noch ein bisschen ruhiger geworden. Das macht aber überhaupt nichts, hier ist man gerne mit dem großen Berg allein, am Weg durch das Schneekar hinauf zu den *Teufelslöchern*, am Grat hinüber zur Torscharte. Ein paar wenige Sicherungen erleichtern den Aufstieg, von einem richtigen Klettersteig kann aber nicht die Rede sein – von einer tollen Tour allemal. Dabei fühlt man sich viel mehr als Alpinist denn als »Ferratist«, Kondition und etwas Kletterfertigkeit sind gefragt, und wer in der kleinen *Bertgenhütte* nächtigt, muss sein Essen selber mitbringen. Bergsteigen fast wie anno dazumal.

➔ **Anfahrt** Von Saalfelden über Maria Alm nach *Hinterthal* (1016 m).

➚ **Zustieg** Auf einem Fahrweg zunächst neben dem Bach taleinwärts, dann rechts (Tafel) im Wald bergan und unter den Lammköpfen ins Schneekar. In Kehren über Geröll und plattige Felsen zur *Bertgenhütte* (1846 m), *2.15 Std.*

↑ **Teufelslöcher – Mooshammersteig** Am linken Rand des Schuttkars auf markierter Spur bergan zum Felsfuß (Randkluft). Mit Draht-

104

seilsicherungen kurz gerade aufwärts, dann nach rechts und in gestuftem Gelände über plattige Felsen, Geröll und Rinnen, sparsam gesichert, hinauf zu den *Teufelslöchern* (2694 m). Durch das rechte Felsenfenster, dann links (Tafel) knapp unter dem Grat über Firn zum Gipfelaufbau des *Hochseilers*. Zunehmend steiler, auch recht ausgesetzt (Eisenstifte in einem Kamin) zum höchsten Punkt.
Mit den guten Markierungen am Nordgrat in eine kleine Senke, wo man rechts zum Firnfeld absteigen kann. Am Mooshammersteig durch die felsige Nordwestflanke hinunter, ungesichert, mit kurzen, leichten Kletterpassagen (I–II). Zuletzt flacher in die *Niedere Torscharte* (2246 m), *4.30 Std.*

Eine Laune der Natur: die Teufelslöcher

Abstieg Aus dem Joch auf markiertem Weg links abwärts, zunächst über Geröll, dann zwischen Latschen. Über die Enzenalm (1179 m) zurück nach *Hinterthal, 2.15 Std.*

Grandlspitz-Klettersteig

105

Grandlspitz, 2307 m
Mehr als eine Trainingsferrata

Routencharakter: Verhältnismäßig kurzer (ca. 100 m), aber schwieriger Klettersteig, sehr luftig. Durchlaufende Drahtseile und ein paar künstliche Tritte. Guter Test für den anspruchsvolleren, vor allem aber viel längeren ⇨ Königsjodler; lässt sich auch mit einer Besteigung der Taghaube (2159 m) verbinden.
Ausgangspunkt: Parkplatz (1342 m) westlich des Dientner Sattels, an der Abzweigung zur Erichhütte; Bushalt.
Gehzeiten: Aufstieg 3 Std., Abstieg 2 Std.; gesamt 5 Std.
Markierung: Rot-weiß-rot, rot
Landkarte: Österreichische Karte 1:25 000 bzw. 1:50 000, Blatt 124 »Saalfelden«
Highlights: Knackige Kletterpassagen, Aussicht vom Gipfel
Stützpunkt: Erichhütte (1545 m), Mitte Mai bis Ende Oktober, Tel.: 0664/264 35 53
Fototipps: Actionmotive am Klettersteig

K 4
5 Std.
970 m

→ Anfahrt Den *Dientner Sattel* (1380 m) erreicht man von Bischofshofen, Lend und Saalfelden über teilweise etwas schmale Straßen.

↗ Zustieg Dem schotterigen Fahrweg folgend zur Erichhütte (1545 m), dann auf markiertem Pfad weiter bergan in Richtung Hohe Köpfe bzw. Hochkönig. Im Zickzack unter der Westflanke der Taghaube zur signalisierten Klettersteig-Abzweigung. Den roten Markierungen folgend hinauf in eine Gratsenke und links zum Einstieg (ca. 2160 m), *2.30 Std.*

↑ Grandlspitz-Klettersteig Rechts neben der tiefen Rinne, die den westlichen Flankenturm abspaltet, sehr steil an einem Pfeiler hinauf, dann luftig mit einzelnen »Highspeed-Stellen« in etwas umständlicher Routenführung durch die nahezu senkrechte Wand zum Ausstieg und leicht weiter zum nahen Gipfel des *Grandlspitz, 30 Min.*

↘ Abstieg In einem Rechtsbogen mit einigen gesicherten Passagen zurück zum Gratsattel und auf dem Anstiegsweg via Erichhütte zurück zum Parkplatz am *Dientner Sattel, 2 Std.*

Steil und luftig: der Grandlspitz-Klettersteig

106 Königsjodler
107 Birgkarsteig

Hoher Kopf, 2875 m
Der schönste Klettersteig der Nordalpen?

K 5

10 ¼ Std.

2000 m

Routencharakter: Superklettersteig in hochalpinen Regionen mit nur wenigen »Erholungsstrecken«, dafür zahlreichen stark fordernden Einzelstellen. Nach oben hin eher noch zunehmende Schwierigkeiten – und da brennen die Arme dann schon ... Neben Ausdauerkraft ist eine Topkondition unerlässliche Voraussetzung für die Mega-Tour. Nur bei ganz sicherem Wetter einsteigen; in dieser Höhe kann der Klettersteig etwa bei einsetzendem Schneefall rasch zu einer gefährlichen Falle werden. Flying Fox (Variante) vor dem Teufelshorn. Abstieg durchs Birgkar nicht schwierig, die Geröllauflage verlangt aber konzentriertes Gehen. Keine Steine lostreten!
Ausgangspunkt: Birgkarhaus (1380 m) am Dientner Sattel bzw. Parkplatz an der Zufahrt zum Erichhaus (1342 m). Buslinie über den Pass.
Gehzeiten: Zustieg 2.30 Std., Klettersteig 4.45 Std., Abstieg 3 Std.; gesamt 10.15 Std.
Markierung: Zu- und Abstieg gut markiert, Klettersteig nicht zu verfehlen – immer den Eisenteilen nach.
Landkarte: Österreichische Karte 1:25 000 bzw. 1:50 000, Blatt 124 »Saalfelden«
Highlights: Die gesamte Ferrata mit ihren immer wieder wechselnden, oft überraschenden Blickwinkeln. Und am Hohen Kopf ein tolles Gefühl: geschafft!
Stützpunkte: Erichhütte (1545 m), 🕒 Mitte Mai bis Ende Oktober, Tel.: 0664/264 35 53; Matrashaus (2941 m), 🕒 Mitte Juni bis Mitte Oktober, Tel.: 06467/75 66.
Fototipps: Bei gutem Wetter ergibt sich eine Fülle attraktiver Motive, siehe »Highlights«.

Mit Superlativen soll man sparsam umgehen, doch der Königsjodler fordert sie geradezu heraus: 1700 Meter lang ist diese gesicherte Route am Hochkönigmassiv, die in steilem, teilweise atemberaubend luftigem Auf und Ab über die Teufelshörner verläuft, von der Hohen Scharte bis zu den Hohen Köpfen – ein faszinierender Gang über nicht weniger als acht Türme, mit originellen Passagen wie dem Spreizschritt (»Jungfrauensprung«) zum »Götterquergang« oder einer fünf Meter langen Dreiseilbrücke. Und das in einer Felskulisse, angesichts derer man sich (fast) in den Dolomiten wähnt. Wen die Route zu sehr schlaucht, der kann vor dem Kummetstein rechts ins Birgkar absteigen – auch so ein ordentliches Pensum.
Aber das zeichnet den Königsjodler halt auch aus, macht ihn zu einer großen Tour: keine Seilbahn, keine Straße, die den Zustieg erleichtert oder den Abstieg verkürzt. Der wartet ebenfalls noch mit einigen gesicherten Passagen auf, ist aber insgesamt als leicht einzustufen. Doch nach der »Ferrata giganta« wird sich manche/r für eine Nacht im Matrashaus entscheiden. Anderntags wird

106
107

man beim Abstieg in Muße hinaufgucken zum Teufelsgrat, der so himmlische Eindrücke vermittelt ...

➔ **Anfahrt** Den Dientner Sattel (1380 m) erreicht man von Bischofshofen, Lend und Saalfelden über teilweise etwas schmale Straßen. Parkmöglichkeiten beim Birgkarhaus bzw. an der Zufahrt zum Erichhaus (1342 m).

➚ **Zustieg** Dem schotterigen Fahrweg folgend zur Erichhütte (1545 m), dann auf markiertem Pfad unter der Westflanke der Taghaube weiter bergan, zuletzt durch eine Rinne (Sicherungen) in die Hohe Scharte (2282 m), die den Übergang ins Birgkar vermittelt, *2.30 Std.*

➚ **Königsjodler** Aus der Scharte zum nahen Einstieg und gleich steil am ersten Turm aufwärts. Leichter in die Scharte dahinter, dann erneut rasant und luftig bergan. Hinter dem Mühlbacher Turm zum »Jungfrauensprung«, weiter über den Teufelsturm zu der originellen Dreiseilbrücke, die über einen tiefen Grateinschnitt gespannt ist. Weiter abwärts in die nächste Scharte, dann wieder steil und ausgesetzt hinauf. Das wiederholt sich noch zweimal, dann steigt man am Grat, zuletzt über eine senkrechte Felsstufe, ab in die offene Senke vor dem Kummetstein (ca. 2520 m), *2.15 Std.* Hier Fluchtweg ins Birgkar.

Die kurze Seilbrücke am Königsjodler

Die Fortsetzung des Königsjodlers führt über Schrofen zum Wandfuß und in festem Fels sehr schwierig auf den Grat. Anspruchsvolle Passagen auch am folgenden Zwischenabstieg in eine weitere Scharte, zuletzt dann leichter auf den Hohen Kopf (2875 m), *4.45 Std.* ab Hoher Scharte.

➘ **Birgkarsteig** Über Geröll und Schneeflecken rechtshaltend in die Birgkarscharte (ca. 2820 m; weiter zum Matrashaus knapp eine halbe Stunde, markiert). Über plattige, vielfach mit Geröll bedeckte Felsstufen hinunter ins Birgkar; rechts stehen die Teufelshörner Parade. Einige Passagen sind mit Drahtseilen gesichert. Vorbei an der Abzweigung zur Hohen Scharte (siehe Zustieg) zu einem quer führenden Weg, hier rechts und hinunter zum Dientner Sattel, *3 Std.*

108 Pidinger Klettersteig

Hochstaufen, 1771 m
Bayrisches Schmankerl

K 5
8 Std.
1310 m

Routencharakter: Schöner, überraschend alpiner Klettersteig mit langem »Anlauf«, mit Drahtseilen und Eisenbügeln gesichert. Allmählich zunehmende Schwierigkeiten mit der fast senkrechten Schlusswand als eigentlicher Schlüsselstelle. Nach Regenfällen reichlich Dreck im unteren Teil der Ferrata, Felsen dadurch teilweise gefährlich rutschig.
Ausgangspunkte: Mauthausen (459 m) bzw. Urwies (460 m); Wanderparkplatz am Ortsende von Urwies.
Gehzeiten: Aufstieg 5 Std., Abstieg 3 Std.; gesamt 8 Std.
Markierung: Gut bezeichnete Wege, mehrere Tafeln am Zustieg weisen auf den Klettersteig hin.
Landkarte: Bayerisches Landesvermessungsamt 1:25 000, Blatt 8243 »Bad Reichenhall«
Highlights: Ganz klar der obere Teil des Klettersteigs: zwei Steilaufschwünge, dazwischen der Panorama-Quergang.
Stützpunkt: Reichenhaller Haus (1750 m), ⌚ Mitte Mai bis Mitte Oktober, Tel.: 08651/55 66
Fototipps: Gute Actionmotive bietet der obere Teil der Ferrata, packend die Tiefblicke ins Alpenvorland.

Lange hat's gedauert, doch jetzt hat auch Bayern einen richtig modernen Klettersteig: den »Pidinger«. Er schaut direkt hinaus ins Voralpenland, führt auf einen prächtigen Aussichtsgipfel, wo man im *Reichenhaller Haus* gleich auf die schöne Tour anstoßen kann. Denn die neue »Via ferrata« verdient diese Bezeichnung durchaus, nicht nur etwa, weil ziemlich viel Eisen verbaut wurde. An der Gipfelwand zeigt sie echte Klasse, steil und sehr luftig läuft diese Himmelsleiter dem Ausstieg entgegen. Dass man den *Hochstaufen* gleich vom Tal aus angehen muss, werden manche möglicherweise weniger goutieren – mir gefällt so etwas: Langsame Annäherung nennt sich das. Da schaust du hinauf und hinein in die Felsen, suchst unwillkürlich nach dem Durchstieg, der möglichen Route. Die folgt immerhin einer historischen Kletterführe des Willo Welzenbach aus dem Jahr 1921.

➔ **Anfahrt** *Urwies* (460 m) bzw. *Mauthausen* (459 m) erreicht man von der Autobahn A 8 rasch über die Ausfahrt Bad Reichenhall.

Spektakuläres Finale des »Pidinger«

➚ **Zustieg** Von Mauthausen auf breitem Weg vorbei an Schloss Staufeneck und im Schlosswald mäßig steil bergan. Nach knapp einer Stunde mündet rechts der Zustieg von Urwies. Nun auf der Forststraße zur nahen *Mairalm* (817 m) und weiter Richtung Steineralm, bis ein Wegzeiger links zum Einstieg weist. Im Wald hinauf zum Fuß des Wandvorbaus (ca. 1070 m), 2 Std.

108

↑ Pidinger Klettersteig Kurz nach links, dann über einen Felsaufschwung (Klammern) in leichteres Gelände. Teilweise mit Drahtseilen neben einer breiten Rinne aufwärts, dann über das Geröll und auf einem Weglein ansteigend nach rechts zum eigentlichen Einstieg (ca. 1370 m; Notausstieg zum Abstiegsweg). Nun steil über eine Wandstufe, dann direkt an der Kante auf einen Absatz. Dahinter beginnt der Panorama-Quergang (Drahtseile), der leicht bergab in die zentrale Nordwand führt. Nun zunehmend steiler und ausgesetzter aufwärts, zuletzt mithilfe einiger Eisenklammern auf eine Felsschulter, wo das knackigluftige Finale ansetzt. An Krampen turnt man über die fast senkrechten Felsen zum Ausstieg (Steigbuch) knapp unterhalb des *Hochstaufen*, *3 Std.*

↘ Abstieg Vom abgeflachten Gipfel auf dem markierten Weg in vielen Kehren steil, teilweise in Schrofengelände an der zerklüfteten Nordflanke abwärts, dann im Wald zum Bayerischen Stiegl (1190 m). Aus der Senke rechts hinunter zur *Steineralm* (1027 m) und via Mairalm zurück zu einem der beiden Ausgangspunkte, *3 Std.*

109 Zwiesel, Überschreitung

Zwiesel, 1782 m
Vom Hoch- zum Hinterstaufen

K 1

7 ¾ Std.

1400 m

Routencharakter: Abwechslungsreiche Überschreitung mit viel Auf und Ab und einigen Sicherungen am Kamm. Trittsicherheit und Ausdauer notwendig.
Ausgangspunkt: Gasthaus Adlgaß (806 m), Anfahrt von Inzell 5 km
Gehzeiten: Aufstieg Hochstaufen 3.15 Std., Kammüberschreitung 2.45 Std., Abstieg 1.45 Std.; gesamt 7.45 Std.
Markierung: Ordentlich markierte Wege
Landkarten: Bayerisches Landesvermessungsamt 1:25 000, Blätter 8242 »Inzell« und 8243 »Bad Reichenhall«
Highlights: Die Kammüberschreitung vor einem großen Alpenpanorama, die Ausblicke hinaus ins flache Land
Stützpunkt: Reichenhaller Haus (1750 m), Mitte Mai bis Mitte Oktober, Tel.: 08651/55 66
Fototipps: Felsige Passagen am Kamm, stimmungsvolle Fern- und Tiefblicke

Natürlich hält die Kammüberschreitung vom Hoch- zum Hinterstaufen keinen Vergleich aus mit dem neuen ⇨ Pidinger Klettersteig. Immerhin, am teilweise recht felsigen Grat sind ein paar Drahtseile gespannt, das reicht für die Kategorie »gesicherter Steig«, und die Lage des *Staufenmassivs* unmittelbar am Alpenrand trägt ein Weiteres zum schönen Tourentag bei.

→ **Anfahrt** Inzell (693 m) liegt im Vorland der Chiemgauer Alpen. Ostwärts am Großwaldbach entlang zum Gasthaus *Adlgaß* (806 m).

↗ **Aufstieg** Auf Forstpisten mäßig steil bergan zum *Bayerischen Stiegl* (1190 m), einem kleinen Waldsattel am Nordfuß des Hochstaufen (Wegspine, Tafeln). Auf breitem Fahrweg zum Ansatzpunkt des Nordwestgrats, dann in vielen kurzen Kehren aufwärts, zuletzt über die felsige Flanke steil auf den *Hochstaufen, 3.15 Std.*

↑ **Kammüberschreitung** Knapp links vom lang gestreckten Westgrat auf breitem, aber steinigem Weg abwärts bis in eine kleine Senke (ca. 1600 m). Hier rechts (Tafel) mit Drahtseilhilfe über einen felsigen Aufschwung und auf den *Mittelstaufen* (1657 m). Über den breiten Rücken zum Westgipfel (1618 m), dann hinunter (Drahtseil) in die Roßkarscharte (1440 m). Nun mehr oder weniger am Kamm entlang in eine Geröllmulde und hinauf zum Zennokopf (1756 m). Flach hinüber zum *Zwiesel* (1782 m), *2.45 Std.*

↘ **Abstieg** Am Latschenrücken hinab in die Neunerluck, dann rechts durch die steile Nordflanke des Zwiesel bergab und im Wald zurück zum Gasthaus *Adlgaß, 1.45 Std.*

Watzmanngrat

110

Watzmann, 2713 m
Großer Gipfel – große Tour

K 2

13 Std.

2200 m

Routencharakter: Weit weniger Klettersteig als vielmehr große Bergtour; gesicherte Passagen mäßig schwierig, Selbstsicherung nur bedingt möglich und sinnvoll. Fordernder dann der Abstieg zum Wimbachgries (1400 Höhenmeter) mit leichten Kletterstellen (I), teilweise Absturzgelände. Konzentriertes Gehen ist ganz besonders wichtig, auch wenn man vielleicht schon etwas müde ist. Nur bei sicherem Wetter gehen; an dem langen Grat möchte man ja nicht unbedingt von einem Gewitter überrascht werden!
Ausgangspunkt: Bushalt bzw. Parkplatz bei der Wimbachbrücke (624 m), 8 km westlich von Berchtesgaden
Gehzeiten: Aufstieg zum Hocheck 6 Std., Gratüberschreitung 2 Std., Abstieg ins Wimbachtal 3 Std., Rückweg 2 Std.; gesamt 13 Std.
Markierung: Markierte Wege
Landkarte: Bayerisches Landesvermessungsamt 1:25 000 »Nationalpark Berchtesgaden«
Highlights: Ganz klar die Überschreitung zum Südgipfel mit packenden Tiefblicken, dann auch der lange Abstieg in wilder Felskulisse zum Wimbachgries.
Stützpunkt: Watzmannhaus (1928 m), Mitte Mai bis Mitte Oktober, Tel.: 08652/96 42 22
Fototipps: Die besten Motive liefert der lange Grat mit seinen Felspassagen (einmalige Tiefblicke). Auch der Abstieg zum Wimbachgries hält schöne Bilder parat. Draußen an der Wimbachbrücke geben die rauchenden Socken ein einprägsames Sujet ab ... Bei einer Übernachtung im Watzmannhaus sollte man die Dämmerstunden für ein paar stimmungsvolle Aufnahmen nutzen.

Berühmter als der Berg ist seine Ostwand, die größte der Ostalpen und eine der Attraktionen des Berchtesgadener Landes. Die meisten gucken vom Schiff aus in das Riesengemäuer, das 1881 durch Johann Grill, den legendären »Kederbacher«, zusammen mit Otto Schück erstmals durchstiegen wurde. Einblicke in den Abbruch (und natürlich auf den Königssee) genießt auch, wer den *Watzmann* vom Hocheck (2651 m) zum Südgipfel überschreitet. Das ist natürlich ungleich anstrengender, in einem Tag nur für echte Konditionsbolzen zu machen. Da übernachtet man besser im *Watzmannhaus* (was den eher monotonen Nordanstieg angenehm verkürzt) und steigt anderntags ausgeruht hinauf zum Nordgipfel, wo das Glanzstück der Tour, die lange Kammüberschreitung, startet. Der Gratsteig stammt aus einer Zeit, als noch niemand wusste, was eine »Via ferrata« ist; so sichern bis heute solide »Antiquitäten« die vor allem zwischen Mittelgipfel und Südspitze recht luftige Überschreitung: ein faszinierender Gang am Saum des Himmels, über allen Niederungen, auch jenen des Alltags. Der holt den Bergsteiger dann hinten im *Wimbachtal* wieder ein: unten, aber noch

110 lange nicht draußen. Zwei ziemlich ermüdende Wanderstunden auf der Sandstraße warten auf die müden Hax'n, bis endlich Schluss ist mit lustig.

➔ **Anfahrt** Von Bad Reichenhall oder Berchtesgaden über die B 305 zur *Wimbachbrücke* (624 m); großer Parkplatz.

Über den Wolken – am Watzmanngrat

➚ **Zustieg** Auf einer Sandstraße im Wald zur Mitterkaseralm (1415 m), dann mit dem Hüttenweg in vielen kurzen Kehren zum *Watzmannhaus* (1928 m), *4 Std.* Weiter an der Riesenschräge im Zickzack etwas monoton zur »Schulter« (Drahtseile), dann am Nordgrat zum *Hocheck* (2651 m), *6 Std.*

↑ **Gratüberschreitung** Vom Hocheck mit geringem Höhenverlust am Grat entlang (Sicherungen), zuletzt über ein breites Band ansteigend zur *Mittelspitze* (2713 m). Etwas spannender dann der Übergang zur *Südspitze* (2712 m), gut gesichert, aber teilweise recht luftig, gelegentlich in die Westflanke ausweichend, *2 Std.*

↘ **Abstieg** Kurz am Südgrat absteigend in eine kleine Scharte, dann rechtshaltend längs einer Felsrinne in leichter Kletterei (I) steil hinunter. Weiter im Geröll bergab zu der grünen Mulde des Schönfelds und über einen teils mit Latschen bewachsenen Rücken über tiefen Gräben ins innerste Wimbachgries, wo man auf den Trischübelsteig trifft. Mit ihm zur nahen *Wimbachgrieshütte* (1326 m). Zuletzt auf der Sandstraße durchs Wimbachtal hinaus zur *Wimbachbrücke, 5 Std.*

Schustersteig
Mannlsteig

111
112

Hoher Göll, 2522 m
Spannende Wege auf einen großen Berg

K 2

6 ¾ Std.

1450 m

Routencharakter: Landschaftlich sehr eindrucksvolle Gipfeltour; vor allem am Mannlgrat originelle Klettersteigpassagen. Beide Steige sind nur mäßig schwierig, allerdings eher sparsam gesichert. Am Schustersteig im Frühsommer oft gefährliche Altschneefelder! Selbstsicherung für weniger Geübte unbedingt empfehlenswert.
Ausgangspunkt: An der mautpflichtigen Roßfeldstraße; Parkplatz bei der Abzweigung zum Eckersattel, Bushalt Obere Ahornalm.
Gehzeiten: Aufstieg 4.15 Std., Abstieg 2.30 Std.; gesamt 6.45 Std.
Markierung: Ordentlich bezeichnete Wege, Tafeln an den Verzweigungen
Landkarte: Österreichische Karte 1:25 000 bzw. 1:50 000, Blatt 93 »Berchtesgaden«; Bayerisches Landesvermessungsamt 1:25 000 »Nationalpark Berchtesgaden«
Highlights: Originelle Klettersteigpassagen am zackigen Mannlgrat, Panorama vom Hohen Göll
Stützpunkt: Purtschellerhaus (1692 m), ◷ Mitte Mai bis Ende Oktober, Tel.: 08652/24 20
Einkehr: Kehlsteinhaus (1837 m)
Hinweis: Lohnend ist auch die Überschreitung des Hohen Göll zum Carl-von-Stahl-Haus (1728 m) bzw. zum Jenner, mit Ausgangspunkt an der Roßfeldstraße oder beim Kehlsteinhaus, eine weitere Variante der Abstieg durch das Kar mit dem schönen Namen Umgang zum Alpeltalsteig.
Fototipps: Vor allem der Mannlgrat bietet viele hübsche Motive, aber auch der ostseitige Anstieg.

Obwohl etwas im Schatten des Watzmanns stehend, gehört der *Hohe Göll* ganz eindeutig zu den großen Gipfeln der Berchtesgadener Alpen, auch ohne Ostwand und Trompetenecho. Immerhin schaut er ebenfalls hinab zum Königssee, dazu weit hinein in die Hochalpen.

Der kürzeste Gipfelweg startet beim *Kehlsteinhaus,* also bereits in komfortabler Höhe, und verläuft über den schartigen Mannlgrat: ein spannender Klettersteig, nur mäßig schwierig, aber in seinem Verlauf sehr abwechslungsreich. Er mündet am Nordgrat des Hohen Göll in den Zustieg vom *Purtschellerhaus*: noch eine hübsche gesicherte Route, durch die steilen Felsen über dem Wilden Freithof verlaufend. Für Liebhaber »eiserner Wege« empfiehlt sich natürlich eine Kombination der beiden Steige, mit dem Schustersteig startend. Das beschert zwar mehr Höhenmeter, hat aber den Vorteil, dass man die langen, ungesicherten Felspassagen (teilweise unangenehm glatt poliert) im Aufstieg begehen kann.

110
112

➔ **Anfahrt** Von Berchtesgaden (571 m) zum Obersalzberg und weiter über die *Rossfeld-Ringstraße* (Bus) zur Abzweigung des Fahrwegs zum Eckersattel (1220 m).

➚ **Zustieg** Auf der Sandstraße über zwei Schleifen in den Eckersattel (1413 m), dann am Eckerfirst in Kehren hinauf zum *Purtschellerhaus* (1692 m). Am grasigen Kamm entlang zu den Felsen, zunächst in der bayrischen Flanke ansteigend. Höher am Grat wechselt der Steig auf die Salzburger Seite, ein Band leitet in die felsig-steile Ostflanke.

↑ **Schustersteig** Zunächst noch ungesichert über die gestuften Felsen oberhalb des Wilden Freithofs bergan in eine Geröllmulde, wo sich der Weg gabelt. Links leiten die Markierungen zum so genannten »Kamin«, der auf den Nordgrat des Hohen Göll mündet; rechts steigt man mit fast durchlaufenden Drahtseilsicherungen an der exponierten Felsflanke auf zum Ansatzpunkt des Grates (2253 m). Hier links (Wegzeiger) in Kehren etwas monoton auf den mächtigen Rücken des *Hohen Göll* und flacher zum höchsten Punkt, *4.15 Std.* ab Roßfeldstraße.

Doppelt gesichert: am Mannlsteig

↑ **Mannlsteig** Zurück zur Verzweigung (2253 m), dann teilweise gesichert über den felsigen Hang hinunter zu einer breiten Geröllrinne. Man quert sie und steigt unter den Gratfelsen weiter ab. Mit kräftigem Gegenanstieg (Drahtseile) in eine winzige Scharte, dahinter steil abwärts. Im weiteren Verlauf schlängelt sich die Route, teils gesichert, zwischen den Türm(ch)en und Trümmerfelsen des *Mannlgrats* hindurch; besonders originell sind zwei kleine Abstecher ins »Bergesinnere«. Mit den letzten Sicherungen läuft die Route im Bereich der Mannlköpfe aus. Hier stößt man auf einen markierten Rundweg, der leicht steigend zur Touristenattraktion *Kehlsteinhaus* (1837 m) führt, *2.30 Std.*

➘ **Abstieg** Mit dem Bus hinunter zum Obersalzberg oder zu Fuß auf dem schmalen Serpentinensträßchen ostwärts abwärts zur *Roßfeldstraße*, etwa *1.30 Std.*

Klettersteig Berchtesgadener Hochthron

113

Berchtesagadener Hochthron, 1972 m
Eine Klassetour!

K 4

7 Std.

1200 m

Routencharakter: Anspruchsvolle, bestens gesicherte Route in gutem Fels. Nur ganz kurze leichte Passagen, teilweise sehr ausgesetzt. Aufgrund der südostseitigen Exposition der Wand kann die Route nach schneearmen Wintern schon früh im Jahr begangen werden. Gefahr droht dann durch die mächtigen Wechten am Plateaurand, die unter der Sonneneinstrahlung abbrechen können.
Ausgangspunkt: Wanderparkplatz bei Ettenberg (ca. 780 m)
Gehzeit: Aufstieg 4.15 Std., Abstieg 2.45 Std.; gesamt 7 Std.
Markierung: AV-Wege, Zustieg zur Ferrata spärlich bezeichnet
Landkarte: Bayerisches Landesvermessungsamt 1:50 000, Blatt UK L 4 »Berchtesgadener Alpen«
Highlights: Die elegante Routenführung mit zahlreichen verwegen luftigen Passagen.
Stützpunkt: Stöhrhaus (1894 m), Juni bis Oktober; Tel. 08652/72 33
Fototipps: Da die Wand bis in den Nachmittag hinein Sonne hat, herrschen am Klettersteig meistens gute Lichtverhältnisse für packende Actionmotive.

Manche Klettersteigler sehnen sich bei all den modernen, mit viel »artistischen« Zutaten gespickten Sportklettersteigen nach der guten alten Zeit zurück: eine Wand, ein logischer Weg, ein Gipfel. Und genau dieser Maxime folgt der brandneue Klettersteig am Berchtesgadener Hochthron: ausgeprägt alpin die Kulisse, geschickt trassiert die Route und herrlich das Panorama vom höchsten Punkt des Untersberges. Beim Bau der Ferrata wurde auf jeden Schnickschnack verzichtet, und so präsentiert sich der Klettersteig am *Berchtesgadener Hochthron* als eine echte Genuss-Ferrata von der klassischen Art, die bestimmt bald viele Freunde finden wird.

➔ **Anfahrt** Von Salzburg bzw. Berchtesgaden nach Marktschellenberg (478 m), im Ort Abzweigung der teilweise schmalen Asphaltstraße nach *Ettenberg* (ca. 780 m). Kleiner Parkplatz am Waldrand.

➚ **Zustieg** Auf dem AV-Weg 466 im Wald bergan zu dem Almen des *Scheibenkasers* (ca. 1440 m). Rechts an der Hütte vorbei, nach 50 Metern links aufwärts. Bei einem Steinmännchen geradeaus (blaue Markierung) und zwischen Latschen zu der markanten Geröllreiße, die vom rechten Teil der Hochthron-Ostwand herabzieht. Mühsam hinauf zum Einstieg (ca. 1600 m; bitte nur die markierte Spur benützen!), *2.15 Std.* Günstiger Anseilplatz etwas tiefer.

113

Klettersteig Am straff gespannten Drahtseil über kompakte Felsen zu einer ersten Steilpassage, die auf das Gamsband mündet. Man quert es zu einem Pfeiler. Mit soliden Sicherungen am ihm hoch und über das so genannte »Genusswandl« in eine kleine Schlucht (im Frühsommer oft Schneereste). Man quert sie und steigt dann über eine markante Rampe auf zu einer besonders schönen, sehr luftigen Passage (»Fotoquergang«). Weiter steil in den oberen Wandteil und zum Wandbuch. Anschließend zum Ausstiegskamin und kurz am Grat zum Rand des Gipfelplateaus, *2 Std.*

Abstieg Vom Gipfel hinunter zum *Stöhrhaus* (1894 m). Auf AV-Steig weiter abwärts zum so genannten Leiterl. Hier links und in längerer Hangquerung hinüber zum Scheibenkaser. Auf den Anstiegsweg zurück zum Ausgangspunkt bei *Ettenberg, 3 Std.*

Maximal ausgesetzt, der »Fotoquergang«

Dopplersteig Mittagschartensteig

114
115

Salzburger Hochthron, 1853 m
Auf, in und durch den Berg

Routencharakter: Originelle Steige, teilweise in schroffe Felsabstürze trassiert, aber für jeden trittfesten Bergwanderer problemlos zu begehen. Insgesamt überaus felsige und sehr abwechslungsreiche Runde, die starke Eindrücke vermittelt.
Ausgangspunkt: Wirtshaus Rositten (465 m) bei Glanegg; Anfahrt von Salzburg bzw. der Autobahn A 10; Bus bis Glanegg.
Gehzeiten: Aufstieg 4 Std., Abstieg 3.30 Std.; gesamt 7.30 Std.
Markierung: Ordentlich markierte, viel begangene Wege
Landkarte: Österreichische Karte 1:25 000 bzw. 1:50 000, Blatt 93 »Berchtesgaden«
Highlights: Dopplersteig und vor allem Mittagschartensteig mit seinen Tunnels; großes Panorama vom Hochthron, faszinierend die eisige Unterwelt der Schellenberger Eishöhle; Fernsicht zum Watzmann.
Stützpunkte: Zeppezauer Haus (1664 m), ⌚ Mai bis Oktober, Tel.: 0664/143 62 94; Toni-Lenz-Hütte (1450 m), ⌚ Pfingsten bis Mitte Oktober, Tel.: 0664/134 16 90
Hinweis: Die Schellenberger Eishöhle kann während der Bewirtschaftungszeit der Toni-Lenz-Hütte besichtigt werden. Stündlich Führungen, warme Kleidung wichtig!
Fototipps: Originelle Wegführung und felsige Kulisse liefern viele schöne Motive, auch am Rückweg über den Schellenberger Sattel.

K 1
km 7 ½ Std.
1540 m

Die Überschreitung des *Untersbergs* vom Dopplersteig über den *Salzburger Hochthron* zur Mittagscharte (1671 m) ist ein echter Klassiker in der Bergumgebung der Mozartstadt: viel Abwechslung, herrliche Aussicht in die Alpen und hinaus ins flache Land, schroffe Felsabbrüche – und ein bisschen Eisen. Viel ist es nicht, doch verleihen die beiden Steige der Route etwas Pfiff, und wenn man sie mit einer Besichtigung der *Schellenberger Eishöhle* verbindet, ist ein ausgefüllter, erlebnisreicher Bergtag garantiert.

Ein Maximum an Eindrücken ohne allzu viel Anstrengung ergibt sich, wenn man gleich oben in die Runde einsteigt, mit der Seilbahn hinauffährt zum *Geiereck*: knapp *4 Std.* und 650 Höhenmeter.

➔ Anfahrt Von Salzburg bzw. der Autobahn A 10 nach Glanegg und südlich zum Wirtshaus *Rositten* (465 m); Parkplatz.

Tipp

Barmsteine, 851 m
Wer von Salzburg nach Hallein unterwegs ist, kann die Barmsteine nur schwer übersehen, ragen sie als schroffer Doppelzahn doch unmittelbar über der historischen Salzstadt in den Himmel. Beide »Steine« können auf gesicherten Steigen besucht werden, jener auf den Kleinen Barmstein hat bereits über ein Jahrhundert auf dem Buckel. Kaltenhausen – Großer Barmstein – Kleiner Barmstein (841 m) – Burgruine Thürndl – Hallein, 3 Std., **K 1–2**.

114
115

↗ **Zustieg** Auf markiertem Weg in die malerisch-verwunschene Klamm des Rosittenbachs, durch den Graben aufwärts, vorbei an den beiden verfallenen Rosittenalmen zur markierten Wegverzweigung (ca. 1410 m).

↑ **Dopplersteig** Rechts zu den Felsen und mit dem kunstvoll trassierten Steig (Stufen, Drahtseile) auf den Nordrücken des Geierecks. Nun links zum *Zeppezauer Haus* (1664 m) und weiter zur Seilbahnstation am Geiereck (1805 m), *3.30 Std.*

↘ **Mittagscharte** Auf dem Untersberger Kammweg über die Senke des Jungfrauenbrünnls auf den *Salzburger Hochthron* (1853 m). Dahinter am breiten, teilweise mit Latschen bewachsenen Rücken hinüber und hinunter zur *Mittagscharte* (1671 m), *1 Std.*

↘ **Mittagschartensteig** Aus der Scharte links über Stiegen abwärts, dann »in den Berg« und über gut 400 Stufen steil hinunter auf ein bequemes Band, das aus der Wand auf einen Geröllhang mündet. Hochromantische Kulisse! Links etwas höher der Eingang zur *Schellenberger Eishöhle* (1570 m). Man überschreitet einen kleinen Rücken und steigt dann ab zur nahen *Toni-Lenz-Hütte, 30 Min.*

↘ **Abstieg** Von der Hütte aus ist der Weg zum *Schellenberger Sattel* (1439 m) gut einzusehen: Eine dünne Spur zieht hinab in den Graben des Weißbachs, quert mehrere abschüssige Rinnen und steigt dann steil hinauf zu der Scharte. Dahinter linkshaltend zum Dopplersteig und mit dem Rosittenbach hinab und hinaus zum gleichnamigen Wirtshaus, *2.30 Std.*

Romantische Kulisse am Felssteig unterhalb der Mittagscharte

Citywall-Klettersteig

116

Kapuzinerberg, ca. 560 m
Mission Impossible?

K 6
1 Std.
100 m

Routencharakter: Kurzer, sehr knackiger Klettersteig (130 m lang), unten teilweise recht erdig, im oberen Teil stark überhängender Fels. Nur für ganz unerschrockene »Oberturner«.
Ausgangspunkt: »Akzente Salzburg« in der Glockengasse 4c nördlich des Kapuzinerberges. Hier bekommt man alle Infos und den Schlüssel zur Eingangstür.
Gehzeiten: 1 Std. für die Runde, Einkaufsbummel in der Stadt nicht eingerechnet ...
Markierung: Hinweis am Einstieg, der Rest ergibt sich von selbst.
Landkarte: Für Auswärtige ist ein Stadtplan nützlich.
Highlights: Die knackigen Kletterstellen, der luftige »Tanz« über den Dächern der Stadt
Stützpunkt: »Biwak-Place« zwischen den beiden Schlüsselstellen ...
Fototipps: Sonne am Klettersteig nur ganz früh am Morgen (Sommer) oder am späten Nachmittag. Gute Actionmotive, auch mit der City als (Kontrast-)Hintergrund.

Keine Ahnung, ob *Salzburg* und Grenoble Partnerstädte sind, eines haben beide aber gemeinsam: einen Stadtklettersteig. Der am Kapuzinerfelsen ist ostalpin angelegt, jener an der Bastille natürlich »à la française«, mit viel Eisen und ein paar Gags wie mehr oder weniger wackeligen Seilbrücken. Tiefblicke auf eine Dächerlandschaft bieten beide, überhaupt viel Luft unter den Schuhsohlen, der Salzburger verlangt allerdings, obwohl kürzer, entschieden mehr Schmalz in den Armen und dazu eine gehörige Portion Unerschrockenheit. Hinterher bringt man bei einem »kleinen Braunen« oder einem großen Bier dann seine Psyche wieder ins Gleichgewicht.

↗ Zugang Zum Büro von »Akzente Salzburg« (Betreiber des Klettersteigs) in der Glockengasse, dann zum Fuß des Kapuzinerbergs und zur Eingangstür zur Ferrata. Kurz aufwärts zum Drahtseil.

↑ Citywall-Klettersteig Über den »Beauty Corner« steil aufwärts zur ersten Schlüsselstelle, die ganz schön in die Arme geht. Nach dem »Götterquergang« leichter zum »Biwak Place«, dann wieder steil (»Fantastica«) in den überhängenden oberen Wandteil und sehr anstrengend über die 16 Meter der »Long Pane« zu einem Überhang. Zuletzt linkshaltend (»Half Pipe«) und kurz zur Aussichtsplattform am *Kapuzinerberg, 30 Min.*

↘ Abstieg Auf der Westseite des Kapuzinerberges hinab zur Linzer Gasse und zurück zum Ausgangspunkt der etwas eigenwilligen »Stadtbesichtigung«, *20 Min.*

Der Autor
Eugen E. Hüsler, geb. 1944 in Zürich, veröffentlichte schon über 70 Reiseführer, Wander- und Klettersteigführer sowie Bildbände. Seit 25 Jahren ist er in den Alpen unterwegs, vor allem wandernd, gerne auch mit dem Seil, ohne ein Extremer zu sein. Eugen E. Hüsler lebt seit 1983 in Bayern. Bei Bruckmann erschien von ihm zuletzt unter anderem »Bruckmanns Gipfelatlas Alpen«.

Ein kostenloses Gesamtverzeichnis erhalten Sie beim
Bruckmann Verlag
D-81664 München

Produktmanagement: Solveig Michelsen
Lektorat: Sabine Klingan
Layout: BUCHFLINK Rüdiger Wagner, Nördlingen
Repro: Lanarepro, Lana
Kartografie: Christian Rolle Kartografie, Holzkirchen
Die Anstiegsskizzen stammen vom Autor.
Herstellung: Thomas Fischer
Printed in Italy by Printer Trento S.r.l.

Alle Angaben dieses Werkes wurden vom Autor sorgfältig recherchiert und auf den aktuellen Stand gebracht sowie vom Verlag geprüft. Für die Richtigkeit der Angaben kann jedoch keine Haftung übernommen werden. Für Hinweise und Anregungen sind wir jederzeit dankbar. Bitte richten Sie diese direkt an den Autor:
Eugen E. Hüsler
Ostener Straße 5
83623 Dietramszell
Fax: 08027/90 45 31
E-Mail: eugen.huesler@t-online.de

Bildnachweis:
Seite 1: Mitterhorn-Klettersteig
Umschlagvorderseite: Am »Innsbrucker Klettersteig« (Foto: Eugen E. Hüsler)
Umschlagrückseite: Innsbrucker Klettersteig (Foto: Gottfried Allgäuer)
Alle Bilder stammen vom Autor, mit folgenden Ausnahmen:
Alpinverlag Jentzsch-Rabl: Seite 47, 186, 192, 210; Gottfried Allgäuer: Seite 2, 3, 60, 66, 69, 70, 77, 89, 92, 101, 105, 106, 114, 117, 122, 123, 124, 128; Bernhard Barlage: Seite 10, 51, 52, 75, 76, 137, 141, 144, 153 - 158, 160, 165, 166, 177, 198, 199, 201, 203, 206; Elke Eltrich: Seite 49; Jürgen Frank: Seite 15, 22, 24, 39, 109; Siegfried Garnweidner: Seite 103; Bernd Ritschel: Seite 96, 120, 121, 148; Thomas Stöcker: Seite 15, 17, 188; TVB Tiroler Oberland: Seite 139

Die Deutsche Bibliothek – CIP-Einheitsaufnahme
Ein Titeldatensatz für diese Publikation ist bei der Deutschen Bibliothek erhältlich.

ISBN 3-7654-3862-6